우리는 달에 가기로 했다

SHOOT FOR THE MOON

Korean translation copyright © 2020 by Woongjin Think Big Co., Ltd
This Korean translation published by Woongjin Think Big Co., Ltd in 2020 by arrangement
with PEW Literary Agency Limited acting jointly with C+W, a trading name of Conville &
Walsh Limited, through EYA(Eric Yang Agency).

이 책의 한국어판 저작권은 EYA(Eric Yang Agency)를 통해 PEW Literary Agency Limited, C+W 사와 독점
계약한 ㈜웅진씽크빅에 있습니다. 저작권법에 따라 한국 내에서 보호를 받는 저작물이므로 무단전재와 복제
를 금합니다.

우리는 달에 가기로 했다

불가능을 가능하게 한 NASA의 8가지 마인드셋

리처드 와이즈먼 지음

박선령 옮김

리더스북

"1960년대가 끝나기 전에 미국은 달에 사람을 보낼 것입니다. 우리가 그러기로 결심한 이유는 그 일이 쉽기 때문이 아니라 어렵기 때문입니다. 그 목표가 우리가 가진 최고의 능력과 기술을 정비하고 평가하는 데 도움이 될 것이기 때문입니다. 우리는 그 도전을 미루지 않고 기꺼이 받아들여 달성할 것입니다."

– 존 F. 케네디 대통령, 1962년 9월[1]

목차

1957년 10월

소련이 스푸트니크호를 발사했다.

1957년 11월

스푸트니크 2호가 라이카라는 개를 우주로 데리고 갔다.

1961년 4월

소련 우주비행사 유리 가가린이 지구 궤도를 돌았다.

1961년 5월

앨런 셰퍼드가 미국 최초의 우주비행사가 되었다.

1961년 5월

존 F. 케네디 대통령이 의회에서 미국은 1960년대가 끝나기 전에
달에 사람을 보낼 것이라고 선언했다.

1962년 9월

케네디가 라이스대학교에서 "우리는 달에 가기로 했습니다"라는 연설을 했다.

1967년 1월

비극적인 아폴로 1호 화재 사고로 우주비행사 세 명이 사망했다.

1968년 12월

아폴로 8호가 달에 간 최초의 유인우주선이 되었다.

1969년 7월 16일

아폴로 11호 우주비행사 닐 암스트롱, 버즈 올드린,
마이클 콜린스가 달로 향하는 역사적인 여행을 시작했다.

1969년 7월 21일

암스트롱이 달 표면에 발을 디디고, "이건 인간에게는 작은 한 걸음에 불과하지만,
인류에게는 거대한 도약"이라고 선언했다.

1969년 7월 24일

아폴로 11호가 태평양에 안전하게 착수하여, 1960년대가 끝나기 전에
인간이 달 표면을 걷고 지구로 안전하게 귀환할 것이라는
케네디의 놀라운 선언을 실현했다.

이륙

목표와 야망을 달성하는 방법을 다룬 책을 보면 대부분 축복받은 유전자를 지닌 올림픽 선수나 냉철한 CEO, 위험을 무릅쓰는 기업가가 등장한다. 그러나 이 책은 성공에 관해 근본적으로 다른 관점을 제시한다. 또한 젊고 평범한 사람들에 관해 이야기한다. 그들의 감동적인 이야기는 세간에 거의 알려지지 않았지만 그들은 인류 역사상 가장 위대한 업적을 위해 중심적인 역할을 했다. 무엇보다 중요한 점은, 그들이 어떻게 그 일을 해냈는지 알게 되면 여러분도 인생에서 엄청난 일을 이룰 수 있다는 것이다.

심리학자인 나는 어떤 사람이나 단체가 특히 큰 성공을 거둔 이유를 연구하는 데 많은 시간을 바쳤다. 몇 년 전부터 인류의 달 착륙에 관심이 커졌는데, 임무를 수행하는 과정에서 사용된 기술에 관한 기록은 상세한 반면, 이 놀라운 업적의 배후에 있는 사람들의 심리에 관한 글은 거의 없다는 사실을 알고 놀랐다.[2] 이 문제를 깊이 파고들기 시작한 나는 다른 놀라운 일도 접하게 되었다.

1969년 7월 21일, 아폴로 우주비행사 닐 암스트롱Neil Armstrong
이 먼지로 뒤덮인 달의 표면에 부드럽게 발을 내디뎠다. 이 역사적인
사건을 담은 생생한 이미지가 5억 명이 넘는 사람이 감탄하며 지켜
보고 있는 지구로 전송되었다. 그로부터 8년 전, 존 F. 케네디John F.
Kennedy 대통령은 1960년대가 끝나기 전에 미국이 달에 사람을 보낼
것이라고 의회에서 공언했다. 이 목표가 얼마나 엄청난 계획이었는지
실감할 수 있는 사람은 거의 없을 것이다.

당시 미국의 우주비행 수준은 한 명이 겨우 15분 동안 '위로 올라갔
다가 내려오는' 탄도비행 정도만 가능했다. 케네디의 대담한 비전을
이루려면 우주비행사 여러 명이 38만 킬로미터가 넘는 우주 공간을
가로질러 가서 멀고도 황량한 땅에 착륙했다가 안전하게 집으로 돌아
와야 했다. 우주왕복선과 국제우주정거장이 지상에서 겨우 400킬로
미터 높이에서 움직이는 오늘날의 우주여행은 그에 비하면 아무것도
아닌 것처럼 보인다. 게다가 이 목표는 몇 년 안에 달성되어야 했는데,
계산자와 메인프레임 컴퓨터를 활용한 당시의 최첨단 기술은 현대의
스마트폰보다도 정보처리 능력이 떨어졌다.

케네디의 꿈은 실현이 불가능해 보였다. 하지만 수십만 명의 사람이
함께 그 꿈을 실현하려고 애썼다. 새로운 기술을 발명하고 좌절과 비
극을 극복하며 수백만 개의 맞춤형 부품으로 우주선을 만들었다. 믿
기 힘든 역경에도 불구하고 달 착륙은 눈부신 성공을 거두었고, 세계

에 비할 데 없는 낙관주의와 희망을 안겨줬다.

사람들은 아폴로호 착륙에 관해 이야기하면 대개 흰 우주복을 입은 우주비행사들이 조심스럽게 달 표면을 걷는 모습을 떠올린다. 이 용감하고 영웅적인 사람들도 물론 아폴로 계획 성공에 필수적이었지만, 그들만으로는 전체적인 이야기를 알 수 없다. 달 착륙에 관한 다큐멘터리를 보면 콘솔과 거대한 스크린, 그리고 헤드셋을 쓴 사람들이 꽉 들어찬 거대한 관제센터의 모습이 나오곤 한다. 인상적인 그곳이 바로 우주프로그램의 핵심이다. 지상의 관제센터에서 일한 우주비행관제사들은 우주복을 입은 적도 없고 머나먼 세계로 여행을 떠난 적도 없다. 그들은 평상복을 입고 두 발을 굳건히 땅에 디딘 채로 대중의 시선이 닿지 않는 곳에서 일했을 뿐이었다. 그들이야말로 이 모든 프로젝트 성공의 핵심이었다.

여러분이 1960년대 초에 살고 있는데 60년대 말까지 사람을 달에 보내야 하는 책임을 맡았다고 상상해보라. 전 세계가 지켜보고 있는데 국가의 명성이 위태로운 상황이다. 여러분이라면 이 임무를 수행할 관제센터에 어떤 사람을 채용하겠는가? 아마 경험이 풍부하거나 명문대를 졸업한 과학자와 엔지니어를 찾을 것이다. 하지만 놀랍게도 관제센터에서 일한 사람들 가운데 이런 특성을 지닌 경우는 거의 없었다. 관제사들은 대부분 평범한 노동계급 출신이었고, 가족들 중 유일한 대졸자인 경우도 많았다. 무엇보다 놀라운 점은, 대부분이 매우 젊었다는 사실이다. 실제로 닐 암스트롱이 달에 발을 디뎠을 때, 우주비행관제사들의 평균 나이는 26세에 불과했다. 이 집단은 우리가 일반적으로 성공과 연관 짓는 특성을 거의 가지고 있지 않았지만, 그럼에도 불구하고 불가능해 보이는 일을 이루고야 말았다.

나는 심리적인 관점에서 어떻게 관제센터가 성공의 산실이 되었는지 알고 싶었다. 운 좋게도 중요한 자리에서 일한 몇몇 관제사와 인터뷰할 수 있었다. 이제 70~80대에 접어든 그들은 흔쾌히 시간을 내서 자신들의 경험과 생각을 들려줬다. 역사가 만들어지는 현장을 지켜본 그들에게는 흥미로운 이야기가 많았다. 또 그들은 매우 재미있는 사람들이기도 했다. 나는 한 관제사에게, 실제로 단어를 최대한 적게 사용해서 의사소통하도록 훈련을 받았느냐고 물어본 적이 있다. 그는 잠시 뜸을 들이다가 "네"라고만 대답했다.

나는 결국 그들이 놀라운 성취를 이룬 비결은 독특한 마음가짐 덕분이라는 사실을 깨달았다. 인터뷰 내용과 임무 기록, 그리고 학술적인 연구 내용을 결합하여 나는 이 놀랍고도 매우 효과적인 삶의 방식을 구성한 여덟 가지 원칙을 파악했다. 이 책을 통해 여러분은 케네디의 꿈이 어떻게 현실이 되었는지 알게 될 것이다. 또한 역사적인 사건들을 다시 체험하고 그런 비범한 일을 이룬 평범한 사람들과 만나게 될 것이다. 대통령의 카리스마 넘치는 연설이 어떻게 성공의 씨앗을 뿌렸는지, 비관적인 생각이 일을 진행하는 데 얼마나 결정적인 영향을 끼치는지, 두려움과 비극을 어떻게 희망과 낙천주의로 바꿀 수 있는지 등의 중요한 심리적 원칙도 접할 것이다.

무엇보다 중요한 것은, 이런 승리의 원칙을 직업과 개인적인 삶 모두에 적용할 수 있는 실용적인 기술을 배울 수 있다는 것이다. 사업을 시작하든, 직업을 바꾸든, 완벽한 파트너를 찾든, 사랑하는 가족을 부양하든, 승진을 하든, 새로운 자격증을 따든, 무한 경쟁에서 탈출하든, 평생의 열정을 추구하든, 이 기술은 여러분이 자신만의 달에 도달하도록 도와줄 것이다.

CHAPTER 1

남보다
큰 스케일로
생각하라

한 나라 전체가 어떻게
달 탐사 임무에 매혹되었는지,
그리고 열정의 힘을
어떻게 활용할 수 있는지 알아보자.

1957년 10월, 미국 CBS 방송국은 그 시대의 대표작이 된 시트콤 〈비버는 해결사Leave it to Beaver〉 1회를 방영했다. 1950년대 미국의 가정생활을 그린 이 프로그램은 여덟 살 난 시어도어 '비버' 클리버의 모험을 중심으로 진행된다.

이 프로그램이 전파를 타기까지 우여곡절이 많았다. 원래 제작자들은 애완용 악어를 주문한 비버가 이 새 파충류 친구를 부모님 방에 딸린 화장실 변기의 물탱크에 숨기는 에피소드로 프로그램의 문을 열려고 했다. 하지만 당시 방송 지침은 텔레비전에서 욕실과 화장실을 보여주지 말라고 권고했기 때문에 CBS 임원들은 이 에피소드 방송을 불안해했다. 많은 언쟁 끝에, 제작진은 악어 에피소드를 다시 편집해서 불쾌감을 주는 변기 장면을 최대한 줄이겠다고 제안했다. 하지만 편집 시간이 예상보다 길어지는 바람에 방송국은 다른 에피소드를 방영해야 했다.

이런 자초지종을 몰랐던 미국인 수백만 명은 1957년 10월 4일 금요일 저녁에, 학교에서 쫓겨날 거라고 확신한 비버가 나무에 몸을 숨겼다가 선생님께 고무로 만든 무시무시한 괴물 머리를 선물하며 잘못을 비는 에피소드를 보면서 신나게 웃었다. 이 프로그램은 무해하고 재미있는 오락거리였다. 하지만 며칠 후, 이처럼 안전하고 확실한 세계관이 산산조각 나는 사건이 발생했다.

〈비버는 해결사〉가 방송되기 몇 시간 전, 몇몇 미국인은 작은 빛 덩어리가 빠르게 하늘을 가로지르는 모습을 목격했다. 비슷한 시간에 아마추어 무선통신 애호가들은 라디오에서 이상하게 삐삐거리는 소리가 이어지는 현상을 포착했다. 이 이상한 사건들에 대한 소문이 빠르게 퍼졌고 대중은 근심에 잠겼다. 독특한 광경과 소리가 새로운 유성 때문이라고 여기는 사람도 있었다. 외계인의 침공이 임박했다고 생각하는 사람도 있었다. 또 어떤 사람은 모든 걸 환각과 히스테리 탓으로 돌렸다. 하지만 진실은 그보다 훨씬 심각했다.

그날 아침 일찍, 소련은 인간이 만든 물건을 역사상 처음으로 지구 궤도에 올려놓았다. 스푸트니크Sputnik로 명명된 이 인공위성은 농구공만 한 크기에 무게는 80킬로그램 정도였으며 시속 2만 9,000킬로미터라는 놀라운 속도로 궤도를 돌았다. 스푸트니크는 지표면의 몇백 킬로미터 위를 날면서 90분에 한 번씩 지구 궤도를 돌았기 때문에 매일 미국 상공을 몇 차례나 통과했다. 소련은 미국이 이 최첨단 우주 공을 보고 겁에 질리기를 바랐다. 둥글고 매우 반짝거리는 스푸트니크는 최대한 햇빛을 많이 반사해서 지상에서도 볼 수 있게 설계되었다. 이 미스터리에 대한 사람들의 궁금증을 최대한 증폭시키기 위해, 소련은 발사 후 며칠이 지나도록 은색 위성의 사진을 공개하지 않았다.

소련의 계획은 완벽하게 효과를 발휘했다. 미국은 당황했고, 잇따라 여러 질문을 던졌다. 어떻게 전체주의 정권이 세계에서 가장 강력한 민주주의 국가를 앞지를 수 있었을까? '엉클 샘'의 비밀을 하늘에 떠 있는 이 새로운 눈에게 들키지 않고 안전하게 지킬 수 있을까? 스푸트니크를 발사하는 데 사용한 로켓에 핵탄두를 실을 수도 있지 않을까? 냉전이 새로운 고지에 도달했고 우주 경쟁이 시작되었다.

심리적 관점에서 스푸트니크는 무척 흥미로운 물체였다. 당시 위기를 겪었던 사람들에게 물어보면, 이 삐삐거리는 작은 공이 불러일으킨 진정한 공포를 자세히 얘기해줄 것이다. 갑자기 미래를 예측할 수 없게 되었고 모든 게 불확실해졌다. 자포자기한 사람들은 대통령이 강한 지도력을 발휘하여 굳건하게 방향타를 잡아주기를 바랐다. 하지만 안타깝게도 대통령은 그렇게 해주지 못했다.

위기 대응에 실패한 미국

드와이트 아이젠하워Dwight Eisenhower 당시 미 대통령은 스푸트니크 발사 당일 오전에 워싱턴 D.C.를 떠나 주말 내내 골프를 즐겼고, 그로부터 닷새가 지나도록 이 동그란 정체불명의 물체에 대한 기자회견을 열지 않았다.[3] 결국 기자들 앞에 모습을 드러낸 대통령은 그 위협을 대수롭지 않게 여기면서 침착함을 유지해달라고 호소했다. 동료 정치인들은 미국의 지도자가 현실과 동떨어져 있다며 걱정했고, 한 상원의원은 대통령에게 국민의 기대에 부응해 국가적인 '수치와 위험을 알리는 주간'을 선포해달라고 간청했다. 미시간 주지사 거하드 메넨 윌리엄스Gerhard Mennen Williams는 《뉴욕타임스》에 아이젠하워 대통령을 비판하며 빈정대는 시를 기고했다.[4]

'스푸트니크'

오, 작은 스푸트니크, 높이도 날고 있네.
모스크바에서 만들었다고 큰소리로 알리며.
세상 사람들에게 저기는 공산주의자들의 하늘이고
엉클 샘은 자고 있다고 말하라.

당신이 골프장 페어웨이와 러프에서 무슨 얘기를 했는지
크렘린궁에서는 다 알고 있다네.
부디 우리 골프 애호가님께서 정신 차리고
빈틈없이 처리하기를 바랄 뿐.

며칠 후 애완 악어가 등장하는 〈비버는 해결사〉 2회가 방영되었고 이 시트콤은 미국에서 최초로 화장실의 이미지를 보여준 텔레비전 프로그램이 되었다. 하지만 방송 역사에 길이 남을 이 중요한 사건은 스푸트니크 때문에 빛을 보지 못했다. 그때쯤에는 묘한 매력이 있는 이 작고 삐삐거리는 공 모양의 인공위성이 사회 전반에 영향을 미치기 시작해서, 바텐더들은 스푸트니크라는 이름의 칵테일을 만들었고 상점에는 장난감 업체에서 만든 모형 인공위성과 우주복이 넘쳐났다.[5]

　스푸트니크는 발사되고 3주가 지나자 배터리가 떨어져서 더 이상 삐 소리를 내지 않았다. 하지만 미국인의 우려는 커져갔다. 어떤 정치인은 안락한 삶에 집착하는 미국적인 성향 때문에 국민들이 은색 공에서 눈을 돌리고 국가 안보보다 가정의 안락함을 중시하게 되었다고 주장했다. 공화당 상원의원 스타일스 브리지스Styles Bridges는 강력한 어조로 다음과 같이 말했다.

> 집에 새로 깐 양탄자 두께나 새 차에 달린 테일 핀 tail-fin(자동차 뒤쪽 양 옆에 세운 얇은 지느러미 모양의 것-옮긴이) 높이에 대한 걱정은 접어두고, 이 나라와 자유세계가 살아남을 수 있도록 피와 땀과 눈물을 흘릴 준비를 단단히 해야 할 때가 왔다.[6]

　한편 지구 반대편에서는 완전히 다른 이야기가 진행되고 있었다. 미국이 스푸트니크에 겁먹은 모습을 보고 기뻐한 소련 정부는 자신들의 성공을 자랑하기 위해 우표와 포스터, 잡지 표지 등의 온갖 지면을 스푸트니크 이미지로 장식했다. 게다가 소련 최고의 로켓 과학자들은 우주프로그램의 다음 단계로 나아갈 준비가 되어 있었다.

한 달 후에는 미국의 상황이 더 악화되었다. 볼셰비키 혁명 40주년을 기념하기 위해 소련이 사상 처음으로 생명체를 지구 궤도에 진입시키는 데 성공한 것이다. 1호보다 다섯 배 정도 무거워진 스푸트니크 2호는 라이카Laika라는 작은 개를 태우고 발사되었다. 소련 과학자들은 원래 라이카를 지구로 안전하게 귀환시킬 수 있는 우주선을 만들 계획이었지만, 기념일에 맞춰 발사하려면 귀환이 불가능한 편도 비행만 가능했다. 그래서 안타깝게도 라이카는 발사 몇 시간 만에 우주선이 과열되어 죽었지만, 이 비행은 무중력 상태에서도 동물이 살아남을 수 있다는 사실을 증명했고, 소련이 곧 인간을 우주로 보낼 수도 있음을 암시했다. 미국은 또다시 아연실색했다.

1957년 12월 6일, 〈비버는 해결사〉 10회를 시청한 미국인 수백만 명은 이 프로그램에 나오는 꼬마 영웅이 학교 댄스파티에서 창피당하는 모습을 지켜보았다. 사실 그날 아침에 미국 전체가 이와 비슷한 상황을 겪었다. 세계 언론이 주시한 가운데, 미국도 스푸트니크 같은 인공위성을 발사하려고 시도했다. 발사대에서 천천히 이륙한 미국의 뱅가드 TV-3 로켓은 순식간에 폭발하며 거대한 불덩이 속에서 사라졌다. 《데일리 익스프레스》는 '카푸트니크Kaputnik(kaput는 망가졌다는 뜻-옮긴이)', 《데일리 헤럴드》는 '플로프니크Flopnik(flop은 실패작이라는 뜻-옮긴이)', 《뉴스 크로니클》은 '스테이푸트니크Stayputnik(아무 데도 가지 못했다는 뜻-옮긴이)' 등의 말장난으로 이 일을 조롱했고, 전 세계 언론들도 이 사건을 대서특필했다. 소련도 이 사건을 빈정거리면서 미국

같은 나라는 미개발국으로 지정되어 유엔의 원조를 받을 자격이 있다고 주장했다.[7]

뭔가 조치를 취해야 했다. 그것도 당장.

거창하고 대담하게 선두로 올라서는 법

1958년, 아이젠하워 행정부는 미국항공우주국NASA을 세우고 과학 교육에 수백만 달러를 쏟아붓기 시작했다. 2년 후 존 F. 케네디는 미국 대통령 선거에서 리처드 닉슨Richard Nixon과 정면으로 맞섰다. 당시 우주 경쟁이 주목을 받던 상황에서, 케네디는 미국이 가장 먼저 결승선을 통과하도록 최선을 다하겠다고 맹세했다.[8] 결국 케네디가 미국 역사상 가장 근소한 차이로 닉슨을 누르고 대통령에 당선되었다.

분열된 나라를 자기편으로 끌어들이기 위해 필사적이었던 이 젊은 대통령은 인상적인 취임 연설을 하고 싶었다. 그는 수석 연설 기획비서관인 테드 소렌슨Ted Sorensen에게 도움을 구했다. 소렌슨은 일상적인 표현 속에 큰 뜻을 담아내는 재능이 있는 매우 유능한 문장가였다. 1961년 1월 29일, 44세의 케네디가 역대 최연소 미국 대통령으로 취임했다. 몹시 추운 날씨와 눈보라 때문에 미국 수도가 마비되다시피 했다. 그런 상황에서도 케네디가 연단에 올라 역사상 가장 인상적인 정치 연설 중 하나로 인정받는 연설을 하는 모습을 수십만 명이 지켜봤다.

활력과 결단력이 넘치는 케네디는 갈 길을 잃은 듯한 전후 세대와 이야기를 주고받았다. 이 젊은 대통령은 모든 미국인에게 다른 사람을 도울 방법을 생각해보자고 격려하면서 공공 서비스의 가치를 강조했다. 14분간의 취임 연설은 케네디의 대담한 비전을 근사하게 요약한 '조국이 당신을 위해 무엇을 해줄 수 있을지 묻지 말고, 당신이 조국을 위해 무엇을 할 수 있는지 물어보라'라는 유명한 구절로 끝을 맺었다.

새로운 낙관론에도 불구하고 케네디의 대통령 임기는 시작부터 순탄치 않았다. 1961년 초, 쿠바의 피그만 침공과 연이은 몇 차례의 로켓 발사 실패 때문에 미국은 더 큰 굴욕을 겪어야 했다. 케네디는 미국 최고의 과학자와 엔지니어 들이 세운 가능성 있는 계획을 검토하며 우주 개발 경쟁으로 관심을 돌렸다.[9] 그는 국민의 마음을 사로잡을 비전이 필요하다는 사실을 알았다. 어떤 전문가는 소련과 정면으로 맞서서 거대한 위성을 발사하자고 제안했다. 또 어떤 이들은 영구적으로 지구 궤도를 돌 거대한 우주정거장을 건설하자는 아이디어를 던졌다. 케네디는 그보다 더 거창하고 대담한 아이디어를 원했다.

몇 달에 걸친 회의 끝에 케네디는 결국 자신의 원대한 감성에 맞는 아이디어를 후원하기로 했다. 달에 유인우주선을 보내겠다는 계획이었다. 소련이 경쟁에서 선수를 쳤다는 걸 의식한 케네디는, 1960년대가 끝나기 전에 인간이 달 표면을 걷기를 바란다고 선언함으로써 까다로운 기한까지 덧붙였다. 놀라울 정도로 대담한 목표였다.

이 야심 찬 아이디어는 케네디가 원하는 것 모두를 만족시켰다. 성공한다면 역사에 영원히 기록될 업적이었다. 게다가 소련에 한 방 먹이면서 미국이 우주 경쟁에서 앞서 나가게 해줄 것이었다. 무엇보다 중요한 점은, 아이디어가 실현되어 민주 진영이 하늘을 지배하게 되면 세계가 더 평화로워질 것이라고 케네디가 믿었다는 사실이다. 하지만 한 가지 중요한 문제가 있었다. 달에 가려면 엄청난 비용이 들기 때문에, 이 일이 대가를 치를 가치가 있다고 의회를 설득해야 했다.

1961년 5월, 케네디는 이 '긴박한 국가적 필요'에 대한 특별 메시지를 전하기 위해 의회의 양원 합동 회의에 모습을 드러냈다. 그는 그 자리에서 1960년대가 끝나기 전에 달에 사람을 보내겠다는 화려한 비전을 소개하고, 그 프로그램을 실행하려면 엄청난 기술적 도전과 막대한 공적 자금 지원이 필요하다고 설명했다. 그리고 달에 사람을 보내는 것보다 미약한 도전으로는 기대하는 성과를 거둘 수 없을 거라고 강조하며 자신의 결심을 확고히 했다.

의회와 미국 전체가 새로운 행동 방침에 확실하게 전심전력을 기울여줄 것을 요청합니다. 이 길을 절반만 가려 하거나 어려움에 처했을 때 규모를 줄일 생각이라면 처음부터 아예 가지 않는 편이 나을 겁니다.

케네디는 이 대담한 목표가 성공하려면 모든 미국인이 협력해야 한

다고 선언했다. 그에게 이 계획은 한 사람을 달에 보내고 마는 차원이
아니라 온 국민이 우주를 향해 손을 뻗는 일이었다.

　케네디는 이 프로젝트를 잘 검토해서 70억~90억 달러(약 8조 5,000
억~11조 원-옮긴이)를 사용할 수 있게 해달라고 의회에 요청하며 연설
을 끝맺었다. 〔실제로 이 프로그램에 소요된 비용은 총 250억 달러(약 30조 원-
옮긴이)로 추산되며, 한창 진행 중일 때는 미국 연간 공공 지출액의 5퍼센트 이상
을 썼다.〕

　케네디는 의회가 이 제안을 거부하거나 지출액을 대폭 줄이라고 할
지도 모른다고 우려했지만, 그의 용감하고 대담한 비전이 승리를 거
두어 불과 1시간 만에 토론을 거쳐 동의안이 통과되었다.

　일단 의회의 지지는 얻었다. 그런데 이 일에 미국 국민들도 열정을
품고 참여하게 할 수 있을까?

열정의 힘 : '우리는 달에 가기로 했습니다'

우주 경쟁을 위한 프로젝트 팀은 1961년 한 해 동안 임무 수행을 위
한 본부로 적합한 장소를 물색했고, 결국 텍사스주 휴스턴에 있는 라
이스대학교 부근에 유인우주선센터를 짓기로 했다. 1962년 9월 12일,
케네디는 1960년대가 끝나기 전에 달에 가겠다는 인류의 꿈을 알리
기 위해 라이스대학교 축구경기장으로 향했다.

그 행사에는 4만 명이 넘는 관중이 몰렸는데 그중에는 테리 오루크 Terry O'Rourke라는 열다섯 살짜리 남학생이 있었다. 이제 70대가 된 테리는 케네디를 봤던 그날을 지금도 기억한다. "그 후 몇천 일을 더 살았지만, 지금도 그날의 몇 시간에 대한 기억이 생생하다. 나는 학교를 쉬고 자전거를 타고 라이스대학교 경기장에 갔다. 당시에는 대통령 경호가 지금처럼 삼엄하지 않았기 때문에 그냥 들어가서 앉기만 하면 됐다. 날이 무척 더웠다. 아열대 지방처럼 습한 열기에 다들 고생했던 기억이 난다."[10]

이번에도 테드 소렌슨과 함께 연설문을 작성한 케네디는 국민들이 이 계획에 매료되어 동참하기를 원했다. 스탠드에 앉아 있던 테리는 대통령이 연단에 올라 연설을 시작하는 모습을 지켜봤다.

지식으로 유명한 이 대학, 진보로 유명한 이 도시, 강하기로 유명한 이 주에서 만난 우리에게는 지식, 진보, 힘 이 세 가지가 모두 필요한 상황입니다.

테리는 케네디의 존재감과 말에서 느껴지는 힘을 생생하게 느꼈다. "당시는 냉전 시대였고 다들 불안감과 두려움을 느꼈다. 우리는 소련이 어떻게 우주 경쟁에서 우리를 앞설 수 있었는지 몰랐다. 그런데 여기, 잘생기고 똑똑하고 카리스마 넘치는 케네디가 우리에게 아직 희망이 있다고 말하고 있었다."

케네디는 연설 초반에 1960년대가 끝나기 전에 달에 사람을 보내 겠다는 충격적인 비전을 설명했다. 그다음에는 개척자가 되는 흥분과 즐거움, 인류의 미래를 위한 우주 경쟁의 중요성에 관해 얘기했다.

이전 세대 사람들은 미국이 산업혁명의 첫 번째 물결, 근대 발명의 첫 번째 물결, 원자력 발전의 첫 번째 물결을 탔다고 확신했습니다. 우리 세대 또한 다가오는 우주 시대의 역류에 휩쓸려 좌초하지 않을 것입니다. 우리는 그 시대의 일부가 되고, 그 과정을 이끌어나갈 것입니다. 세계는 이제 우주와 달과 저 너머의 행성들을 바라보고 있는데, 우리는 그것을 적대적인 정복의 깃발이 아니라 자유와 평화의 기치가 지배하는 모습으로 보게 될 거라고 맹세했습니다. 대량살상무기가 가득찬 공간이 아니라 지식과 이해의 도구로 가득찬 공간을 보게 될 거라고 다짐했습니다.

라이스대학교는 오스틴에 있는 텍사스대학교에 비해 규모가 작다. 두 학교의 미식축구 팀은 오래전부터 치열하게 경쟁했는데, 텍사스 롱혼 팀이 라이스 아울 팀을 계속 이기는 상황이었다. 케네디는 힘겨운 도전을 받아들이는 것이 중요하다고 강조하면서 이들의 경쟁 관계를 즉흥적으로 언급해 연설 중 가장 큰 환호를 받았다.

그런데 왜 하필 달이냐고 묻는 사람이 있을지도 모릅니다. 왜 우리는 달을 목표로 삼았을까요? 왜 하필 가장 높고 힘겨운 산을 오르느냐고 물어

볼 수도 있습니다. 왜 우리는 35년 전에 대서양 횡단 비행을 했을까요? 라이스대학교는 왜 텍사스대학교와 경기를 할까요? 우리가 1960년대가 끝나기 전에 미국은 달에 사람을 보낼 것입니다. 우리가 그러기로 결심한 이유는 그 일이 쉽기 때문이 아니라 어렵기 때문입니다. 그 목표가 우리가 가진 최고의 능력과 기술을 정비하고 평가하는 데 도움이 될 것이기 때문입니다. 우리는 그 도전을 미루지 않고 기꺼이 받아들여 달성할 것입니다.

테리는 케네디의 열정과 열의가 경기장 전체에 활력을 불어넣었다고 기억했다. "나는 그를 전적으로 신뢰했다. 그는 우리가 달에 갈 것이라고 말했고 나는 그 말을 전적으로 믿었다. 우리 모두 그를 믿었다. 낙관론이나 오만 혹은 순수함이라고 부를 수도 있겠지만, 그 경기장에 있는 사람들은 모두 미국이 그 일을 해낼 거라고 생각하는 것 같았다."

케네디는 이제 사람을 달에 보내야 하는 '이유'로부터 시선을 돌려 그 '방법'에 집중했다. 그는 미국의 우주기술이 뒤처져 있음을 인정하고, 엄청난 기술적 장벽을 극복해야 한다고 이야기했다. 달에 가려면 축구장 길이만큼 거대한 로켓을 만들고, 세계에서 가장 정교한 시계보다 성능이 뛰어난 기기를 설계하고, 태양 온도의 절반 정도 되는 고온(케네디는 "오늘 이곳 날씨만큼이나 더운"이라고 즉흥적으로 표현했다)을 견딜 수 있는 물질을 개발해야 했다.

케네디는 앞으로의 여정을 한 위대한 탐험가의 원정에 비유하며 역사적인 연설을 마쳤다.

에베레스트산에서 사망한 영국의 위대한 탐험가 조지 맬러리는 왜 에베레스트에 오르고 싶어 하느냐는 질문에 "산이 거기 있기 때문"이라고 대답했습니다. 자, 우주가 저기 있으니 우리는 그곳에 갈 겁니다. 달과 행성들이 저기 있고, 지식과 평화에 대한 새로운 희망도 저기 있습니다. 우리가 항해를 시작할 때, 인간이 착수한 가장 위험하고 위태롭고 위대한 이 모험에 신의 축복이 함께하기를 기원합니다.

세상을 더 나은 곳으로 만들자고 강조한 케네디의 말은 당시 열다섯 살이었던 테리 오루크에게 깊은 인상을 남겼다. "그의 연설은 정말 감동적이었다. 그날 더 큰 대의를 위해 뭔가를 한다는 생각이 내 마음속에 자리 잡았고, 나는 최선의 방법으로 우리나라와 다른 사람들을 돕고 싶다고 생각하며 그 자리를 떴다."

테리는 그날 그곳에서 케네디의 연설을 들은 직후 그 지역 국회의원들에게 편지를 보내 하원 보조 견습생이 되었다. 1년 뒤에는 백악관 잔디밭에서 케네디와 만나는 또 한 번의 잊을 수 없는 순간을 경험했다. 테리는 법학을 공부한 후, 오랫동안 법조계에서 경력을 쌓으며 사회적 불의와 싸우고 환경을 보호하는 일에 일생을 바쳤다. 더 큰 대의를 위해 일한다는 케네디의 목표에 감화된 그는 대통령 산하의 팀의 일원으로 일하면서 에너지부를 만들도록 의회를 설득했고, 지미 카터

Jimmy Carter 대통령 때는 백악관 참모로도 일했다.

그날 라이스대학 경기장에서 케네디의 연설을 듣고 인생이 바뀐 사람은 테리뿐만이 아니었다. 테리와 조금 떨어진 곳에는 라이스대학교 학생이자 우수한 농구 선수였던 제리 우드필Jerry Woodfill이 서 있었다.[11]

인디애나주 출신인 제리는 어릴 때부터 농구에 매료되었고 결국 체육 장학금을 받고 라이스대학교에 진학했다. 제리도 테리 오루크처럼 그날 지독하게 더웠다고 회상했다. 당시 제리의 삶은 순조롭지 않았다. 시험 점수도 좋지 못했고(C학점 두 개, D학점 두 개, F학점 한 개) 농구 연습은 너무 힘들었다. 케네디가 연설을 시작하자 제리는 내면에서 무언가가 요동치는 걸 느꼈다. 연설이 끝날 무렵에는 새사람이 된 것처럼 달라져 있었다. 인류 역사상 처음으로 달에 가겠다는 케네디의 열정적인 비전에 용기를 얻은 제리는 농구를 그만두고 전기공학 공부에 전념했다. 학교를 졸업한 후에는 NASA에 지원했고, 달에 착륙할 우주선의 안전 시스템 개발을 돕게 되었다. 1969년 7월 20일, 라이스대학교에서 케네디가 연설하는 모습을 본 지 7년 만에 제리는 유인우주선센터에서 일하게 되었고, 닐 암스트롱과 버즈 올드린Buzz Aldrin이 달 표면에 발을 디딜 수 있도록 도왔다.

달에 가겠다는 케네디의 비전에 영향을 받은 수백만 명이 미국 전역에서 열광했고, 곧 나라 전체가 우주에 관한 열기에 들떴다. 케네디는 불과 몇 달 만에 정치인과 일반인, 과학자, 엔지니어 모두에게 동기를 부여하는 데 성공했다. 미국은 꿈의 목적지를 찾았고, 인류는 달로 향하게 되었다.

열정을 활용하여 동기를 부여하라

달에 간다는 아이디어는 전 세계 수많은 사람에게 활력을 불어넣었다. 그중 일부는 어린 시절에 플래시 고든Flash Gordon과 벅 로저스 Buck Rogers의 모험 이야기를 읽으며 우주 탐험에 푹 빠진 경험이 있었다. 어떤 사람은 달에 간다는 너무나도 어렵고, 새롭고, 대담한 도전이 꼭 성공하기를 바랐다. 목적의식이 강한 사람들은 창공을 향한 열망이 자유와 민주주의를 증진하고 미래 세대를 위해 더 나은 세상을 만드는 데 도움이 될 것이라고 믿었다. 또한 어떤 이들은 우주 경쟁이 만들어낸 경쟁의식을 즐기면서 미국이 소련보다 먼저 결승선을 넘기를 열망했다.

이런 열정은 케네디의 비전을 현실로 바꿀 많은 과학자와 엔지니어에게도 동기를 부여했는데, 이건 궁극적인 성공에 꼭 필요한 요소였다. 이들의 열정 덕분에 일이 곧 놀이가 되었고, 장시간 노동과 맞추기 힘든 마감 기한에 허덕이며 일하는 사람들에게도 도움이 되었다. 빌 틴달 주니어Bill Tindall Jr.는 아폴로 계획에 참여한 최상급 기술자 중 한 명이었다. 달 착륙에 성공하고 몇 년 뒤, 틴달은 그렇게 많은 사람이 열심히 일할 수 있었던 동기가 무엇이었느냐는 질문을 받았다. 틴달은 '일'이라는 단어를 사용하는 데 반대하면서 이렇게 말했다.

"나는 우리가 일을 한다는 생각이 전혀 들지 않았기 때문에 일이라는 단어를 놀이로 바꾸곤 했다. 맹세컨대 진짜 그랬다. 정말 재미있는 놀이처럼 느껴졌다."[12]

우주비행관제센터에서 일하는 이들도 마찬가지였다. 운항 책임자인 글린 루니Glynn Lunney는 닐 암스트롱을 달에 착륙시킨 팀의 일원으로 일한 경험을 어떻게 생각하느냐는 질문에 이렇게 대답했다. "우리는 그 일을 좋아했다. 그 일을 사랑하고, 동지애를 사랑하고, 경쟁을 사랑했으며, 국민을 위해 중요한 일을 하고 있다는 느낌을 좋아했다."[13] 비행관제사 스티브 베일스Steve Bales도 마찬가지였다. 그는 아폴로 임무에 참여하는 게 너무 흥미롭고 재미있었던 나머지, 봉급이 생활비만 간신히 충당할 정도여도 그 프로그램에서 일했을 거라고 말했다.[14] 우주비행관제센터의 운항 책임자인 게리 그리핀Gerry Griffin에게 많은 업무량과 엄청난 스트레스를 다시 마주할 생각이 있느냐고 묻자 그는 곧바로 "물론이다. 그 일을 마무리해야 했을 때 슬펐다"라고 대답했다.[15]

풍부한 과학적 증거가 관제사들의 말이 사실임을 보여준다. 퀘벡대학교의 로버트 밸러란드Robert Vallerand는 열정 심리에 관한 수백 개의 학술 논문을 발표했다.[16] 열정적인 사람들 수천 명의 삶과 심리를 연구한 밸러란드는 사람들이 자주 간과하는 이 열정이 성공의 중요한 구성 요소 중 하나라는 사실을 발견했다. 좋아하는 일을 하는 사람들은 일을 놀이에 가깝다고 느끼고, 상황이 힘들어져도 그 일을 계속할 가능성이 크다. 결과적으로 생산성이 매우 높아지고 그 일에 성공하게 된다. 케네디가 달에 가겠다는 의지를 천명하여 모든 미국인에게 활력을 불어넣은 것처럼, 열정은 개인 생활과 직업 생활 모두에서 사람을 믿기 힘든 높이까지 끌어올리는 힘이 있다.

꿈의 목적지를 찾으려면 자신의 열정을 따라가야 한다. 만약 어떤 길을 가도록 강요받는다면, 그 여정에 열정을 불어넣을 방법을 찾아보자. 안타깝지만 놀랄 만큼 많은 이들이 자신의 눈을 반짝이게 하고 삶을 더 가치 있게 만드는 게 무엇인지 잘 모른다. 삶에 더 많은 열정을 불어넣기 위해 고안된 다음의 기술은 여러분이 자신만의 달에 도달할 연료를 제공한다. 이 기술은 사람들이 케네디의 꿈에 열정을 품게 만든 요소들에 바탕하고 있다. 다음의 중요한 질문 아홉 개에 답해보자. 거대한 목표의 과학적 원리를 이해하고, 오늘을 인생에서 가장 중요한 날로 만들고, 자신만의 우주 경쟁을 해나가기 위해서 말이다.

열정을 확인할 9가지 체크리스트

달 착륙 프로젝트에 참여한 많은 과학자와 기술자는 평생 비행과 우주 탐험에 열정을 품었다. 우리도 이들처럼 자연스러운 열정이 있다.

우리 대부분은 어릴 때 그림, 찰흙 놀이, 음악, 모자이크, 구름 관찰, 마술 등 뭔가에 매료되며, 이 경험은 평생 이어지기도 한다(특히 그 일에 열정이 있는 경우). 하지만 삶이 복잡하고 바빠지면 자기 발걸음에 생기를 불어넣는 일이 뭔지 잊어버리는 경우가 많다. 여러분도 그런 상황이라면 이 기술을 활용하여 자신의 타고난 열정을 확인해보자.

먼저 조용한 곳에 앉아 다음의 아홉 개 질문에 대한 답을 적어보자.

1 지금까지 살면서 특히 많은 흥분과 열정, 살아 있다는 기분을 느꼈던 순간을 세 가지 적어보자.

2 한 가지 주제에 관한 책과 잡지만 읽을 수 있는 방에 갇혀 있다고 상상해보자. 어떤 주제를 고르겠는가?

3 경제적으로 안정되어 앞으로 하고 싶은 일을 자유롭게 할 수 있다고 상상해보자. 세계 여행을 다니고, 집을 한두 채 사고, 친구나 가족을 부양하고, 좋아하는 자선단체에 기부한 후에는 어떤 식으로 살아가고 싶은가?

4 어렸을 때 뭘 좋아했는가? 오랫동안 간직하고 있는 어린 시절의 장난감이나 물건이 있는가? 만약 있다면, 그것을 지금까지 간직한 이유는 무엇인가?

5 한때는 좋아했지만 지금은 인생의 일부가 아닌 취미와 관심사는 무엇인가?

6 인생의 황혼기에 접어들었다고 가정해보자. 자신의 삶을 돌아보면서

지난 30년을 어떻게 보내면 좋았을지 생각해보자. 후회되는 일은 무엇인가? 어떤 일을 했으면 좋았을 거라고 생각하는가?

7 여러분이 새로운 걸 창조할 수 있다고 상상해보라. 무엇이든 상관없다. 새로운 형태의 손수레나 새로운 슈퍼 히어로, 새로운 웹사이트, 혹은 기타를 배우는 새로운 방법일 수도 있다. 무엇을 만들고 싶은가?

8 어떤 일에 열중하다가 문득 정신을 차려보니 자기도 모르는 새 시간이 훌쩍 지난 적이 있는가? 30분 정도 일했다고 생각했는데 깨닫고 보니 몇 시간이 지난 적이 있을지도 모른다. 그때 한 일은 무엇인가?

9 여러분 마음을 잡아끄는 그림과 사진을 커다란 보드지에 잔뜩 붙여달라는 청을 받았다고 상상해보자. 좋아하는 사진과 그림, 이미지라면 뭐든지 붙일 수 있다. 여러분은 어떤 사진을 붙이겠는가?

짐작했겠지만 이 아홉 가지 질문은 여러분이 좋아하는 것을 찾도록 도와준다. 잠시 후에는 답을 검토하고 거기에 드러난 주제를 파악하며 자신이 어디에 열정을 품고 있는지 알아낼 것이다. 하지만 그 전에 다음의 두 가지를 감안해야 한다.

- **열정을 최고조로 끌어올리는 걸 두려워할 필요는 없다.** 심리학자 벤저민 셸렌버그Benjamin Schellenberg는 살면서 열정을 품은 대상이 없거나 한두 개인 학생 1,000여 명을 대상으로 본인의 행복 수준과 신체적 건강, 기분 상태를 표시하도록 했다.[17] 연구 결과에 따르면 열정을

품은 대상이 두 개인 사람들이 가장 행복했다. 이들이 자신의 활동에 지나치게 많은 시간을 투자하고 있을지도 모른다고 생각한 연구원은 모든 참가자에게 자신의 열정에 탐닉하는 데 얼마나 많은 시간을 쏟는지 표시해달라고 했다. 두 가지에 열중하는 사람들은 그 두 가지 일에 투자하는 시간이 한 가지 열정을 가진 사람이 투자하는 시간과 같더라도 더 큰 행복을 느꼈다. 이 사실이 전하는 메시지는 분명하다. 한 가지 열정을 품는 것도 좋지만 두 가지 이상의 열정을 품는 편이 훨씬 좋다는 것이다.

- **주의 사항: 지나치게 무리해선 안 된다.** 연구에 따르면 모든 열정이 긍정적인 건 아니다. 어떤 사람은 열정에 너무 집착한 나머지 그것에 삶을 송두리째 지배당하는 위험을 무릅쓴다. 이들은 종종 집착을 멈추지 못하고, 때로는 활동 자체를 즐기기보다는 칭찬이나 명성, 돈 같은 외적 보상에 휘둘린다. 이런 집착 때문에 극도의 피로를 느끼거나 심지어 부상을 당하기도 한다. 몸을 다쳤는데도 공연을 하는 댄서나 위험한 날씨 속에서도 자전거를 타는 사이클 선수처럼 말이다. 여러분에게 필요한 건 순수한 열정이지 이런 강박관념이 아니다.

자, 이제 아홉 가지 질문에 대한 답을 살펴보며 자신이 인생에서 정말 중요하게 여기는 것과 당신의 발걸음을 가볍게 하는 것이 뭔지 알아보자.

예를 들어 여러분이 탭댄스, 헤이스팅스 전투(1066년에 노르망디 공국의 정복왕 윌리엄과 잉글랜드 국왕의 군대가 맞붙은 전투─옮긴이)에 대한 정보를 최대한 많이 모으는 것, 그림 그리기, 스마트폰 앱 제작, 도자기 만들기, 금속 탐지 놀이, 영화 관람 등에 관한 이야기를 자주 한다고 가정해보자. 무엇을 좋아하든 이제 그 열정을 이용해 새로운 야망이나 목표를 세우는 방법을 알아내서 꿈의 목적지를 찾아보자. 이번에도 시작하기 전에 다음의 두 가지 사항을 고려해야 한다.

첫째, 사람들은 대부분 좋아하는 일을 하며 생계를 유지하고 싶어 한다. 만약 여러분도 그 방법을 고민하고 있다면, 열정을 지금 하는 일과 통합할 방법을 생각해보자. 예를 들어, 현재 인사 팀에서 일하지만 기술에 대한 열정이 있다면, 새로운 인재를 끌어들이기 위해 소셜 미디어의 잠재력을 탐구할 팀을 이끌겠다고 제안할 수도 있다. 혹은 현재 고객 서비스 분야에서 일하지만 연기에 열정을 품고 있다면, 고객과의 관계를 형성하는 데 그 연기력을 활용할 수도 있지 않을까?

둘째, 열정을 품은 대상이 여러 가지라면, 그 열정을 결합하여 독특한 자신만의 특기를 만들 방법을 생각해보자. 예를 들어, 식물을 키우는 일에 소질이 있고 수학도 좋아한다면 기하학적인 패턴을 전문으로 하는 정원사가 될 수 있지 않을까? 또 작곡과 피트니스에 두루 관심이 있다면 사람들이 헬스클럽에서 열심히 운동하도록 의욕을 북돋아주는 노래를 만들 수도 있을 것이다. 아니면 아폴로 12호 우주비행사였던 앨 빈Al Bean의 선례를 따를 수도 있다. 달 표면을 걸었던 빈은 뛰어난 예술가이기도 하다. 그는 현재 진짜 달 먼지를 이용해서 달 표면을 그리는 일을 한다.

자, 여러분도 꿈의 목적지를 찾아보자.

목표는 가능한 한 크고 대담하게

"계획을 작게 세워서는 안 된다. 그런 계획은 우리의 피를 들끓게 하지 못한다. 큰 계획을 세우지 못하겠거든 집에 가라."

– 대니얼 버넘 Daniel Burnham

케네디는 미국이 달 착륙에 성공할 것이라고 발표함으로써 아주 높은 목표를 세웠다. 흔히 '도전적 목표'라고 하는 이런 대담한 목표는 더 큰 열정을 품게 하고, 무사안일주의를 타파하며, 혁신을 촉진하고, 포부를 높이며, 삶의 지평을 넓혀 성공의 씨앗을 뿌린다. 이런 접근 방법이 매우 효과적이라는 사실은 여러 유명한 조직을 통해서도 입증되었다. 일례로 스티브 잡스Steve Jobs는 '현실 왜곡장(매력과 비전을 혼합하여 불가능해 보이는 일도 이룰 수 있다고 확신을 주는 것)'을 이용해 애플이 새로운 경지에 도달하도록 도왔다. 성공적인 발명가이자 사업가인 테슬라의 일론 머스크Elon Musk도 '지나치게 낙관적인 마감 시한'을 이용해 놀라운 기술적 도약을 이루곤 한다.

연구 결과에 따르면 대담하고 불가능해 보이는 큰 목표를 세우면 거기서 흘러나오는 열정의 이점을 누릴 수 있다. 예컨대 소규모 사업을 시작하는 것보다는 거대 제국을 세우는 모습을 상상하는 편이 낫다. 소규모 공동체에 긍정적인 영향을 미치려고 애쓰기보다는 수백만 명을 돕겠다는 목표를 세우는 게 효과적이다. 또한 짧은 거리를 달리는 데 만족하지 말고 마라톤 완주를 목표로 정하는 게 낫다. 이런 도전적인 목표가 실제로 효과를 발휘하도록 다음과 같은 간단한 규칙을 따라야 한다.

- 첫째, 도전적인 목표는 '두려움 요소'를 유발할 때 가장 큰 효과를 발휘한다. 이때 사람들에게 겁을 주거나 흥분시키거나 에너지를 불어넣는 아드레날린이 분출된다. 이런 호르몬은 정서적 갈등 때문에 분출된다. 최고의 도전적 목표는 대개 처음에는 확실한 달성 방법이 정해져 있지 않기 때문에 불확실성이나 두려움을 유발한다. 하지만 그와 동시에 포괄적이고 필요한 것이라는 느낌을 주므로 낙관주의와 희망이라는 긍정적인 감정을 자아낸다.

- 둘째, 도전적 목표에는 단점도 있다. 야심적이지만 비교적 달성이 쉬운 목표로는 본인이나 조직의 도전 의식을 북돋우지 못한다. 더 나쁜 건, 목표 달성에 성공하면 자신이 훨씬 더 많은 걸 이룰 수도 있었다는 사실을 깨닫고 후회할 위험이 있다는 것이다. 그렇다고 해서 완전히 비현실적인 목표('나는 1년 안에 미국의 차기 대통령이 될 것이다')를 세우면 낙담하게 되므로 다음번에는 목표를 너무 낮게 잡을 수도 있다. 그러

므로 자신이 그 일에 전념했을 때 현실적으로 목표를 달성할 가능성이 얼마나 되는지 평가해보자. 예를 들어, 케네디 대통령은 휴스턴에서 연설하기 전에 달에 사람을 보낼 가능성을 놓고 로켓 과학자 및 우주공학자들에게 상담했다. 그들은 승산이 매우 낮긴 하지만(말 그대로

다) 가능하다고 말했다. 만약 여러분이 목표를 달성할 수 있다고 90퍼센트 확신한다면 너무 쉬운 목표라는 얘기다. 반대로 가능성이 10퍼센트밖에 안 된다면 기준을 너무 높게 잡았다는 뜻이다. 일부 연구자들에 따르면 성공 확률을 50~70퍼센트 정도로 잡는 게 최선이다.

여러분의 대담하고 야심 찬 목표는 무엇인가? 크게 생각하고 남들보다 먼저 시작하라. 누구보다 멀리 혹은 더 빨리 가야 한다. 두려움 요소와 50:70 퍼센트 규칙을 사용해 완벽한 목표를 세우자. 물론 도전적인 목표를 세워도 어떤 조직과 개인은 성공하고 어떤 조직과 개인은 실패한다. 어느 쪽이든, 대담무쌍한 비전이 있으면 일을 진행시킬 수 있고, 완전히 성공하지 못한 사람도 목표를 너무 낮게 잡은 사람보다는 훨씬 큰 성공을 이루게 된다. 레스 브라운Les Brown은 "달을 향해 쏴라. 빗나가더라도 별들 사이에 내려앉게 될 것이다"라는 유명한 말을 했다.

오늘을 여러분 인생에서 가장 중요한 날로 만들어라

"인생에서 가장 중요한 두 날은 태어난 날과 자신이 태어난 이유를 알게 되는 날이다."[19]

— 어니스트 T. 캠벨Ernest T. Campbell

심리학자들은 동물원 사육사가 비교적 낮은 임금에 동물 우리를 청소하고 배설물을 치워야 하는 힘든 업무에도 불구하고 세상에서 가장 만족도가 높은 직업 가운데 하나라는 사실을 알아냈다.[20] 왜 그럴까? 그들은 자신의 노고가 세상이 더 나은 곳으로 변화시키는 모습을 볼 수 있어서 장시간 노동이나 악취를 견딜 준비가 되어 있기 때문이다. 요컨대 그들은 알락돌고래 같은 감각을 지니고 있기 때문에 직장 생활을 즐긴다!

아폴로 계획에 참여한 많은 이들도 목적의식에 이끌려 움직였다. 그들은 달에 도달하면 자유와 민주주의를 촉진해서 더 나은 세상을 만드는 데 도움이 될 거라고 믿었다.

펜실베이니아대학교 심리학자인 애덤 그랜트Adam Grant의 연구는 약간의 목적의식만 생겨도 놀랄 만큼 큰 변화가 일어날 수 있다는 사실을 보여준다.[21] 그랜트가 재직 중인 대학은 콜센터를 운영했다. 직원들은 날마다 졸업생들에게 전화를 걸어 미래의 입학생들을 위해 장학금을 기부하고 싶은지 물었다. 매우 반복적인 업무였고, 직원들은 자주 거절당했다. 이 평범한 일에 의미를 더하고 싶었던 그랜트는 장학금 혜택을 받은 학생을 추적했고, 그 학생에게 장학금을 받은 덕분에 인생이 어떻게 달라졌는지를 직원들에게 몇 분만 얘기해달라고 부탁했다. 이 간단한 일이 기적 같은 효과를 낳았다. 직원들은 자신이 하는 업무의 의미를 알게 되었고, 덕분에 자기 일이 의미 있다는 사실도 깨달았다. 그랜트가 이후 몇 주 동안 업무 성과를 추적해보니, 직원들은 놀랍게도 전보다 142퍼센트나 많은 시간을 전화 통화에 쏟았고 수익도 171퍼센트 늘었다.

어떻게 하면 삶에 더 많은 의미를 불어넣을 수 있을까? 가장 쉬운 방법은 다른 사람을 돕거나, 공공의 이익을 추구하거나, 세상을 더 나은 곳으로 만들 방법을 찾는 것이다. 더 나은 미래를 창조하는 일의 중요성에 대한 케네디의 연설을 들은 테리 오루크가 사회정의와 환경 보호를 위해 자기 삶을 바쳤다는 얘기를 앞에서 했는데, 기억하는가? 작가 헌터 S. 톰슨Hunter S. Thompson은 언젠가 이런 말을 했다. "그게 무엇이든, 당신 피를 들끓게 하는 일은 할 만한 가치가 있는 일일 것이다." 여러분의 피를 들끓게 하는 일은 무엇인가? 세상의 여러 문제 중에서 무엇을 가장 먼저 해결하고 싶은가?

이 생각은 또한 여러분이 자신의 일에 더 많은 의미를 부여하도록 도와준다. 예일대학교 경영대학원의 조직행동학 교수인 심리학자 에이미 브제스니에프스키Amy Wrzesniewski는 사람들이 직업에서 의미를 찾도록 돕는 데 많은 시간과 노력을 쏟았다.[22] '잡 크래프팅job crafting'이라는 그녀의 방식에는 여러분이 자신의 직업을 좋아하도록 돕는 간단한 기술들이 포함되어 있다.

가장 쉬운 방법은 자신에게 '내 직업이 다른 이들에게 어떤 도움이 되는가?'라는 간단한 질문을 던지는 것이다. 직업이 무엇이든 이 질문을 할 수 있다. 예를 들어, 교사는 교육을 잘 받은 아이들이 지역 사회에 어떤 이익을 안겨주는가에 초점을 맞출 수 있고, 휴대전화 설계자들은 자신이 만든 제품이 사람들을 서로 연결시켜서 행복한 기억을 공유하는 데 도움을 준다는 사실을 떠올릴 수 있다. 또 슈퍼마켓 계산대 직원은 자신이 외로운 고객들에게 짧지만 중요한 사회적 접촉의 순간을 제공한다는 사실을 상기할 수 있다.

한 일화에 따르면, 유인우주선센터를 방문한 케네디가 거기서 일하는 청소부에게 어떤 일을 하는지 설명해달라고 한 적이 있다고 한다. 그 청소부는 '나는 사람을 달에 보내는 일을 돕고 있다'라고 대답했다. 사실이든 아니든, 이 이야기에는 달에 가려고 노력한 사람들의 진정성이 담겨 있다. 아폴로 계획에 참여한 수천 명의 사람들은 로켓 엔진을 설계하거나 볼트를 조이거나 바닥을 청소하기만 한 게 아니라, 자신이 중요한 사업에 꼭 필요한 공헌을 하고 있다고 생각했다. 여러분도 이런 태도를 받아들이고 주변 사람을 격려하면 어떻게 목적의식에서 열정이 흘러나오는지를 알게 될 것이다.

어떻게 하면 삶에 더 많은 의미를 더할 수 있을까? 어떻게 하면 더 큰 대의에 기여하고 세상을 더 나은 곳으로 만들 수 있을까? 어떤 일이 여러분의 피를 들끓게 하거나 심장이 노래하게 하는가? 여러분은 그걸 위해 무엇을 할 수 있는가? 우리는 '이 일이 어떻게 다른 사람에게 도움이 되는가?'라는 간단한 질문을 던지면 어떤 활동에든 바로 목적의식을 불어넣을 수 있음을 기억해야 한다.

당신만의 우주 경쟁을 시작하라

현대 심리학의 창시자 중 한 사람인 노먼 트리플릿Norman Triplett 교수는 낮에는 인디애나대학교에서 존경받는 심리학자로 일하고, 다른 시간에는 당시 유행하던 사이클링을 열성적으로 홍보하는 일을 했다. 그는 인간의 정신에 대한 자신의 애정을 사이클링의 즐거움과 결합시켜야겠다고 결심하고 스포츠심리학이라는 분야에 시동을 건 획기적인 연구를 했다.[23]

1898년 어느 날, 미국 자전거 경주 리그의 기록을 보며 레이스 시간을 검토하던 트리플릿 교수는 이상한 점을 발견했다. 사이클 선수들은 대부분 혼자 시간을 재면서 달릴 때보다 동료들과 경주할 때 훨씬 좋은 기록을 냈다. 지난 100여 년 동안 이런 효과가 되풀이해서 증명되었고, 아무리 작은 상이라도 그 상을 타기 위해 다른 사람과 경쟁하면 성과가 높아진다는 연구 결과도 있다.[24] 그 효과는 사람들이 한 팀에서 같이 일할 때, 그리고 자신과 경쟁자의 성과를 꾸준히 인식할 때 특히 강하게 나타난다.

이 분야에서 가장 최근에 진행된 몇몇 연구는 경쟁심이 특히 중요하다는 사실을 보여준다. 뉴욕대학교의 개빈 킬더프Gavin Kilduff 교수는 사람들이 자신이 잘 알고 라이벌이라고 여기는 사람과 경쟁할 때 특히 경쟁심을 불태우게 될지 궁금했다.[25] 킬더프는 트리플릿을 본받아 100개가 넘는 장거리 달리기 경주에서 수집한 기록 데이터를 분석해,

달리기 선수들이 경쟁자가 있으면 소중한 기록을 몇 초씩 단축한다는 사실을 알아냈다. 어떤 연구에서는 심지어 상대와 경쟁 중이라고 상상하기만 해도 성과를 올리는 데 도움이 된다는 사실이 밝혀졌다.

미국인들은 단순히 달에 가려고 시도한 것이 아니었다. 그들은 소련의 경쟁자들을 이기려 했고, 그 덕분에 생긴 경쟁의식이 활력을 불어넣으며 승리에 대한 특별한 동기를 부여했다.

열정을 빨리 끌어올리고 싶으면, 자신만의 우주 경쟁 상황을 만들어보자. 여러분의 경쟁 상대나 주요 라이벌은 누구인가? 누구를 이기고 싶은가? 재미있는 대회를 만들어서 자신과 다른 이들에게 동기를 부여할 수 있을까? 예를 들어, 조직의 여러 부문끼리 어느 쪽이 재활용을 가장 많이 하는지 경쟁할 수 있을까? 누가 살을 가장 많이 빼는지 파트너와 경쟁을 벌이는 건 어떤가? 혹은 체육관에서 라이벌과 경쟁하는 모습을 상상하며 스스로에게 동기를 부여하는 건 어떤가? 어떤 방법으로든 자기 내면의 경쟁심을 이용해 열정을 북돋우자.

요약

자신의 열정을 따르자. 특정한 방향으로 나아가야 한다면 그 여정에 더욱 정열을 쏟을 방법을 찾아보자.

- 어릴 때 뭘 했고, 취미와 관심사는 무엇이었으며, 섬에 갈 때 어떤 책과 잡지를 가져갔고, 어떤 활동을 할 때 시간이 쏜살같이 흘렀는지 생각하며 숨겨진 열정을 찾아보자.

- 크게 생각하고 먼저 행동하라. 케네디의 목표가 세계를 놀라게 한 이유는 너무나도 대담하고 야심 찼기 때문이다. 여러분의 대담하고 용감하고 흥미진진한 목표는 무엇인가? 어떻게 일등이 될 생각인가?

- 공공의 이익에 기여할 방법을 생각하며 삶을 더 의미 있게 만들자. 여러분의 피를 들끓게 하는 일은 무엇이고 그것과 관련해 어떤 일을 할 수 있는가? 어떤 활동에 목적의식을 주입하려면 '이 일이 다른 사람들에게 어떤 도움이 될까?'라는 간단한 질문을 스스로에게 던지면 된다.

- 마지막으로, 자기만의 우주 경쟁 상황을 만들어서 빠르게 열정을 북돋워보자. 활동을 재미있는 경쟁이나 게임으로 바꾸고, 가벼운 경쟁의식을 북돋울 방법을 찾자.

CHAPTER 2

혁신적으로
문제를
돌파하라

훌륭한 임무 계획을 세워서 곤경을 면하게 해준
혁신적인 엔지니어를 만나
근사한 아이디어를 만드는 방법을 알아보자.

*

케네디는 1960년대가 끝나기 전에 달에 가는 일에 모든 미국 국민이 열정을 품게 만들었다. 하지만 중요한 세부 사항 하나를 빠뜨렸다. 즉, 이 대담한 목표를 어떻게 그 짧은 시간 안에 현실화할 수 있는가 하는 문제였다. 신기하게도 거의 100년 전에 프랑스의 한 소설가가 바로 이 문제를 다루었다. 그리고 한 세기 후에는 그의 선구적인 작품이 현대 로켓 과학자들에게 영감을 주었다.

쥘 베른Jules Verne은 1828년에 낭트의 작은 인공섬에서 태어났다. 어려서부터 글쓰기에 열중한 그는 자기 이야기가 과학적으로 최대한 정확하기를 바랐기 때문에, 프랑스 국립 도서관에서 최신 기술 혁신에 관한 글을 읽으며 많은 시간을 보냈다. 결국 그는 환상적인 여행에 관한 글을 쓰고 싶다는 열망을 발전시켜서 『지구 속 여행Journey to the Centre of the Earth』, 『해저 2만리Twenty Thousand Leagues Under The Sea』, 『80일간의 세계일주Around The World In Eighty Days』 같은 유명 소설들을 썼다. 1865년에 베른은 우주로 시선을 돌려 『지구에서 달까지From the Earth to the Moon』라는 획기적인 공상과학 소설을 펴냈다.

미국 남북전쟁이 끝난 직후가 배경인 이 소설은 볼티모어에 있는 '대포 클럽Gun Club'의 운명에 초점을 맞춰서 진행된다. 그 클럽은 무기를 설계하는 곳이었는데, 회원들은 대부분 전장에서 복무한 경험이 있었다. 이야기 시작 부분에서 베른은 이 엉뚱하고 괴팍한 승무원들이 입은 부상을 생생하고 유머러스하게 묘사한다.

목발, 의족, 의수, 손목에 달린 쇠갈고리, 고무턱, 은제 두개골, 백금 코 등 없는 게 없었다. 앞에서 말한 피트케언의 통계에 따르면 대포 클럽 회원 네 명당 팔이 하나 있을까 말까 했고 다리는 세 명당 하나뿐이었다.

남북전쟁이 끝나 무기에 대한 국가적 관심이 낮아지자, 대포 클럽 회장은 클럽에서 거대한 대포를 만들어 달을 향해 캡슐을 발사함으로써 자신들의 약화된 입지를 되살려야 한다고 선언한다. 어느 프랑스 모험가가 캡슐을 타고 여행하겠다고 제안하고 클럽 회장과 육군 대위도 동참하도록 설득하는 데 성공한다. 이 클럽의 야심 찬 계획이 전 세계 신문과 잡지에 보도되자 기부가 쇄도했다. 결국 대포 클럽은 550만 달러라는 어마어마한 돈을 모금했는데 그중 미국인들이 기부한 돈은 400만 달러에 달했지만, 영국인들은 단돈 '1파딩'도 기부하지 않았다.

대포 클럽은 거대한 대포에 컬럼비아드Columbiad라는 이름을 붙였고, 땅에 거대한 구멍을 파고 안에 주철을 두르기로 했다. 미국 전역을 돌며 발사지로 쓸 만한 장소 몇 곳을 주의 깊게 살펴본 회원들은 결국 플로리다주 탬파 남쪽에 자리를 잡는다. 모든 작업이 잘 진행되어 길이 275미터, 지름 9미터의 대포가 발사 준비를 마쳤다.

캡슐 무게를 최대한 줄여야 한다는 사실을 깨닫고 알루미늄으로 캡슐을 제작하기로 한 회원들은 최근에 발견된 이 금속이 마치 '우리에게 발사체 재료를 제공하기 위해 개발된 것 같다'라고 말한다. 지구 중력에서 탈출하는 데 필요한 힘을 세심하게 계산한 이들은 약 180톤의 솜화약을 대포 아랫부분에 채운다.

발사 당일, 모험가 세 명이 용감하게 거대한 대포 포신을 타고 내려가 총알 모양의 알루미늄 캡슐로 들어갔다. 500만 명의 구경꾼이 즐겁게 「양키 두들Yankee Doodle」을 부르는 사이, 캡슐은 성공적으로 우주로 날아가고 세계 최초의 우주비행사들이 달로 여행을 떠난다.

베른의 이야기는 손에 땀을 쥐게 하는 극적인 상황으로 끝난다. 거대한 망원경으로 캡슐의 여정을 추적하던 천문학자들은 세 남자가 달을 놓치고 달 궤도에 갇히는 모습을 공포에 떨면서 지켜본다. 마지막 부분에서 한 천문학자가 이 용감한 모험가들이 달 주위를 돌다가 생을 마감할 것 같다고 비관적으로 말하자 대포 클럽의 한 회원은 '이 세 사람은 예술과 과학, 산업의 모든 자원을 우주로 가져갔다. 그것만 있으면 뭐든지 할 수 있다. 언젠가 그들은 반드시 방법을 찾아낼 것이다'라고 낙관적으로 말한다.

『지구에서 달까지』는 큰 성공을 거뒀고, 베른은 속편인 『달나라 탐험Around the Moon』에서 다시 그 이야기로 돌아갔다. 두 번째 이야기의 시작 부분에서, 독자들은 이 캡슐에 사실 우주비행사 세 명 외에도 개 두 마리(다이애나와 새틀라이트)와 암탉 여섯 마리, 수탉 한 마리가 타고 있었음을 알게 된다. 우주비행사들은 극적인 발사 직후에 와인을 마시고 수프를 먹으며 즐거운 시간을 보내지만, 곧 캡슐이 발사될 때 새틀라이트가 다쳤다는 사실을 알게 된다. 안타깝게도 부상이 치명적이어서 세 남자는 새틀라이트를 캡슐 창문 밖으로 던져버린다(새틀라이트가 진짜 위성이 되는 위험을 무릅쓰고). 그런데 지나가는 소행성의 중력 때문에 캡슐이 궤도에서 벗어나 이 모험가들은 예기치 않게 달 궤도에 진입하게 된다. 거기서 캡슐은 또 다른 소행성과 마주쳐 항로가 바뀌는 바람에 지구 쪽으로 향하게 된다. 세 남자는 결국 태평양에 착수 着水했고, 미국 해군에게 구조되어 호화로운 귀환을 즐긴다.

베른은 이 소설을 쓰기 전에, 수학 교수인 사촌에게 이야기가 최대한 과학적으로 보이도록 도와달라고 부탁했다. 복잡한 방정식과 공식으로 가득차 있는 이 소설은 한 챕터 전체를 할애해서 로켓, 진공, 무중력 등을 설명하기도 한다. 결과적으로 이 소설은 우주비행이나 우주 항행과 관련된 수학과 물리학 공식을 알아내려는 최초의 포괄적인 시도였던 셈이다.

베른의 예상과 예측은 놀라울 정도로 정확했다. 일례로 그는 지구 중력에서 탈출하는 데 필요한 가속도를 최초로 정확하게 계산했고('초속 11킬로미터'), 캡슐 궤도를 무척이나 정밀하게 명시해놓은 덕에 나중에 우주 역사가들이 이 캡슐이 달까지 간 정확한 경로를 파악할 수 있

MOONSHOT MEMO
제목 : 쥘 베른

쥘 베른이 19세기에 쓴 소설에는 신기하게도 아폴로호의 임무와 비슷한 점이 많다.

– 그가 쓴 첫 번째 이야기에서는 미국인들이 플로리다주에 가서 거대한 대포를 만든 다음 이 대포로 승무원 세 명이 탑승한 알루미늄 캡슐을 발사한다. 그로부터 약 1세기가 지난 뒤, 베른이 선택한 장소에서 160킬로미터 정도 떨어진 지점에서 아폴로 우주선이 이륙했는데, 알루미늄을 기본 재료로 제작된 이 우주선에는 우주비행사 세 명이 탑승했다.

– 베른의 이야기에 나온 프로젝트를 수행하려면 어마어마하게 많은 돈이 필요했고 그 자금은 대부분 미국이 댔다. 돈 문제와 관련해서도 베른의 생각이 옳았다. 아폴로 계획에는 결국 250억 달러(약 30조 원–옮긴이)라는 엄청난 비용이 투입되었고 미국이 그 비용을 댔다.

– 베른의 두 번째 이야기에서는 우주비행사 세 명이 태평양에 착수해 미국 해군 군함에 구조된다. 실제로 아폴로 우주비행사들도 태평양에서 해군 함정에 구조되었다.

– 마지막으로, 베른은 거대한 대포에 컬럼비아드라는 이름을 붙였는데, 이건 아폴로 11호 사령선의 이름인 컬럼비아Columbia호와 한 글자만 다르다.

아폴로 11호 우주비행사들도 이런 놀라운 유사성을 알고 있었기 때문에 1969년 7월에 지구 대기권에 재진입할 준비를 하며 베른의 책을 언급했다.

을 정도였다. 또 그는 무중력 상태가 미칠 수 있는 영향에 대해 선구적인 관점을 제시했고(승무원들이 달까지 가는 경로의 중간까지만 무중력을 경험하게 될 거라고 잘못 생각하긴 했지만), '역추진 로켓(우주선이 움직이는 방향과 반대 방향으로 추력을 제공하여 속도를 줄이는 엔진)'의 사용을 예견했다.

상상에서 혁신으로

우주여행에 관한 수학과 과학에 집착한 베른은 이후 여러 세대에 걸쳐 수많은 로켓 과학자들에게 영감을 주었다.

1857년 러시아에서 태어난 콘스탄틴 치올코프스키Konstantin Tsiolkovsky는 로켓학의 아버지로 널리 알려져 있다. 치올코프스키는 열여섯 살 때 우연히 베른의 소설을 읽고 우주에 푹 빠져서 우주 항행학에 일생을 바치기로 결심했다. 그는 일하는 동안에도 베른의 소설을 자주 읽으며 영감을 얻었는데, 한번은 베른의 거대한 대포가 일으킨 가속력을 계산해보고는 캡슐에 탄 인간 세 명과 개 두 마리, 암탉 여섯 마리, 수탉 한 마리는 캡슐 바닥에 납작하게 짜부라져서 짜부라진 젤 상태가 되었을 것이라는 결론을 내렸다.

미국인 기술자 로버트 고다드Robert Goddard도 어린 시절에 베른의 책을 읽었다. 고다드는 소설책 여백에 베른의 계산 내용을 메모했고, 나중에 자신은 베른의 소설 덕분에 평생 과학과 우주 항행학에 관심을 갖게 되었다고 말했다. 치올코프스키의 뒤를 이어 고다드도 지구 중력에서 벗어나는 데 필요한 힘을 계산하는 데 매료되었고, 세계 최초의 액체연료 로켓을 제작했다.

비슷한 예로, 오스트리아의 로켓 공학자 헤르만 오베르트Hermann Oberth도 열네 살 때 베른의 책을 우연히 접하고 우주 열병에 걸렸다. 오베르트도 치올코프스키나 고다드처럼 베른의 계산과 공식에 사로잡혔고, 결국 로켓 연구에 일생을 바쳤다.

치올코프스키와 고다드, 오베르트는 베른의 후학들 가운데 가장 유명한 베르너 폰 브라운Wernher von Braun을 위한 기반을 닦았다.

1912년에 프로이센 왕국의 비르지츠라는 작은 마을에서 태어난 폰 브라운은 부유한 귀족 가문 출신이었다.[26] 그의 조상은 프랑스의 필리프 3세와 영국의 에드워드 3세까지 거슬러 올라갔다. 폰 브라운도 어릴 때 베른의 소설을 접하고 우주 탐험에 대한 뜨거운 열정을 키웠다.

마음껏 엉뚱한 생각과 공상에 빠져 있던 어린 폰 브라운은 별에 갈 수 있는 실제적인 방법을 고안했다. 일례로 열두 살 때는 작은 나무 수레에 커다란 폭죽 몇 개를 매달고 도화선에 불을 붙였다. 달 탐험을 위한 이 초기의 시도는 수레가 화염을 내뿜으면서 마구 내달리는 결과를 낳았는데, 어린 폰 브라운의 기대를 훌쩍 뛰어넘는 성과였다. 하지만 지역 경찰은 지구 중력에서 벗어나려는 폰 브라운의 용맹한 시도에 별로 감명을 받지 않았기 때문에 즉시 그를 체포했다.

결국 로켓 공학을 뒷받침하는 까다로운 삼각법을 익힌 폰 브라운은 고다드와 오베르트의 획기적인 연구에 영감을 받아 액체 추진 로켓의 설계와 제작에 착수했다. 1932년에 독일 국방군의 포병과가 그의 연구에 관심을 보이면서 연구 자금을 지원하겠다고 제의했다. 폰 브라운은 이 제의를 받아들였고, 제2차 세계대전 때 나치가 세계 최초의 탄도로켓 무기인 'V-2'를 개발하도록 도왔다. 폰 브라운과 그의 팀은 원래 독일 북동부 발트해의 섬인 페네뮌데에서 일하다가 하르츠산맥의 악명 높은 미텔베르크 지하 기지로 옮겨갔다.[27] V-2는 대형 탄두를 싣고 320킬로미터 이상 떨어진 목표물을 공격할 수 있었다. V-2의 공격으로 8,000명 이상이 사망했고, 미텔베르크의 끔찍한 환경에서 노예처럼 일하던 포로 1만 2,000명도 사망한 것으로 추정된다.

전쟁이 끝날 무렵에는 미국과 소련 모두 독자적인 탄도로켓 개발에 열을 올리고 있었기 때문에 V-2 개발에 핵심적인 역할을 한 독일 과학자들을 영입했다. 폰 브라운과 그의 밑에서 일하던 경험 많은 기술자 100여 명은 '종이 클립 작전(미국이 포섭하여 데려오려고 선발한 과학자들의 파일에 종이 클립을 끼워놓았던 데서 유래한 이름)'이라고 불린 비밀 프로젝트를 수행하기 위해 앨라배마주의 군사 기지로 갔다. 폰 브라운은 곧 미국 우주프로그램의 핵심 관계자 중 한 사람이 되었다.

달 탐사 로켓을 발사할 가장 창의적인 방식

폰 브라운은 미국 정부를 위해 일을 시작하기를 기다리는 동안 화성에 우주선을 보내는 내용의 소설을 쓰면서 바쁘게 지냈다. 그 역시 베른처럼 '화성 프로젝트'라는 제목의 이 책에 등장하는 기술들이 과학적으로 정확하게끔 최선을 다했다. 이 책은 대중에게 공개되지 않았지만, 폰 브라운의 수많은 아이디어는 인기 잡지 《콜리어스Colliers》에 연재되어 대중의 관심을 사로잡은 여러 기사의 기초가 되었다. 폰 브라운은 전국에 방송되는 텔레비전과 라디오 프로그램의 단골 출연자가 되었다.[28]

1950년대 중반, 폰 브라운은 월트 디즈니Walt Disney와 함께 우주여행의 미래에 대한 다큐멘터리를 공동 제작했다. 〈우주로 간 인간Man in Space〉은 로켓 공학에 관해 얘기하는 과학자들과 가볍게 즐길 수 있는 디즈니 애니메이션이 특이하게 어우러진 혼합물이었다. 예를 들어, 모든 작용에는 크기는 같고 방향은 반대인 반작용이 존재한다는 뉴턴의 이론을 설명하기 위해, 만화 속 강아지가 미끄러운 바닥에 앉아 있다가 재채기를 하면 뒤로 튕겨 나가는 모습이 등장했다. 이 프로그램은 4,000만 명 이상의 시청자를 끌어모았고, 폰 브라운은 디즈니를 위해 우주를 주제로 한 프로그램을 두어 편 더 제작했다.

NASA가 케네디의 야심 찬 비전을 실현하기 위해 다양한 방법을 모색하기 시작하자 당연히 폰 브라운과 그의 로켓 과학자들이 이 일의

핵심 주체가 되었다.[29]

베른의 책에서 볼티모어 대포 클럽은 달로 직접 캡슐을 발사하려 했고, 실제로 제2차 세계대전 당시에는 수천 개의 V-2 로켓이 목표물을 향해 곧장 날아가기도 했다. 폰 브라운과 그의 팀이 처음에 고려한 방법도 이와 비슷하게 지구와 달 사이를 오가는 로켓을 만드는 것이었다(관련 업계에서는 이걸 '직접 상승'이라고 부른다). 이 계획에서는 지구에서 발사된 우주선이 우주 공간을 날아 달에 착륙했다가, 다시 달 표면에서 발사되어 지구로 돌아온다. 하지만 계산을 해보니, '직접 상승' 방식은 실현이 어려웠다. 지구와 달에서 이륙할 때 필요한 엄청난 양의 연료를 저장할 수 있는 거대한 우주선을 만들어야 했기 때문이다.

직접 상승 방식이 실현 불가능해지자 걱정이 된 폰 브라운과 그의 팀은 이 아이디어를 수정해서 '지구 궤도 랑데부Earth Orbit Rendez-vous'라는 방법을 연구하기 시작했다. 이 계획은 거대한 로켓 하나가 아니라, 작은 우주선 몇 개와 적당한 크기의 로켓 몇 개, 그리고 다단계 계획으로 이루어져 있었다. 첫째, 로켓들이 작은 우주선들을 지구 궤도에 올려놓는다. 둘째, 지구 궤도상에서 만난 이 우주선들을 볼트로 연결해서 거대한 모선母船을 만든다. 셋째, 마지막 로켓이 엄청난 양의 연료를 우주로 운반해 와서 이걸 대기 중인 모선으로 옮긴다. 마지막으로 모선이 달까지 날아가서 달 표면에 착륙했다가, 다시 이륙해서 집으로 돌아온다. '지구 궤도 랑데부' 방식은 지구에서 거대한 로켓을 발사하는 방식은 아니었지만, 역시 큰 문제가 있었다. 이 방법이 성공하려면 우주비행사들이 멀리 떨어진 곳에서 전함 크기의 우주선을 안전하게 역주차할 수 있어야 했다. 게다가 착륙할 때는 '아랫부분이 먼저' 땅에 닿아야 하고, 달 표면에서 다시 이륙할 때 필요한 다량의 연료도 우주선에 실어가야 한다. 폰 브라운과 다른 로켓 과학자들은 열심히 궁리했지만, 확실한 해결책을 찾기가 힘들었다.

'직접 상승'과 '지구 궤도 랑데부' 모두 몇 가지 문제가 있었지만, 폰 브라운의 팀은 이 두 가지 계획을 확고하게 지지했다.

폰 브라운이 지구에서 달까지 곧바로 가는 방법을 연구하느라 바쁜 동안, 버지니아주 NASA 랭글리 연구센터의 젊은 엔지니어들은 근본적으로 다른 접근 방법을 탐구하고 있었다.

어느 천재 과학자가 내놓은 무모하지만 기발한 발상

1950년대에 랭글리 연구센터 기술자들은 우주 탐사에 대한 자신들의 이해도가 매우 낮다는 사실을 깨달았다. 비행기를 공중에 띄워서 계속 날게 하는 방법은 당연히 알고 있었다. 하지만 진공 상태인 우주 공간에서 우주선을 이동시킬 때는 상승, 추력, 고도에 관한 기존 지식이 전혀 이치에 맞지 않았다. 이 문제를 조사하는 임무를 맡은 젊은 기술자들은 천체역학과 행성 간 여행이라는 복잡한 문제에 몰두하기 시작했다. 이들 중 가장 적극적인 인물은 존 휴볼트John Houbolt라는 젊은

공학자였다.[30]

일리노이주의 작은 농장에서 자란 휴볼트는 폰 브라운처럼 어릴 때부터 비행에 관심이 많았다. 우산을 펼쳐 들고 농장에 쌓아둔 건초 더미 위로 뛰어내린 적도 있었다.[31] 수학과 공학에 매료된 휴볼트는 대학에서 기술공학을 공부했고 결국 랭글리 연구센터에 입사했다. 스푸트니크 얘기를 들은 휴볼트와 그의 동료들은 미국이 달에 가기 위한 우주 경쟁에 뛰어들 가능성이 있다고 생각하고, 성공적인 달 착륙을 보장할 가장 좋은 방법을 조사하기 시작했다.

이 젊은 공학자들은 폰 브라운과 달리 제2차 세계대전 때 탄도미사일을 개발하지 않았기 때문에 A 지점에서 B 지점으로 곧장 이동하는 거대한 로켓에 대한 애정이 조금도 없었다. 그래서 더 열린 마음으로 다른 방식을 받아들인 이들은 다양한 선택지를 분석한 다음, 완전히 색다른 계획을 내놓았다.

휴볼트는 목적이 다른 두 개의 부분으로 구성된 우주선을 만들고 싶었다. 첫 번째 부분에는 우주비행사들과 보급품, 장비, 연료를 싣는다. 두 번째 부분은 우주비행사들을 달 표면까지 태우고 갔다가 다시 태우고 돌아올 수 있도록 특별히 설계한 작은 달 착륙선이다. 휴볼트의 계획에 따르면, 두 부분으로 구성한 우주선을 지구에서 쏘아올리면 우주로 날아가 달 궤도를 돌게 된다. 우주비행사들은 여기서 착륙선을 타고 달 표면으로 내려간다. 한동안 달 위를 돌아다닌 다음 다시 착륙선을 타고 이륙해서 달 궤도를 선회하는 우주선으로 돌아간다. 그리고 마지막으로 착륙선을 버리고 지구로 귀환하는 것이다.

'달 궤도 랑데부Lunar Orbit Rendezvous'라는 이 계획은 달 표면까지 오갈 때 불필요한 무게를 짊어지고 가지 않아도 된다는 점에서 현명했다. 지구로 귀환하는 데 필요한 연료와 보급품, 지구 대기에 안전하게 재진입하는 데 필요한 열 보호막은 모두 달 궤도를 선회하는 우주선에 남아 있다. 또 엔지니어들이 달 착륙을 위해 특별히 설계한 모듈을 만들고, 우주비행사들은 집으로 향하기 전에 착륙선을 버릴 수 있으므로, 여행에 필요한 연료의 양도 더욱 줄어든다.

폰 브라운은 달에 가려면 달 표면에 거대한 우주선을 착륙시켜야 한다고 생각했다. 그와 달리 휴볼트는 훨씬 작은 착륙선을 이용하는 편이 낫다고 주장했다. 휴볼트의 표현을 빌리면, 폰 브라운은 커다란 캐딜락을 만들고 싶어 했던 반면 그는 훨씬 수수한 쉐보레를 선호했다.[32]

휴볼트는 자기 계획이 '직접 상승'이나 '지구 궤도 랑데부' 방식보다 뛰어나다고 확신했고, 동료 엔지니어들을 설득하기도 쉬울 것이라고 여겼다. 하지만 그는 낙관주의로 인해 큰 좌절을 겪었다. 휴볼트는 1960년대 초에 NASA 고위 관리자들에게 여러 번 계획을 설명했지만, 다양한 위원회에서 계속 거절당했다(휴볼트의 설명을 들은 관리자의 평 중에는 '그는 자기가 무슨 말을 하는지도 모른다'라든가 '그는 거짓 수치를 제시하고 있다' 같은 내용도 있었다).[33]

어떤 위원들은 달 궤도를 도는 동안 랑데부를 시도하는 건 너무 위험하다고 생각했다. 최악의 상황을 우려한(그리고 아마 베른의 첫 번째 우주 이야기가 손에 땀을 쥐는 상황으로 끝난 것을 의식한) 이들은, 우주선이 달 주위를 영원히 맴도는 '최첨단 관'이 되어 미국의 실패를 모든 이들에게 상기시키게 될까 봐 불안해했다. 다른 위원회 위원들은 폰 브라운과 그의 팀이 제안한 전통적인 해결책을 더 마음 편히 받아들였다. 휴볼트는 최선을 다했지만 '직접 상승'이나 '지구 궤도 랑데부'를 지지하는 분위기는 바뀌지 않았다.

결국 휴볼트는 자신의 계획을 알리기 위한 마지막 시도로, NASA 본부에 가서 리더들에게 직접 계획을 설명했다. 그러나 이번에도 반응은 미적지근했고, 오랜 논의 끝에 그의 아이디어는 거부당했다.

수학자인 휴볼트는 더 높은 사람에게 호소해보기로 했다. 그는 지휘 계통을 무시하고 공식 채널을 우회해서 NASA의 고위 리더에게 편지를 보냈다. 이 용감하면서도 무모한 행동 때문에 어쩌면 일자리를 잃게 될 수도 있었다. 휴볼트는 편지 서두에서 '달 궤도 랑데부' 아이디어는 동료들에게 별로 인기를 얻지 못했고, 이런 특이한 접근 방식 때문에 자기를 괴짜라고 여길 수도 있다는 사실을 인정했다.

제 얘기를 무시하실지도 모르지만, 최근 몇 달간 깊이 고민해온 생각을 몇 가지 전하고 싶습니다. 우리는 가끔 스치듯 만났을 뿐이어서 아마 저를 잘 모르실 겁니다. 그래서 이 글을 읽고 나면 엉뚱한 괴짜를 상대하고 있다는 기분이 들지도 모릅니다. 하지만 걱정하지 마십시오.

그다음 휴볼트는 아폴로 프로그램이 해결해야 하는 과제를 아홉 쪽으로 요약하고, '달 궤도 랑데부'가 명쾌하고 달성 가능한 해결책이라고 믿는 이유를 설명했다. 수개월에 걸쳐 진행된 추가 협상과 분석 끝에 휴볼트의 끈기는 성과를 거두었고, 폰 브라운을 비롯한 주요 의사 결정권자들은 결국 분별력을 되찾고 그의 계획을 지지하게 되었다. NASA가 그 결정을 공개적으로 발표했을 때 휴볼트는 파리에 출장 가 있던 차였다. 나중에 휴볼트의 상사는 그와 악수하면서 혼자 힘으로 미국 정부가 수십억 달러를 아낄 수 있게 한 것을 축하했다.

  《타임》지는 훗날 휴볼트를 '조명받지 못한 아폴로 계획의 숨은 영웅'이라고 설명하고, 결정권자들이 우주선 전체를 하나의 거대한 로켓으로 만들겠다는 생각을 고수했다면 1960년대 안에 달에 도달하겠다는 케네디의 꿈을 이루지 못했을 것이라고 말했다. 휴볼트는 자신이 아폴로 계획에 어떤 기여를 했는지에 관해 인터뷰할 때면, 인생에서 가장 자랑스러운 순간은 닐 암스트롱이 달 표면에 발을 디뎠을 때였다고 말하곤 했다. 당시 휴볼트는 랭글리 연구센터를 떠난 상태였지만, 관제센터에서 이 역사적인 순간을 볼 수 있도록 초대를 받았다. 닐 암스트롱이 달 표면에 발을 내딛자 폰 브라운은 휴볼트 쪽으로 몸을 돌리고 말했다. "존, 아주 성공적이군요."

혁신, 지구상에 존재하지 않던 아이디어 만들기

지그 지글러Zig Ziglar라는 작가는 "아무 계획도 없이 돌아다니다가 갑자기 에베레스트산 정상에 도착하는 사람은 없다"라는 인상적인 말을 남겼다.

성공하려면 계획이 필요하다. 때로는 앞길이 명확하게 뻗어 있고 잘 다져진 길을 택할 수도 있다. 하지만 불가능해 보이는 일을 이루려면 존 휴볼트처럼 전통을 버리고 원하는 곳에 도달할 수 있는 혁신적인 길을 만드는 게 중요하다.

실습을 하나 해보자. 이 여섯 개의 도로 지도를 재빨리 살펴보고, 각 지도의 A 지점에서 B 지점까지 가는 최단 경로를 정한다.

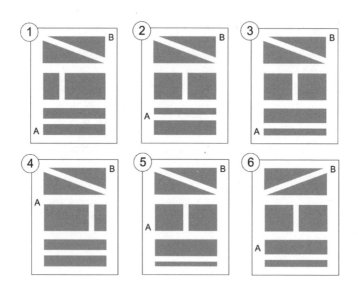

이 실습은 제2차 세계대전 직후에 심리학자들이 진행한 연구에 기초한 것이다.[34] 눈치챘겠지만 각 지도에는 대각선 도로가 있다. ①~⑤까지의 지도에서는 대각선이 종점까지 빨리 도달하는 데 도움이 되지 않는다. 그러나 여섯 번째 지도에서는 대각선 방향이 바뀌었기 때문에 지름길로 이용할 수 있다. 하지만 사람들이 지름길을 발견하지 못하는 경우가 종종 있다. 그 전에 살펴본 다섯 개의 지도 때문에 대각선 도로를 무시하려 하기 때문이다. 연구진은 이런 기이한 현상에 아인슈텔룽Einstellung(독일어로 '태도'라는 뜻) 효과라는 이름을 붙였다.

바로 이것 때문에 하마터면 아폴로 프로그램 전체가 순조롭게 출발하지 못할 뻔했다. 폰 브라운은 전쟁 중에 목표물로 곧장 날아가도록 설계한 미사일을 발사하는 데 관여한 적이 있었다. 많은 이들이 대각선 도로가 지름길이라는 사실을 깨닫지 못한 것처럼, 폰 브라운의 팀도 전쟁 당시의 경험 때문에 자신들이 달로 가는 다른 길을 간과했다는 사실을 깨닫지 못했을 가능성이 있다.

안타깝게도 누구나 아인슈텔룽 효과를 겪기 쉽다. 과학자부터 학생, 디자이너, 소프트웨어 개발자, 기업가, 엔지니어에 이르는 많은 사람이 문제를 해결하는 방법을 하나 찾아내면 거기에 사로잡혀 이후 가장 명백한 대안조차도 보지 못하게 된다.

물론 이런 사고방식이 혁신의 유일한 장벽은 아니다. 2016년에 에이든 그레그Aiden Gregg라는 심리학자가 가상의 행성을 이용한 간단하면서도 흥미로운 실험을 했다.[35] 그는 수백 명의 지원자들에게 니피

테스와 루피테스라는 생물이 사는 머나먼 세계에 있다고 상상해보라고 했다. 그리고 지원자 절반에게 니피테스는 포식자고 루피테스는 사냥감이라는 이론을 그들 자신이 직접 제시했다고 여기게 하고, 나머지 지원자들에게는 알렉스라는 사람이 그 이론을 만들었다고 얘기했다. 그다음 모든 참가자에게 그 이론에 부합하거나 반대되는 증거를 평가하라고 요청했다. 그러자 자신이 그 이론을 제시했다고 믿는 지원자들은 그 이론이 사실이 아님을 암시하는 모든 증거를 완강하게 거부했다.

폰 브라운의 연구 팀이 거대한 로켓을 발사하는 아이디어를 좋아한 이유는 그 아이디어를 자신들이 고안했기 때문이었다. 니피테스와 루피테스를 믿은 사람들처럼, 그들도 마음에 드는 계획을 포기하려 하지 않았다. 존 휴볼트는 이런 장애물을 극복해서 NASA가 큰 어려움을 면하게 해줬다. 일반적인 통념에 갇히거나 단순히 자기 아이디어라는 이유만으로 거기에 집착하는 것을 거부한 휴볼트는 관습적인 사고에 의문을 제기하고 다른 해결책을 객관적으로 탐구했다.

이러한 혁신적인 생각이 세상을 변화시켰다. 알렉산더 그레이엄 벨 Alexander Graham Bell이 전화를 발명하기 전까지는 전신을 이용해서 장거리 통신을 했다. 이스트먼 코닥Eastman Kodak의 기술자가 세계 최초의 디지털카메라를 만들기 전까지는 다들 35밀리미터 필름으로 사진을 찍었다. 팀 버너스 리Tim Berners Lee가 월드와이드웹을 만들기 전까지는 다들 자세하고 정확한 정보를 알려면 교과서에 의존해야 했다. 그리고 젊은 기업가 세 명이 유튜브를 발명하기 전까지는 모든 가족이 텔레비전 주위에 옹기종기 모여 앉곤 했다.

이런 창의적인 대가들은 우리와 다른 세계에 사는 사람들이고, 색다른 새로운 아이디어와 계획을 만들어낼 수 있는 선천적인 능력이 있다고 믿기 쉽다. 하지만 정말 그럴까?

두 번째 실습을 해보자. 종이 클립을 한 줌 받고 그것으로 할 수 있는 일을 최대한 많이 떠올려보라는 요청을 받았다고 가정하자. 59초 동안 얼마나 많은 아이디어를 떠올릴 수 있는지 한번 해보자.

어떤 아이디어가 떠올랐는가? 어쩌면 클립을 구부려 '생일 축하해'라는 단어를 만들어서 케이크를 장식한다는 생각을 했을지도 모른다. 아니면 클립 여러 개를 연결해서 사무실을 주제로 한 근사한 팔찌를 만들 수도 있다. 또 셔츠의 단추가 떨어졌을 때 클립으로 단추를 대신할 수도 있다. 아니면 책갈피로 사용하거나, 여러 개로 긴 옷자락을 접어 올리는 것도 가능하다. 종이 여러 장을 한데 모아서 클립으로 고정시킬 수도 있다!

심리학자들은 이 간단한 테스트로 '확산적 사고divergent thinking'라는 중요한 창의성을 정확히 측정할 수 있다는 사실을 알아냈다. 혁신과 발명에서 중추적인 역할을 하는 확산적 사고는 문제에 대한 해결책과 밀접하다. 연구자들은 예전부터 다양한 확산적 사고 테스트를 개발해 많은 실험에 이용했다. 어떤 연구에서는 어린이와 어른 수천 명이 받은 점수를 검토해서 나이가 듦에 따라 창의성이 어떻게 변하는지 알아냈다.[36] 그 결과 아주 어린 아이들은 놀랄 만큼 창의적이지만, 만 9~10세 정도 되면 이런 높은 성취 수준이 급락한다는 사실이 밝혀졌다(미국 연구진은 이 현상을 '4학년 슬럼프'라고 부른다). 성인기가 되어 잃어버린 창의성을 일부 되찾기도 하지만, 어린 시절에 보여준 놀라운 수준에 도달하기는 힘들다. 어떤 연구자는 이 불가사의한 성과 부진을 현대의 교육제도 탓으로 돌린다. 이 가설에 따르면, 우리는 아이들이 처음 학교에 입학하면 재미있게 놀면서 창의력을 발휘하도록 권장한다. 그러나 시간이 흐르면 창의적인 사고력보다 비판력을 키우라고 독려하는 경우가 많아진다. 해답이 하나뿐인 문제를 제시하고 그중에서 정답을 찾도록 한다. 요컨대 이제 그만 놀고 관습에 순응하며 성장하라고 권유하는 것이다.

한 가지 좋은 소식은 내면의 아이와 다시 만나 창의력을 재충전하는 일이 비교적 쉽다는 것이다. 여러분은 올바른 방향으로 나아간다면 말이다. 앞 장에서 얘기한 것처럼, 우주비행관제사들에게 동기와 의욕을 불어넣은 건 돈이 아니라 열정이었다. 이러한 열정은 창의력을 발휘하는 데 도움이 된다. 사람들에게 아이디어에 대한 대가를 지불하면 창의력이 감소하는 반면, 자기가 하는 일에 열정을 품으면 더 혁신적으로 일하게 된다는 연구 결과도 있다.[37] 달에 가는 일에 진정한 애정이 있다면, 혁신적인 아이디어와 계획을 떠올릴 가능성이 더 커질 것이다.

좋은 소식은 연구 결과 창의력을 높일 수 있는 간단한 몇 가지 기술이 발견되었다는 것이다. 그 기술이란 벽에 열정을 고조시키는 포스터를 붙이거나, 명상 수련용 카프탄을 입거나, 내면의 예술가와 접촉하는 등의 방법일 거라고 생각할지도 모른다. 하지만 사실 그런 방법은 효과가 없다. 그보다는 자신의 생각과 사랑에 빠지려는 유혹에 저항하고, 역발상을 받아들이며, 적을수록 좋다는 사실을 깨닫고, 쉬면서 일해야 한다.

창의력을 높인다면 종이 클립으로 아이들의 인형 옷을 걸어놓는 작은 옷걸이를 만들 수도 있을 것이다.

창의력을 높이는 기술 1: 안정감이라는 유혹에 저항하라

다음의 여섯 가지 동물을 살펴보자.

개   뱀

돌고래   곰

금붕어   호랑이

이제 이들을 세 가지 동물로 이루어진 두 개의 그룹으로 나누는 가장 흥미로운 방법을 생각한 다음, 아래 상자에 여러분이 생각한 해결책을 적는다.

내 첫 번째 그룹은 다음과 같은 세 가지 동물로 구성된다.	내 두 번째 그룹은 다음과 같은 세 가지 동물로 구성된다.

이것이 동물을 분류하는 가장 흥미로운 방법이라고 생각한 이유는 무엇인가? 그 방법이 매우 유용하고, 과학적으로 정확하며, 재미있고, 기발하며, 창의적이고, 혁신적인가? 여러분이 생각하는 타당한 이유를 아래에 간단히 적어보자.

_____

_____

이제 여러분은 특정한 방식으로 세상을 바라보기 시작했다. 여러분 머릿속에서 위와 같은 동물 분류 방식이 서서히 자리를 잡으면, 이제 동물을 분류하는 다른 방법은 떠올리지 못하게 된다. 그뿐만 아니라 자기가 한 대답과 사랑에 빠지기 시작하는데, 그 이유는 답이 자기 마음 혹은 머리에서 나왔기 때문이다. 달까지 가는 최선의 방법을 고민한 폰 브라운의 팀이 휴볼트가 제안한 훨씬 좋은 아이디어로 방향을 전환하지 않고 자기들 계획만 고수한 것도 이런 사고방식 때문이었다.

이런 사고방식을 억누르는 건 의외로 쉽다. 사실 당장이라도 가능하다. 처음에 한 분류도 괜찮지만, 더 흥미로운 해결책이 있다고 상상해보자. 그리고 동물을 분류하는 다른 방법을 생각해내는 것이다.

내 첫 번째 그룹은 다음과 같은 세 가지 동물로 구성된다.	내 두 번째 그룹은 다음과 같은 세 가지 동물로 구성된다.

그리고 다른 분류:

내 첫 번째 그룹은 다음과 같은 세 가지 동물로 구성된다.	내 두 번째 그룹은 다음과 같은 세 가지 동물로 구성된다.

또 다른 분류:

내 첫 번째 그룹은 다음과 같은 세 가지 동물로 구성된다.	내 두 번째 그룹은 다음과 같은 세 가지 동물로 구성된다.

이 실습에서는 동물을 분류하는 다양한 방법을 제안하게 된다. 예를 들어, 애완동물로 키울 수 있는 동물과 야생 동물로 나눌 수도 있다. 아니면 털이 있는 동물과 없는 동물. 왼쪽 칸에 있는 동물과 오른쪽 칸에 있는 동물. 다리가 네 개인 동물과 다리가 네 개가 아닌 동물, 함께 즐거운 시간을 보낼 수 있는 동물과 보자마자 피하려고 애쓰는 동물, 몸집이 큰 동물과 작은 동물, 물속에서 30분 이상 생존할 수 있는 동물과 그렇지 못한 동물, 러디어드 키플링Rudyard Kipling의 『정글북

The Jungle Book』에 등장하는 동물과 아닌 동물 등으로 구분하는 것도 가능하다. 이런 식으로 얼마든지 계속할 수 있다.

여러분의 목표와 야망을 달성할 혁신적인 계획을 세울 때, 머릿속에 가장 먼저 떠오른 아이디어를 계속 고수할 필요는 없다. 그 생각이 기가 막히게 좋은 아이디어처럼 느껴지더라도, 억지로라도 몇 가지 대안을 더 만들어야 한다. 그게 옳은 방법일지 몰라도, 그 생각을 실행에 옮기기 전에 다른 대안이나 가능성에 마음을 열어둬야 한다. 프랑스 철학자 에밀 샤르티에Émile Chartier의 말처럼, "단 한 가지 생각만 지니는 것보다 더 위험한 일은 없다."

창의력을 높이는 기술 2: 적을수록 좋다

1954년에 《라이프》지는 당시 학교에서 아이들에게 읽기를 가르칠 때 사용한 책 『딕과 제인의 즐거운 생활Fun with Dick and Jane』이 지루할 뿐만 아니라 의미가 이중적인 어구를 담고 있다고 비판했다. 이에 한 출판사가 시어도어 가이젤Theodore Geisel〔필명 닥터 수스(Dr.Seuss)〕이라는 작가에게 1학년생이 배우는 어휘 목록에서 단어 250개를 골라 그 단어들만 사용해서 재미있는 어린이 책을 만들어달라고 의뢰했다. 1957년에 출판된 가이젤의 책 『모자 속의 고양이The Cat In The Hat』〔원래는 여왕 고양이 이야기였지만 '여왕(Queen)'이라는 단어가 단어 목록에 없었다)는 100만 부 정도 팔렸다.

몇 년 후, 또 다른 출판사가 단어를 딱 50개만 사용해서 두 번째 베스트셀러를 만드는 건 불가능할 거라면서 가이젤을 상대로 50달러 내기를 걸었다. 이번에도 가이젤은 예상 외의 성과를 올려서, 『초록 달걀과 햄Green Eggs and Ham』은 800만 부 이상 팔렸다. 가이젤은 매번 효과적인 창의성 도구를 사용했다.

사람들은 흔히 가진 게 많을수록 더 큰 혁신을 이룰 수 있다고 생각한다. 하지만 연구 결과에 따르면 그 반대다. 몇 년 전, 런던시티대학교의 아이린 스코펠리티Irene Scopelliti는 제한된 예산이 혁신에 미치는 영향을 연구했다.[38] 지원자들에게 물건 이름이 스무 개 적힌 목록을 나눠주면서 각 물건의 가격을 알려줬다. 그다음 지원자 일부는 그중에서 원하는 만큼 물건을 골라서 새로운 어린이 장난감을 만들게 했다. 반면 다른 지원자들에게는 목록에서 원하는 물건을 고르되 정해진 예산 범위 내에서만 고르게 했다. 그 결과, 첫 번째 그룹 쪽이 고른 물건은 더 많았지만, 보다 혁신적이고 흥미로운 장난감을 만들어낸 쪽은 두 번째 그룹이었다.

'적을수록 좋다' 기법은 간단하지만 강력한 힘을 발휘한다. 지금 당장 해보자.

첫째, 여러분의 꿈이 이탈리안 레스토랑을 운영하는 것이라고 상상해보자. 새로운 피자를 만들어서 다른 가게들보다 돋보이고 싶다면, 어떤 아이디어를 내놓겠는가? 일반적으로 피자를 만드는 데 사용되

> **MOONSHOT MEMO**
> **주제 : 역발상**
>
> 존 휴볼트의 '달 궤도 랑데부'는 폰 브라운의 '직접 상승'이나 '지구 궤도 랑데부'와 전혀 다른 아이디어였다. 폰 브라운은 거대한 우주선을 이용하고자 했지만 휴볼트는 작은 달 착륙선을 선택했다. 폰 브라운은 로켓을 하나만 사용하는 것에 집착했고, 휴볼트는 여러 부분으로 이루어진 우주선을 만들어야 한다고 주장했다. 그리고 폰 브라운은 달까지 곧장 가기를 원했고, 휴볼트는 랑데부와 궤도에 집중했다.
>
> 휴볼트의 영리한 해결책은 '역발상'이라는 창의력 기법의 완벽한 예다. 간단히 말해서, 창의적으로 행동하려면 다른 사람들이 뭘 하고 있는지 생각해서 그와 반대로 움직이면 된다. 모두들 큰일에 집중하고 있으면 작은 일을 하자. 다들 천천히 가고 있다면 빨리 가자. 다들 위로 올라가고 있다면 아래로 내려가자.
>
> 혁신적인 계획을 세울 때는 전통과 결별하고 새로운 영역을 개척하는 데 도움이 되는 역발상을 이용하자.

는 반죽이나 토핑의 절반 정도만 갖고 있다고 상상해보자. 그렇다면 어떤 새로운 피자를 만들겠는가?

둘째, 미술관을 소유하는 게 꿈이었다고 상상해보자. 혁신적이고 획기적인 전시회를 열고 싶은데, 미술 전시회를 열기에는 예산이 턱없이 부족하다. 이럴 때 어떻게 하겠는가?

이 실습을 마칠 때쯤에는 놀라운 창의력을 발휘할 수 있다. 예를 들어, 세로로 된 원뿔형 피자를 만들 수도 있고, 가운데에 토핑을 살짝 올린 둥근 크러스트로만 이루어진 피자나 작은 피자 여러 개, 혹은 가운데에 있는 둥근 반죽을 근사한 토핑으로 에워싼 피자를 만들 수도 있다. 전시회의 경우, 예술가들이 직접 벽에 그림을 그리게 하면 캔버스와 액자 비용을 절약할 수 있고, 그림마다 특정 제품을 집어넣어 상업적인 후원을 받는 방법도 있으며, 사람들이 각자 원하는 미술 재료를 가져와서 직접 전시회를 꾸미도록 하는 것도 좋은 방법이다.

창의성을 위해서는 적을수록 좋다는 사실을 기억하자. 필요한 예산이나 자원이 절반뿐이거나 마감 기한이 갑자기 반으로 줄었다고 상상해보라. 어떤 혁신적인 계획을 세우겠는가?

창의력을 높이는 기술 3: 쉬면서 일한다

다음의 수수께끼를 풀어보자.

수수께끼 1 : 먼 행성에서 새로운 식물이 발견되었다. 이 식물은 24시간마다 차지하는 면적이 두 배로 늘어난다. 어느 날, 천문학자들은 이 식물이 분화구 한가운데에 있다는 사실을 알게 되었다. 그 식물이 분화구를 완전히 뒤덮기까지는 60일이 걸린다. 그렇다면 몇 번째 날에 분화구 절반을 뒤덮을까?

수수께끼 2 : 닐과 버즈는 친구 사이이다. 그들은 사이가 좋지만 별난 점이 하나 있다. 둘이 같은 방에 있을 때면 닐은 버즈 뒤에 앉겠다고 고집하고, 버즈는 닐 뒤에 앉겠다고 고집한다. 도저히 해결이 불가능해 보이는 이 상황에서 어떻게 하면 두 사람 다 만족스럽게 문제를 해결할 수 있을까?

수수께끼 3 : 여러분이 중세 시대 기사라고 상상해보라. 1.5미터 길이의 창으로 무장하고 어떤 성에 도착했다. 그런데 경비원은 1.2미터가 넘는 물건을 가진 사람은 성에 들어갈 수 없다고 말한다. 당연히 화가 났지만, 그렇다면 방법이 하나 있다. 마을에 가서 목수를 찾아 뭔가를 만들어달라고 하면 된다. 그다음에 성으로 가면 경비원이 들여보내줄 것이다. 더좋은 건, 창은 여전히 제대로 기능하고 아무 데도 잘라내지 않았다는 것이다. 대체 어떻게 한 걸까?

수수께끼 4 : 한 마술사가 자기는 탁구공을 움직여서 짧은 거리를 이동하다가 완전히 멈춘 다음 다시 반대편으로 움직이게 할 수 있게 있다고 말했다. 마술사는 공을 어떤 물건에 튕기거나 어떤 물건에 닿지 않게 하겠다고 말했다. 그 비결은 무엇일까?

이제 3분 안에 네 가지 수수께끼에 대한 해결책을 찾아보자. 수수께끼를 다 풀지 못해도 걱정할 필요는 없다. 자, 그럼 시작!

수수께끼 1 : _____

수수께끼 2 : _____

수수께끼 3 : _____

수수께끼 4 : _____

이제 잠깐 쉬면서 이 실습에 관해 알아보자. 창의력을 연구하는 이들은 수백 개의 연구를 진행하면서 실험 지원자들에게 여러 수수께끼를 풀게 했다.[39] 지원자 중 일부는 6분 동안 답을 고민하게 했다. 다른 지원자들은 3분 동안 답을 생각하다가 잠시 쉬고 다시 3분간 더 고민하게 했다. 이제 알아차렸겠지만, 여러분은 두 번째 지원자 그룹에 속해 있다! 그러니 이제 수수께끼를 풀기 위한 두 번째 시도를 해야 한다.

다시 3분간 더 고민하면서 어떻게 되는지 보자.

수수께끼 1 : _____

수수께끼 2 : _____

수수께끼 3 : _____

수수께끼 4 : _____

어떻게 됐는가? 답을 몰라서 아직 고민하는 분들을 위해 정답을 알려주겠다.

수수께끼 1 : 59일, 그 식물은 60일째에 다시 두 배로 늘어나기 때문이다.

수수께끼 2 : 닐과 버즈가 서로 등을 맞대고 앉게 한다.

수수께끼 3 : 목수에게 가로 90센티미터, 세로 1.2미터 크기의 상자를 만들어달라고 해서, 창을 상자 안에 대각선으로 놓는다.

수수께끼 4 : 마술사가 탁구공을 공중으로 던진다.

두 그룹의 지원자 모두 같은 시간 동안 수수께끼를 풀었지만, 중간에 짧은 휴식을 취한 사람들 쪽이 성과가 더 좋았다. 이걸 '부화' 효과라고 하는데, 우리 뇌는 쉬는 시간에도 무의식적으로 수수께끼를 풀고 있기 때문인 듯하다. 연구를 통해 부화 효과가 언제 탁월한 효과를 발휘하는지도 밝혀졌다.[40]

첫째, 휴식하기 전에 문제를 고민해야 한다. 열심히 고민할수록 휴식 시간의 영향이 더 커진다. '달 궤도 랑데부' 아이디어를 떠올리기 전에, 존 휴볼트와 그의 동료들은 달에 사람을 착륙시키는 최선의 방법을 몇 달간 신중히 고민했다. 이 사례는 빙산의 일각에 불과하다. 아폴로 계획에 관여한 수많은 과학자와 엔지니어는 어릴 때 조립식 장난감을 가지고 놀고, 모형 비행기를 만들고, 임시변통 로켓을 만들고, 우산을 들고 건초 더미에 몸을 던지기도 했다. 겉보기에는 전부 애들 장난처럼 보일지도 모른다. 하지만 실제로 이런 경험은 모두 학습 과정의 일부이며 무의식적인 사고를 위한 자양분을 제공한다.

둘째, 휴식을 취할 때 편하고 힘들지 않은 활동을 하면서 시간을 보내면 특히 효과적이다. 예를 들어, 스티브 잡스, 마크 저커버그Mark Zuckerberg, 잭 도시Jack Dorsey처럼 산책을 할 수도 있다. 스탠퍼드 대학교 심리학자인 메릴리 오페조Marily Oppezzo는 사람들이 책상 앞에 앉아 있거나 러닝머신 위에서 걸을 때 어느 정도의 창의력을 발휘할 수 있는지 시험했다. 참가자들은 앉아 있을 때보다 걸을 때 창의력을 발휘하는 능력이 평균 60퍼센트 정도 증가했다. 그뿐만 아니라 효과도 놀랍도록 오래 유지돼서, 러닝머신 위에서 걸었던 사람들은 다시 자리에 앉은 뒤에도 계속 창의력을 발휘했다.[41]

산책을 좋아하지 않는다면 잠시 낮잠을 자거나, 목욕을 하거나, 잠시 명상을 하거나, 부유 탱크flotation tank(물에 둥둥 떠서 긴장을 풀 수 있게 만든 소금물 탱크-옮긴이)에 들어가거나, 컬러링북을 가지고 놀거나, 멍하니 있거나, 몽상에 잠기는 방법도 있다. 아폴로 프로젝트에 참여한 존 휴볼트는 언제 어디서든 영감이 떠오를 수 있기 때문에 쇼핑백이나 봉투는 물론이고 욕조 옆면에 이르기까지 손닿는 곳이라면 어디든지 떠오른 생각을 써놓곤 했다.

연구 결과도 쉬면서 일하는 게 중요하다는 사실을 증명한다. 일례로 뤼베크대학교의 울리히 바그너Ullrich Wagner 교수가 진행한 한 연구는 지원자에게 숫자 목록을 주고 특정한 숫자를 다른 숫자로 바꾸게 했다.[42] 지원자들은 몰랐지만, 이 지루한 작업을 쉽고 빠르고 처리할 수 있는 혁신적인 방법이 있었다. 연구 팀은 지원자 중 일부는 저녁에 그 일을 시작해서 중간에 잠자리에 들었다가 다음 날 아침에 일어나 다시 시작하게 했다. 그리고 다른 지원자들은 아침 일찍부터 일을 시작해서 낮에는 쉬다가 저녁에 다시 일을 하게 했다. 놀랍게도 자고 일어난 지원자 가운데 60퍼센트가 창의적인 일 처리 방법을 발견한 반면, 깨어 있던 이들 가운데 이걸 찾아낸 사람은 23퍼센트에 불과했다.

시간이 없어서 8시간 동안 숙면을 취하지 못하더라도 걱정할 필요는 없다. 다른 연구를 통해 낮잠만 잠깐 자도 창의력이 높아진다는 사실이 증명되었다.[43] 실제로 구글이나 나이키, 벤 앤 제리스Ben and Jerry's 같은 세계적인 기업들은 직원들에게 근무 중에 잠깐씩 눈을 붙이라고 권한다.

혁신을 이루고자 할 때는 부화 효과를 기억하자. 먼저 잠시 시간을 들여서 문제 해결 방안을 고민한다. 친구 혹은 동료와 대화를 나누거나, 인터넷 검색을 하거나, 해당 주제에 관한 글을 읽으면서 영감을 찾으려고 노력하는 것이다. 그러다가 할 수 있는 일은 다 했다는 생각이

들기 시작하면 일손을 놓고 잠자리에 들거나 낮잠을 자면서 무의식의 뇌에게 그 일을 맡긴다.

요약

여러 대안을 생각해놓고 그중 가장 좋은 아이디어가 승리하도록 하는 게 좋다. 그 아이디어가 혁신적이고 독창적일수록 더 좋다. 다음과 같은 방법으로 이 과정의 효과를 극대화하자.

- 가장 먼저 떠오른 계획을 따르려는 유혹을 피한다. 억지로라도 다른 아이디어를 몇 가지 더 떠올려보고, 적합한 아이디어가 떠오른 게 확실해질 때까지는 그 아이디어 중 어느 것과도 사랑에 빠지지 않도록 주의한다.
- 역발상을 활용한다. 다른 사람들이 뭘 하는지 확인하고 자신은 그와 반대로 하는 걸 고려해보자.
- 적을수록 좋다는 사실을 기억하자! 자신의 자원과 시간, 에너지, 자금이 절반으로 줄어든다고 상상해보라. 그럼 어떻게 하겠는가?
- 쉬면서 일해야 한다. 한동안 계획과 아이디어를 실현하기 위해 애쓰다가 일에서 손을 뗀다. 그리고 잠시 쉬거나 목욕을 하거나 잠을 청한다. 그다음 문제로 돌아가, 머릿속에 뭐가 떠오르는지 살펴보자.

MOONSHOT MEMO
주제 : 창의력을 높이는 차의 힘

신속하게 혁신을 촉진할 또 다른 방법이 있다.

베이징대학교 연구원들이 실험 지원자들을 모아 그중 절반에게는 차를 한 잔 줬다.[44] 그다음 모든 지원자에게 아이들 블록 장난감을 이용해 근사한 모형을 만들고 라면 가게에 어울리는 새로운 이름을 지으라고 했다.

그리고 다른 그룹 사람들이 블록으로 만든 모양과 가게 이름이 얼마나 창의적인지 평가했다. 놀랍게도 차를 한 잔 마신 지원자들의 아이디어가 차를 마시지 않은 이들의 아이디어보다 훨씬 획기적이었다.

연구진은 차가 지원자들의 긴장을 풀어준 덕분에 창의적인 사고의 문이 열렸기 때문에 이런 효과가 나타났다고 생각했다. 어느 쪽이든 간에 혁신적인 계획을 세우고 싶을 때는 주전자에 물을 끓이자.

CHAPTER 3

자신감을 통해
기적을 만들어내라

아랫사람을 신뢰하는 훌륭한 지도자를 만나면
자기 신뢰를 통해 보상을 얻는
방법을 배울 수 있다.

∗

케네디가 미국의 달 탐사 계획을 전 세계에 공언한 후 로켓 과학자들은 몇몇 임무 계획의 장단점을 논의했고, 존 휴볼트는 창의적이고 영리한 계획을 생각해냈다. 일이 진전되고 있었지만, '과연 누가 케네디의 비전을 실현시킬 것인가' 하는 중요한 문제가 남아 있었다.

갑작스럽게 등장한 스푸트니크에 겁먹은 미국 정부는 소련이 조만간 인간을 우주에 보낼지도 모른다고 걱정하여 서둘러 유인우주비행 프로그램을 만들었다. 비교적 작은 규모로 시작된 초창기 프로그램은 '가능한 한 빨리 인류를 우주로Man In Space Soonest, MISS'라는 비밀 프로젝트명으로 불렸고 소수의 과학자들만 참여했다.[45] 1958년에 미국 정부는 우주 탐사에 더 많은 자원을 투자하기로 하고 NASA를 설립했다.

이 새로운 기관은 설립한 지 몇 달 안에 인간을 지구 궤도에 보내, 땅에 떨어진 미국의 평판을 회복하겠다는 야심 찬 프로그램을 시작했다. '머큐리 계획'이라고 명명된 이 프로젝트가 성공하려면, 연료를 가득 채운 로켓에 기꺼이 올라타 우주로 날아가서 무중력 상태를 견디고 시속 수천 킬로미터의 속도로 지구 대기에 재진입할 때 발생하는 무시무시한 열기를 견딜 수 있는 우주비행사를 찾아야 했다. 한동안 서커스 곡예사를 모집할까 생각한 머큐리 계획 리더들은 곧 시험 비행 조종사에게 주목했다.

최종 선발된 7인의 어벤져스

우주비행사 후보는 최소 1,500시간 이상 비행 경험이 있고, 나이는 마흔 살 미만이며, 공학 학위나 그에 준하는 자격이 있고, (크기가 작은 우주 캡슐에 탈 수 있게) 키가 180센티미터 이하여야 했다. 500명이 넘는 군인들의 기록을 면밀히 검토한 팀장들은 유망한 후보 몇 명에게 워싱턴 D.C.의 수수께끼 같은 장소에 와서 지시를 받으라는 일급비밀 메시지를 보냈다. 초반의 면접을 통과한 약 서른 명의 후보가 세밀한 신체검사와 심리검사를 받았다.

당시 일부 과학자들은 우주 탐사가 인체에 끔찍한 영향을 미칠 수도 있다고 우려했다. 어떤 과학자는 무중력 상태가 되면 우주비행사의 안구가 일그러지고, 물이나 음식을 삼킬 수 없고, 계속 구토할 거라고 예상했다. 그래서 머큐리 계획 관리자들은 신체 조건이 최상인 이들을 모집하기 위해 후보들의 몸 구석구석을 조사했다. 그 과정에서 후보들은 눈알을 빙글빙글 돌리기도 하고, 소리가 차단된 칠흑같이 어두운 방에서 몇 시간씩 보내기도 하고, 엄청난 속도로 회전하기도 했다. 이렇게 고도로 까다로운 검사 중간중간에 얼음물에 발을 얼마나 오래 담글 수 있는지, 기진맥진해지기 전에 풍선을 몇 개나 터뜨릴 수 있는지 같은 조금 쉬운 과제도 섞여 있었다.

두 번째 시험은 후보들의 정신 상태가 임무에 적합한지 알아내기 위한 검사였다.[46] 스트레스를 극복하고 두려움을 이겨내며 압박감 속에서도 임무를 수행할 능력이 있는지를 평가하는 것이었다. 개중에는 후보들에게 무작위로 잉크 얼룩을 보여주고 떠오르는 이미지를 설명하게 하여 무의식적으로 죽음을 동경하는지 알아내려고 하는 다소 의문스러운 검사도 섞여 있었다. 일부 후보들은 검사를 진지하게 받아들이지 않았고 규칙에 따르기를 거부하기도 했다. 한 잉크 얼룩 검사에서, 피트 콘래드Pete Conrad 후보는 아무것도 그려져 있지 않은 카드를 보고 머릿속에 떠오르는 이미지를 설명하라는 요청을 받았다. 잠시 침묵한 콘래드는 차분한 말투로 심리학자들에게 카드를 반대로 들고 있다고 말했다.

이 검사에서, 우주에 간 최초의 미국인이 될 앨런 셰퍼드Alan Shepard를 포함해 일곱 명이 합격점을 받았다. '머큐리 세븐Mercury Seven'이라고 불린 우주비행사들은 신체 상태가 완벽하고, 재난이 닥쳐도 침착하게 대처할 수 있도록 안정적인 멘탈을 가졌다고 파악되었다.

이들의 강철 멘탈은 머큐리 계획에서 개발된 최신 기술을 써먹을 때 자주 동원되었다. 예를 들어, 1960년에 이 우주비행사 일곱 명은 자신들을 우주로 보낼 때 사용할 로켓의 무인 발사 현장을 참관했다. 하지만 로켓은 이륙한 지 몇 초 만에 폭발했고 발사는 엄청난 실패로 끝났다. 거대한 폭발을 지켜본 셰퍼드는 침착하게 동료에게 고개를 돌리며 말했다. "음, NASA에서 저걸 일찌감치 처리해줘서 다행이네요."[47]

1961년 4월 12일에 소련의 우주비행사 유리 가가린Yuri Gagarin이 최초로 우주비행에 성공하자, 미국의 우주프로그램은 다시금 타격을 받았다. 소련은 미국보다 몇 시간 앞서기 때문에, 머큐리 계획의 공보 담당자는 새벽 네 시에 이 사건에 대한 의견을 묻는 기자의 전화를 받고 일어났다. 잠이 덜 깬 이 관리는, 자기는 가가린의 역사적인 우주비행에 대해 아는 바가 없으며 "우리는 모두 자고 있었습니다"라고 말했다. 이 말이 전 세계 신문에 보도되는 바람에 또다시 국가적으로 난감한 상황이 되었다.

그로부터 한 달이 채 지나지 않아, 앨런 셰퍼드와 그의 우주선 프리덤 7호에게 추락한 미국인의 자존심을 회복하라는 임무가 떨어졌다. 1961년 5월 5일, 셰퍼드는 몸에 꼭 맞는 은색 우주복을 입고 프리덤 7호에 올라타 지구에서 우주로 날아갈 준비를 했다. 나중에 기자들이 거대한 로켓 꼭대기에 누워 있을 때 무슨 생각을 했느냐고 묻자, 셰퍼드는 "이 우주선의 모든 부분을 최저가 입찰자가 만들었을 거라는 생각을 했죠"라고 농담을 했다.[48]

몇 차례의 긴 기다림 끝에 마침내 셰퍼드는 발사되어 지구 중력의 여섯 배가 넘는 가속력을 견뎠다(발사된 로켓 안에서는 평소보다 몸무게가 여섯 배나 무겁게 느껴진다). 우주에 도달한 셰퍼드는 작은 잠망경을 통해 주변을 살펴볼 수 있었다. 그는 발사가 지연되는 동안 햇빛 때문에 앞이 안 보이게 될까 봐 잠망경 렌즈 위에 회색 필터를 씌웠다. 안타깝게도 그는 이 필터를 제거하는 걸 잊어버렸기 때문에, 잠망경으로 거의 아무것도 볼 수 없었다.[49] 셰퍼드는 텔레비전으로 생중계되는 자신의 비행을 지켜보는 수백만 명을 실망시키지 않으려고, 앞에 놓인 회색 렌즈를 바라보며 "정말 아름다운 광경"이라고 말했다.

단 15분간 '위로 올라갔다가 내려오는' 간단한 탄도비행이었다. 평탄치 않은 대기권 재진입 후, 프리덤 7호는 안전하게 바다에 착륙했다. 《뉴스데이》는 "우리의 셰퍼드가 해냈다", 《데일리 뉴스》는 "대단한 비행이었다!", 《시카고 데일리 뉴스》는 "우주비행 성공" 같은 제목으로 이 성과를 칭송했고, 전 세계 신문들도 파란 눈의 우주비행사 사진을 1면에 실었다.

어벤져스들의 호위무사

우주 탐험 이야기를 할 때는 당연히 셰퍼드처럼 용감한 우주비행사들이 중심을 차지한다. 하지만 국가기록보관소를 더 깊이 파고들면 곧

두 번째 그룹에 속하는 사람들이 모습을 드러낸다. 이들은 화려하고 현란한 수식어를 피하고 조용히 그림자 속에 머무는 것에 만족했다. 사람을 달에 보내는 사업이 전체적으로 성공하는 데 중심적인 역할을 한 이들은 크리스 크래프트Chris Kraft라는 놀라운 인물의 독창적인 생각과 노력 덕분에 역량을 발휘할 수 있었다.

1924년에 버지니아주 피버스에서 태어난 크리스 크래프트는 평범한 집안 출신이었다.[50] 당시 피버스는 경기가 별로 좋지 못한 철도 마을이었다. 크래프트의 집 뒷마당이 동네 쓰레기장과 접해 있었기 때문에, 그는 어린 시절 일꾼들이 커다란 쓰레기 더미를 태우는 모습이나 거대한 연기 기둥이 하늘 높이 치솟는 광경을 보곤 했다. 피버스에서는 힘들게 일해야 살아갈 수 있었으므로 크래프트도 학교 수업 시간 외에는 화물열차가 싣고 온 짐을 내리는 일을 하거나 동네 상점에서 바쁘게 일했다.

크래프트가 쓴 『비행Flight』이라는 멋진 자서전에 따르면, 그는 고등학교 수학 선생님에게 감화를 받아("네가 인생에서 원하는 게 뭔지만 생각해라. 넌 그 일을 해낼 수 있어") 자기 인생에 더 많은 게 기다리고 있다는 사실을 깨달았다고 한다. 크래프트는 버지니아공대에서 항공공학 학위를 받은 후 랭글리 공군기지에서 항공 기술을 연구했다. 1950년대 말에 미국 정부는 항공 전문가들이 우주공학 쪽으로 관심을 돌리도록 장려했다. 크래프트는 이 기대에 부응하여, 우주 경쟁 분야에서 추락하고 있는 국가의 위신을 회복하는 일에 최선을 다했다. 그는 자신의 풀네임이 크리스토퍼 콜럼버스 크래프트 주니어인 걸 보면 평생 탐험에 헌신할 운명이었던 모양이라고 농담하곤 했다.

미국의 우주비행프로그램이 순조롭게 시작되는 동안 크래프트는 빠르게 승진했다. 1961년 1월, 크래프트는 햄이라는 침팬지를 태운 로켓을 발사해서〔햄이라는 이름은 침팬지를 돌보던 할로먼 항공우주 의료원(Holloman Aerospace Medical Center)의 머리글자에서 따왔다〕16분간 탄도비행을 했다. 햄의 '우주 침팬지' 임무는 성공적이었고, 셰퍼드를 우주로 보내는 일에 청신호가 켜졌다. 전하는 말에 따르면, 셰퍼드는 곧 우주비행을 하게 될 것이라는 소식을 듣고 "이제 원숭이가 다 떨어졌나 보네"[51]라고 농담을 했다. 처음부터 크래프트는 우주비행사들에게 실시간 모니터링과 지원을 신속하게 제공할 수 있는 지상 요원들에게 임무 성공 여부가 달려 있음을 깨달았다. 그는 지상 요원들을 모두 같은 방에 모으고, 이들이 업무를 수행하는 데 매우 중요한 모니터와 콘솔, 스크린 등도 함께 준비해야 한다고 생각했다. 머큐리 계획의 초기 비행 때는 관제실이 플로리다주 케이프 커내버럴에 자리 잡고 있었으며 규모도 작았다. 그러다가 1965년에 우주관제센터로 불리게 된 관제실은 규모가 확대되어 텍사스주 휴스턴의 유인우주선센터로 옮겨갔다. 시간이 흐르면서 상징적인 공간이 된 이곳은 '대성당', '궁전', '리더십 연구소' 등 수많은 별명이 붙었다.

크래프트는 불가능해 보이는 일을 가능하게 만들 수 있는 사람들을 모아 우주관제센터를 채워야 했다. 머큐리 계획의 우주비행사들은 극도로 힘들고 험난하고 지루한 선발 과정을 견뎌냈다. 엄청난 물리력에 노출되고, 차가운 얼음물이 담긴 통에 앉아 있기도 하고, 무수히 많은 잉크 얼룩을 해석하라는 요구도 받았다. 이런 과정 끝에 선발된 몇 안 되는 우주비행사들은 모두 군인 출신이었고, 신체가 건강해 극도의 압박감 속에서도 임무를 수행할 수 있었으며, 30대 후반의 기혼자에 아이도 있었다. 그리고 대체로 풍족한 중산층 출신이었다. 하지만 크래프트는 지상에 근무할 우주비행관제사를 채용할 때 이들과 아주 다른 유형의 후보들을 염두에 뒀다.

평균 나이 26세의 평범한 사람들이 만들어낸 기적

크래프트는 앞으로 갈 길이 험난하리라는 사실을 잘 알고 있었지만, 과거 역경에 처했을 때도 헤쳐나갈 길을 찾은 경험이 있었다. 자신이 생각한 이미지에 맞는 팀을 꾸리고 싶었던 크래프트는 부유하지 않은 환경에서 태어나 자기 힘으로 뭔가를 이룬 사람들에게 끌렸다. 열심히 일해서 스스로 운을 개척한 사람들. 밝은 미래를 상상하면서 변화를 이루기 위해 필요한 걸 가진 사람들. 크래프트가 뽑은 직원들은 대부분 시골이나 농가에서 자랐고, 가족 가운데 처음으로 대학에 진학한 경우도 많았다. 그들은 높은 직업의식과 우주 탐사에 대한 열정, 그리고 힘든 도전을 받아들이고자 하는 열망이 있었다.

무엇보다 중요한 점은, 다들 발전과 성장과 학습에 대한 의지가 충만한 놀랍도록 젊은 사람들이었다는 것이다. 실제로 닐 암스트롱이 달 위를 걸었을 때 관제센터에 있던 사람들의 평균 나이는 26세였다.

제리 보스틱Jerry Bostick은 크래프트가 선발한 이들의 전형이라고 할 수 있다. 미시시피주 시골의 작은 농장에서 자란 보스틱은 어린 나이부터 아침 일찍 일어나 밤늦게까지 일하며 목화와 옥수수 재배를 도왔다.[52] 그는 가족의 강인한 노동관을 이어받았다. '어떤 직업을 택하든 다른 사람들보다 잘해야 한다.' '무슨 일이든 다 이룰 수 있지만 어쨌든 열심히 해야 한다.' 10대 때는 농장일 외에도 신문을 배달하고, 주유소에서도 일하고, 밤에는 동네 영화관에서 팝콘을 팔았다.

보스틱은 하원의 보조 견습생과 도어맨을 거쳐, 국회의사당 견습생 학교를 수석으로 졸업했다. 그리고 미시시피주립대학교에 진학해 토목공학 학위를 받은 뒤 구직 활동을 시작했다. 보스틱은 결국 NASA 랭글리 연구센터에서 일하게 되었지만, 실제적인 문제 해결보다는 비현실적인 생각을 많이 해야 하는 프로젝트에 배정되자 실망했다.

당시의 많은 엔지니어들처럼 보스틱도 달에 사람을 보내겠다는 케네디의 비전에 힘을 얻었고, 좀 더 우주와 밀접한 프로젝트에 참여하고 싶어서 NASA에 지원했다. 하지만 안타깝게도 면접 과정에서 토목기사보다는 항공 전문가를 채용하려 한다는 얘기를 들었다. 면접장을 나오던 보스틱은 우연히 크래프트와 마주쳐 잡담을 나누게 되었다. 잠시 뒤, 크래프트는 재빨리 결정을 내리고 채용 담당자에게 보스틱을 채용하라고 말했다. "그를 고용하세요. 달을 측량할 사람이 필요할지도 모르니까요." 천천히 승진한 보스틱은 결국 우주관제센터에서 아폴로 우주선이 올바른 방향으로 향하도록 도와주는 비행역학 팀을 맡았다. 케네디의 꿈이 실현되었을 때 그는 겨우 스물아홉 살이었다. 크래프트는 젊은 관제사들이 낙관적이라는 사실을 알고 있었던 듯하다.

그들은 대학을 갓 졸업한 젊은 남자들을 채용하기로 했다. 우리는 그 일이 불가능하다는 사실을 몰랐기 때문이다! 우리는 달에 갈 방법을 찾아내야 한다는 말을 듣고는 그냥 일에 착수했고 결국 해냈다. 나는 처음 그 말을 듣고 '세상에, 말도 안 돼'라고 생각했지만, 대통령은 단 한 문장으로 아주 명확한 목표를 제시했고, 실현 여부는 우리에게 달려 있었다.[53]

크래프트가 추진한 채용 방식은 효과가 있었고 머큐리 계획은 승승장구했다. 1961년 7월, 우주비행사 거스 그리섬Gus Grissom이 앨런 셰퍼드의 뒤를 이어 두 번째 우주 탄도비행을 시도했다. 1962년 2월에는 존 글렌John Glenn이 궤도에 진입한 최초의 미국인이 되어, 5시간 가까이 지구 주위를 선회했다. 그 후 몇 달 동안 우주비행사들은 훨씬 많은 시간을 우주에서 보냈고, 고든 '고도' 쿠퍼Gordon 'Gordo' Cooper는 약 하루 반 동안 지구 궤도를 돌아 미국 신기록을 세웠다. 이 프로젝트는 매우 성공적이었지만, 임무 대부분은 평탄하지 않았다. 일례로 쿠퍼가 열아홉 번째로 궤도를 도는 동안 소변 채집 시스템이 터지는 바람에 캡슐 안은 달갑지 않은 미세한 오줌 방울로 뒤덮였다. 이 때문에 여러 시스템이 합선을 일으켜 정지되는 바람에 온도와 이산화탄소 수치가 모두 위험한 수준까지 올라갔다. 쿠퍼는 할 수 없이, 하강을 이끌어줄 거라고는 손목시계와 별의 위치에 대한 지식뿐인 상태에서 수동 재진입을 시도해야 했다. 놀랍게도 쿠퍼는 자신을 태울 예정이던 해군 함정에서 6.5킬로미터쯤 떨어진 곳에 착륙해, 착수 정확도 부분에서 신기록을 세웠다.

머큐리 계획은 1963년에 끝났고, 이제 사람들의 관심은 우주비행사 두 명을 우주로 보내는 두 번째 프로그램으로 옮겨갔다. '제미니(별자리 중 쌍둥이자리) 계획'으로 명명된 이 프로젝트에 참가한 열 명의 승무원은 1964년부터 1966년 사이에 지구 궤도를 비행하며 여러 차례의 우주 유영, 랑데부, 도킹 같은 중요한 임무를 수행했다.

미국의 우주프로그램은 몇 년 사이에 불안정하나마 달을 향한 첫걸음을 내디뎠다. 이런 성공은 우주비행사들의 용기, 그리고 이 프로젝트에 종사한 엔지니어와 과학자 수천 명의 기술 덕분이었다. 그 중심에는 '우주비행 관제'라는 개념을 만들고 능력이 뛰어난 사람들을 모아 팀을 꾸리는 데 결정적인 역할을 한 크리스 크래프트가 있었다. 내세울 것 없는 집안 출신이지만 열심히 노력해 역경을 극복하는 데 익숙한 사람들. 인간을 달에 보내는 일에 열심이고 너무 젊어서 그 일이 거의 불가능하다는 걸 몰랐던 사람들. 그리고 인생의 가장 힘든 도전에 맞서려 한 사람들 말이다.

MOONSHOT MEMO
주제 : 비극적인 소식

1963년 11월 21일, 휴스턴 유인우주선센터를 방문한 케네디 대통령은 미국이 세계에서 가장 큰 로켓을 우주로 발사하는 역사적인 날에 관해 이야기했다. 그리고 살짝 말을 흘리면서, 그 로켓이 "가장 엄청난 인건비payroll를 우주로 쏘아 올릴 겁니다……. 아니, 엄청난 양의 탑재 화물 payload 말입니다"라고 말했다(케네디가 payroll과 payload를 잠시 혼동해서 한 실수-옮긴이). 그는 잠시 말을 멈췄다가 "물론 인건비도 엄청나긴 하죠!"라고 덧붙였다.

케네디는 다음 날 텍사스주 댈러스의 딜리 플라자에서 자동차 퍼레이드를 하던 중 암살당했다. 그의 죽음으로 미국 전체가 충격에 휩싸였다. 하지만 그가 제시한 비전은 우주비행관제센터에 계속 영감을 주는 신호탄이 되었다. 제리 보스틱은 이렇게 말했다.

케네디가 암살된 후 우리는 갑절로 노력했고, 목표를 달성하겠다는 의지는 더욱 확고해졌다. 다 함께 둘러앉아서 그에 관한 대화를 나눠 본 적은 없지만, 그 일은 우리에게 매우 중요했다. 다들 자기가 뭘 해야 하는지 알고 있었다. 우리는 달에 사람을 착륙시켜야 했다.[54]

만약 아폴로 계획이 케네디의 지도력에만 의존했다면 그의 암살 이후 어려운 상황에 처했을지도 모른다. 하지만 이 프로젝트는 케네디의 놀라운 비전을 통해 성장했고, 비극적인 사건 후에도 계속 전진했다.

이 에피소드는 열정으로 추진되는 프로젝트의 또 다른 장점을 보여준다. 열정은 지도자나 선각자가 자리를 옮기거나, 은퇴하거나, 세상을 떠나도 계속해서 사람들에게 동기를 부여한다.

자신을 믿어야 성공한다

"할 수 있다고 생각하든 할 수 없다고 생각하든, 네 생각이 맞다."

– 헨리 포드Henry Ford

먼저 기하학적 퍼즐이 포함된 간단한 사고실험부터 시작하자. 이 발사대 도면을 잘 살펴보자.

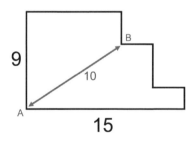

그림에 표시된 것처럼 발사대의 한쪽 면은 길이가 9미터고 다른 면

은 15미터이며, A 지점부터 B 지점까지의 직선 거리는 10미터다. 여러분은 발사대 주위에 두를 울타리를 사야 한다. 필요한 울타리 길이를 정확하게 계산하기 위한 정보가 모두 있다고 생각하는가? 결정을 내리기 전에 자를 사용하거나 책을 참조하거나 친구에게 물어보면 안된다. 아, 그리고 2분 안에 작업을 완료해야 한다. 정답을 맞힐 것 같은가?

이 사고실험의 답은 잠시 후에 다시 살펴보고, 먼저 전설적인 심리학자 앨버트 밴듀라Albert Bandura부터 만나보자.

1925년에 태어난 앨버트 밴듀라는 캐나다 북부의 작은 마을에서 자랐다. 벌이가 시원치 않은 대가족 출신인 그는 노력과 자립과 인내를 통해서만 성공을 거둘 수 있다는 사실을 깨달았다. 그가 고등학교를 마치자, 그의 부모는 여행을 다니며 세상을 돌아보라고 격려했다. 부모의 충고를 받아들인 밴듀라는 알래스카주 고속도로에서 도로에 난 구멍을 메우는 여름 단기 일자리를 얻었다. 거기서 일하는 동안 동료 노동자들의 심한 술버릇과 도박 습관을 본 그는 심리적인 문제에 깊은 관심을 품게 되었다. 그 후 여러 해 동안 그는 심리학에 관한 다양한 자격증을 취득했고 결국 스탠퍼드대학교로부터 자리를 제안받았다. 밴듀라는 거기서 20년 이상 성공 과학 분야를 탐구했다. 앞의 사고실험은 그의 획기적인 업적에 바탕을 두었다.

조금 전에 여러분은 기하학 퍼즐의 답을 구할 수 있을 것 같냐는 질문을 받았다. 대부분의 사람은 자신의 성공 가능성에 비관적이다. 이들은 퍼즐을 풀려는 시도조차 하지 않고, 설령 시작해도 일이 어려워지는 순간 포기한다. 그 결과, 처음의 비관적인 생각이 자기충족적 예언으로 바뀌어 결국 실패한다. 케네디가 달 탐사와 관련하여 의회에서 한 연설에 등장하는 인상적인 말처럼, '우리가 언젠가 1등이 될 거라고 장담할 수는 없지만, 이런 노력을 하지 않는다면 꼴찌가 되리라는 건 분명하다.'

성공을 낙관하는 사람들은 그 반대다. 그들은 자기 확신에 고무되어 기꺼이 시작하려 하고 끝까지 인내할 가능성도 훨씬 크다. 그 과정에서 과제가 처음에 생각했던 것만큼 까다롭지 않음을 깨닫거나 성공을 위한 혁신적인 방법을 발견할 가능성이 커진다. 예를 들어, 이 기하학 문제를 풀려고 할 때 낙관론자들은 놀랄 만큼 쉬운 해결책이 있음을 금세 알아차리곤 한다. A 지점과 B 지점 사이의 거리는 무시해도 된다. 이건 주의를 산만하게 할 뿐이다. 그저 가로선 두 개를 그림처럼 위로 움직인다고 상상하면 된다.

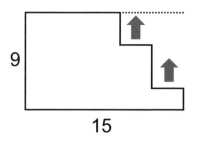

그리고 이 세로선 두 개도 오른쪽으로 움직인다.

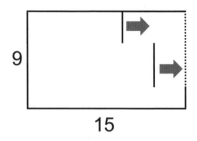

그러면 이렇게 완벽한 직사각형이 된다.

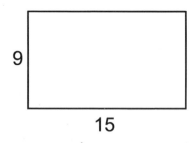

이제 발사대의 둘레가 48미터(길이가 9미터인 선 두 개와 길이가 15미터인 선 두 개)라는 게 확실해졌다. 기하학을 몰라도 상관없다. 일단 풀이를 시작하고 잠깐 생각해보면 거의 누구나 풀 수 있는 문제다.

밴듀라는 이 간단하면서도 설득력 있는 아이디어에 매료되었다.[55] 사람들은 자신에게 어떤 일을 성공적으로 완수하는 데 필요한 자질이 없다고 믿으면(밴듀라는 이걸 '자기 효능감이 낮은' 상태라고 부른다) 시도 자체가 별 의미가 없을 거라고 여긴다. 간신히 시작하더라도 장애물과 마주치면 바로 그만둔다. 그런데 자신이 할 수 있다고 생각하는 사람은 정반대다. 본인에게 적합한 자질이 있다고 생각하면서 잘해낼 것이라고 예상하면('자기 효능감이 높은' 상태) 적극적으로 일에 착수해서 장애물에 부딪혀도 굴하지 않고, 앞길을 개척할 새로운 방법을 찾아낼 가능성이 훨씬 크다.

밴듀라는 미래의 성과에 대한 믿음이 대부분의 일상생활에서 자기충족적 예언으로 작용하리라고 예측했다. 수천 건의 연구 결과는 그의 생각이 옳았음을 증명했다.[56] 병에 걸렸다가 회복하려는 환자, 경쟁자보다 좋은 결과를 얻고 싶어 하는 운동선수, 최고 점수를 얻으려는 학생, 세상을 바꾸려고 하는 활동가, 수익을 올리려고 하는 관리자, 새로운 사업을 하려는 기업가, 담배를 끊으려고 하는 흡연자의 경우에도 비관론자들은 실패하고 낙관론자들은 성공하는 경향이 있다.

1960년대 초, 미국의 우주프로그램은 몇 차례의 발사 실패, 원숭이를 이용한 몇 번 안 되는 임무 수행, 앨런 셰퍼드의 15분간의 탄도비행이 전부였다. 그러나 케네디는 미국이 1960년대 안에 달에 사람을 보낼 것이라고 전 세계를 상대로 호언장담했다. 당연한 일이지만 대부분은 그 목표가 달성 불가능하다고 믿었다. 바로 그런 생각이 가장 큰 장애물을 만들었다. 크리스 크래프트는 역경을 극복한 경험이 있고 자신을 믿는 사람들을 모집했다. 성공을 낙관하고 어려움 앞에서 최선을 다하려는 사람들. 제리 보스틱의 말처럼, 너무 젊어서 어떤 일이 불가능하다는 사실조차 모르는 사람들 말이다.

좋은 소식은, 자신감을 높이는 일이 놀랍도록 쉽다는 것이다. 작은 성공을 여러 번 경험하고, 자신에게 말을 걸고, 장밋빛 백미러로 과거를 바라보고, 영웅 숭배자 같은 경외심을 품기만 하면 된다.

자신감을 높이는 기술 1: 작은 성공을 여러 번 경험하라

하버드 경영대학원 연구소장인 테레사 애머빌Teresa Amabile 교수는 조직의 비밀스러운 생태를 연구한다.[57] 몇 년 전에 그녀는 일곱 개 회사에 다니는 300명의 직원들에게 그날의 일과와 자신의 기분, 의욕, 생산성을 기록한 이메일을 날마다 보내달라고 부탁했다. 4개월 동안약 1만 2,000개의 이메일을 받은 애머빌은 이것으로 성공 및 성취를 위한 요소들을 파악할 수 있었다. 이메일을 보낸 사람들의 직장을 보면 몇몇 회사는 가정용품을 개발했고, 한 회사는 청소 서비스를 제공했으며, 또 다른 회사는 호텔 업계를 위한 복잡한 컴퓨터 시스템을 운영했다. 이렇게 분야가 다른데도 불구하고 성공 예측과 관련해 반복해서 등장하는 요소가 하나 있었는데, 두 단어로 요약하면 바로 '작은 성공'이었다.

애머빌은 사소한 이정표가 놀라울 정도로 긍정적인 효과를 발휘한다는 사실을 발견했다. 사람들은 불가능해 보이는 목표에 직면하면 위축되는 경우가 많다. 하지만 그 목표를 작은 단계로 쪼개면 갑자기 달성 가능한 일처럼 느껴지면서 자신감이 커진다. 이 단계들 가운데 하나가 이루어질 때마다 자신감과 낙관주의가 커지고, 이것이 미래의 성공을 위한 촉매 역할을 한다. 심리학자들은 이를 '전진 법칙'이라고 부른다. 많은 심리학자가 수천 명이 참여한 수백 개의 연구에서 거대한 비전을 여러 개의 작은 단계로 세분화하면 투자한 시간 중 90퍼센트에서 더 높은 성과를 올릴 수 있다는 사실을 밝혀냈다. 큰 업적도 중요하지만 작은 단계가 더 중요하다는 얘기다.

전진 법칙은 사람을 달에 보내는 데도 도움이 되었다. 케네디가 야심 찬 비전을 처음 발표했을 때는 다들 우주비행사를 38만 킬로미터 떨어진 달로 보내 그 머나먼 땅을 걷게 한 뒤 다시 안전하게 지구로 데려온다는 생각 그 자체에 놀랐다. 그러나 로켓 과학자들과 기술자들이 이 계획에 관한 각 단계를 확인하자, 예상보다는 감당할 만한 과업처럼 느껴졌다. 연구 팀은 지구 중력에서 벗어날 수 있는 거대한 로켓과 우주 공간을 통과해 달 궤도를 돌 수 있는 우주선을 만들고, 우주비행사들이 우주선과 달 표면을 오갈 수 있는 착륙선을 설계하고, 착륙선이 궤도를 도는 우주선과 다시 만날 방법을 찾았다. 머큐리 계획과 제미니 계획이 이렇게 작은 목표들을 달성하기 시작하면서부터 모든 이의 자신감을 키웠다. 달에 착륙할 무렵에는 자신감이 최고조에 달했다. 엔지니어 제이 허니컷Jay Honeycutt은 이렇게 말했다.

그때쯤 우리는 아무도 꺾을 수 없는 무적의 존재라고 생각했다. 다들 그 일을 해내야 한다고 다짐했고 아무도 우리를 막지 못했다. 실패할 가능성은 전혀 없었다. 우리는 실패하지 않을 것이다. 아폴로 계획이 진행되는 내내 모두들 그런 태도인 듯 보였다.[58]

이러한 태도는 다시 궁극적인 목표를 향해 앞으로 그리고 위로 나아가도록 동기를 부여했다.

부담스러운 목표를 만나면 그것을 한 입 크기로 작게 쪼개자. 또 이 원칙이 큰 효과를 발휘하도록 SMarT 사고를 이용해 각각의 작은 목표를 최대한 구체적이고Specific, 측정 가능하며Measurable, 시간 제약이 있는Time-constrained 목표로 만들자. 예를 들어 체중을 10킬로그램쯤 줄이고 싶다면 일주일에 0.5킬로그램씩 빼겠다고 생각해보자. 또 10만 달러 이상의 매출을 올리는 새로운 스타트업을 차리려면, 매달 새로운 고객을 확보하는 것을 목표로 삼아보자.

연구 결과에 따르면 상황이 힘들어질 때 인내하는 사람은 특히 자신이 이미 이룬 일들을 회고하는 경향이 있다고 하니, 과거를 되돌아보며 앞으로 나아가기를 두려워하지 말자.[59]

마지막으로, 작은 목표를 달성할 때마다 진심으로 축하하며 의욕과 자신감을 극대화하자. 우주비행관제센터에서는 우주선이 착수에 성공하면 시가에 불을 붙였고, 새로운 이정표를 달성할 때마다 파티를 열었다. 아주 화려한 축하 행사까지는 필요 없다. 그냥 초콜릿 케이크만 좀 먹어도 도움이 될 것이다(물론 체중을 줄이고 있다면 안 되겠지만).

자신감을 높이는 기술 2: 자신에게 최면 걸기

20세기 초에 세계 곳곳에서 간행된 출판물에 약간 색다른 아동용 이야기가 등장하기 시작했다.[60] 이야기의 세부적인 내용은 조금씩 다르지만, 전체적인 줄거리는 똑같았다. 이 이야기에서 주인공은 무거운 화물열차 여러 대를 높은 언덕 위로 끌어올려야 했다. 큰 기관차 여러 대가 그 일을 거절한 뒤, 훨씬 작은 기관차가 나서서 자기가 한번 해보겠다고 했다. 작은 기관차는 "난 할 수 있어, 할 수 있다고"라는 말을 끊임없이 되뇌면서 있는 힘을 다했고, 결국 화물열차를 언덕 위로 끌어올리고는 "거봐, 할 수 있다고 했잖아"라고 자랑스럽게 선언한다. 한 세기가 넘는 세월 동안 이 '씩씩한 꼬마 기관차' 이야기는 아이들에게 자신을 믿고 힘든 도전을 받아들이라고 독려했다.

높은 언덕 위로 무거운 화물을 운반해달라는 부탁을 받는 사람은 거의 없겠지만, 자신과의 대화는 거의 모든 사람이 하고 있다. 안타까운 사실은, 이런 내면의 독백은 '난 할 수 있어, 할 수 있다고'보다는 '난 못할 것 같아', '아마 안 되겠지', '절대 못해' 같은 내용이 대부분이라는 것이다. 하지만 다행스럽게도 '비관적인 꼬마 기관차' 같은 독백을 그만두고 '씩씩한 꼬마 기관차'처럼 생각을 바꾸는 일은 비교적 쉽다.

다른 사고실험을 해보자. 새로운 사업을 시작하려는데 내면에 있는 지나치게 비판적인 자아가 서서히 자신감을 갉아먹고 있다고 상상해보자. 새로운 관계를 시작하거나('난 항상 실패해'), 자기 사업을 시작하

MOONSHOT MEMO
주제 : 행운

우주비행사와 로켓 과학자들은 때로 놀라울 정도로 미신을 믿는다. NASA 우주비행사들은 우주로 날아가기 전에, 앨런 셰퍼드가 프리덤 7호 비행을 하기 전에 먹었던 것처럼 달걀 요리가 메인인 아침 식사를 하는 전통이 있다. 러시아 우주비행사들은 로켓에 탑승하기 전에 종종 환승 버스 뒷바퀴에 소변을 보는데, 유리 가가린이 역사적인 임무를 수행하기 전에 같은 자리에서 소변을 봤기 때문이라고 한다. NASA 제트 추진 연구소 JPL의 과학자들은 행운의 부적으로 땅콩이 든 병을 하나씩 가지고 있는 경우가 많다. 왜일까? 1960년대에 JPL이 처음 시도한 여섯 차례의 무인 비행은 전부 실패로 끝났는데, 일곱 번째 비행 때 관제사가 땅콩 병을 주위에 돌려서 나눠 먹고는 임무에 성공했기 때문이다.

이런 행동을 말도 안 되는 미신으로 치부하기는 쉽지만, 세상에는 겉으로 보이는 것과 다른 많은 신기한 일들이 벌어진다. 몇 년 전 심리학자인 리산 다미시Lysann Damisch는 실험 지원자들에게 골프공을 퍼팅해 구멍에 넣거나 어려운 글자 수수께끼를 푸는 등의 몇 가지 과제를 내줬다.[61] 일부 지원자에게는 그들이 치는 골프공이 행운의 골프공이라고 말해주거나 검지와 중지를 꼬아서 포개는 등의 미신적인 의식을 치르게 했다. 행운의 부적과 의식이 극적인 효과를 발휘해, 이들은 골프공 퍼팅과 글자 수수께끼 풀이에서 더 성공적인 결과를 얻었다. 이 연구는 지원자들의 자신감을 높여준 부적과 의식이 성공을 불러왔으며, 자신감 상승이 개인적인 목표를 높이고 더 오랫동안 끈기를 발휘하는 원인이 되었음을 보여주었다. 그러니 여러분도 자신감을 좀 북돋우고 싶어지면, 행운의 양말을 신거나 손가락을 포개거나 아침으로 달걀을 먹거나 가까운 버스에 소변을 보는 걸 부끄러워하지 말자.

거나('자영업이 정말 힘들다는 걸 알아. 그러니 절대 성공하지 못할 거야'), 직업을 바꾸려고 고려하는('이렇게 직업이 안정적인데 그만두는 건 미친 짓이야') 사고 실험을 할 수도 있다.

여러분이 이와 비슷한 상황이라면 자신과 논쟁을 해보자. 절친한 친구가 새 사업을 시작할까 고민하면서 비슷한 의심을 한다고 상상해보라. 그에게 뭐라고 말하겠는가? 분명 친구가 무모한 행동을 하도록 부추기지는 않겠지만, 그렇다고 미래에 대해 애매하고 부정적인 예측을 하도록 지켜보고만 있지도 않을 것이다. 친구의 지나치게 부정적인 평가에 이의를 제기할 수도 있다. 과거에 겪은 실패의 긍정적인 부분을 지적하거나("그 관계 때문에 고생한 건 사실이지만, 넌 그 경험에서 교훈을 얻고 앞으로 나아가는 데 익숙하잖아"), 증거를 요구하거나("자영업이 얼마나 어려운데? 그 문제를 다른 사람과 상의해본 적 있어?"), 미래가 생각보다 밝을 수 있다고 지적하거나("물론 지금 직장이 안정적일 순 있지. 하지만 네가 훨씬 행복해질 수 있는 일을 찾아내게 될지도 몰라"), 전반적인 자신감을 높여주는("너는 강한 사람이니까 무슨 일이 생겨도 대처할 수 있을 거야") 방식으로 말이다.

'친한 친구'와의 대화는 여러분이 자신에게 어떤 식으로 얘기해야 하는지 알려준다. 미래에 대한 비관적인 견해를 받아들이지 말고 훨씬 현실적이고, 힘이 되고, 친절한 태도를 취하는 것이다.

이런 태도는 또 다른 사람들의 지나치게 비판적인 의견으로부터 자신을 보호하는 데도 도움이 된다. 17세기의 영국 시인 존 던John Donne은 "세상 그 누구도 섬이 아니다"라는 말로 유명하다. 여러 심리학 연구는 던의 말이 옳았음을 증명한다.[62] 콧물감기와 인후염이 전염되는 것처럼, 감정과 태도도 전염될 수 있다. 남을 격려하고 힘을 주는 낙관주의자와 함께 시간을 보내면 갑자기 더 열정적이고 긍정적인 기분이 든다. 마찬가지로, 여러분의 능력과 미래에 대해 비관적인 사람과 어울리면 자기 미래가 따분하고 칙칙해 보일 것이다.

너는 실패할 게 뻔하다고 말하는 사람과 만나게 되면 이 '절친' 대화법을 이용해보자. 그 말에 일리가 있는지, 아니면 그저 낙담하는 모습을 보려는 심술궂은 마음 때문에 그런 말을 하는지 자문해보는 것이다. 상대가 정말 여러분이 잘되기를 진심으로 바라는가, 아니면 다른 꿍꿍이가 있는가? 늘 여러분의 실패만 강조하고 업적은 무시하는가? 그렇다면 비판을 진지하게 받아들이지 말고 신중하게 고려하면서 가장 친한 친구라면 뭐라고 말할지 생각해보자. 만약 같은 사람이 계속해서 여러분은 실패할 거라는 예측을 반복한다면, 우리 인간은 평소 가장 많은 시간을 함께 보내는 사람들 다섯 명의 평균이라는 옛말을 기억하고 좀 더 긍정적인 사람들과 어울리자.

자신감을 높이는 기술 3: 장밋빛 유리창을 통해 과거를 들여다보라

사람들은 미래를 예측하려고 할 때 종종 과거를 돌아본다. 일요일에 멋진 케이크를 구울 예정이라고 상상해보자. 괜찮은 케이크를 구울 수 있을 것 같은가? 최근에 케이크를 굽다가 홀랑 태운 적이 있다면 아마 이번에도 재앙이 발생할지 모른다고 예상할 것이다. 하지만 꾸준히 근사한 스펀지케이크를 구운 경험이 있다면, 이번에도 그렇게 할 자신이 있을 것이다. 똑같은 원리가 삶의 거의 모든 부분에 적용된다.

앞서 살펴본 것처럼, 관제사들 대부분은 내세울 것 없는 환경에서 자랐다. 그들은 역경을 극복할 방법을 찾았고, 성공 확률이 매우 낮은 상황에서도 용케 성공을 거뒀다. 시간이 흐르면서 이런 경험이 쌓이자, 우주비행사를 달에 보내는 것 같은 대담한 일을 포함해 어떤 새로운 도전이 닥치더라도 낙관적으로 생각할 수 있게 되었다.

이런 사고방식을 발전시키기 위해, 승산이 낮은데도 불구하고 밀고 나가서 결국 성공한 일을 떠올려보자. 어려운 시험에서 높은 점수를 받거나, 전력이 약한데도 대회에 나가 우승했거나, 직장에서 힘든 프로젝트를 성공적으로 마쳤을 때 등일 것이다. 자신이 무엇을 성취했는지, 그리고 무엇보다 어떻게 그걸 성취했는지를 생각해보라. 잘할 수 있을까 의심했던 때가 기억나는가? 다른 사람들은 회의적이었나? 성공할 수 있었던 요인은 무엇인가?

이번에는 그 시나리오를 머릿속에서 재생해보자. 운동선수가 중요한 스포츠 경기에서 좋은 성과를 올리면, 텔레비전 방송국들은 그 순간을 반복해서 보여주곤 한다. 여러분도 과거를 이용해 똑같이 해보자. 인생 최고의 순간을 거대한 스크린을 통해 경기장 전체에 보여준다고 상상해보라.

마지막으로, 이 시나리오를 꾸준히 떠올릴 방법을 생각해보자. 서랍을 열 때마다 볼 수 있도록 서랍에 사진을 넣어두는 건 어떨까? 아니면 벽에 자격증을 붙이거나 책상 위에 기념품을 올려놓는 건? 어느 쪽이든, 그 방법을 통해 자신은 과거에 성공을 거둔 사람이니 앞으로도 얼마든 자신감을 가져도 된다는 사실을 기억하자.

자신감을 높이는 기술 4: 나만의 히어로 찾기

미래를 낙관한다고 해서 모든 것이 해결되지는 않는다. 일이 다 잘될 것이라는 믿음을 키우려면 다른 사람들의 역할도 중요하다. 누군가의 성공을 보면, 불가능해 보이는 일도 사실 가능함을 깨닫게 된다.

자신만의 영웅을 찾자. 미국의 활동가이자 강연자인 헬렌 켈러Helen Keller 등이 좋은 예다. 1880년에 태어난 헬렌 켈러는 병약한 아이였고, 결국 시력과 청력을 잃었다. 하지만 장애 때문에 인생을 제약받지 않겠다고 결심한 후 의사소통 방법을 배웠고, 결국 책을 여러 권 쓰고 청각장애인으로는 처음으로 학사 학위도 받았다. 적극적인 활동가였던 그녀는 미국 곳곳을 다니며 여성과 노동자의 권리를 주창했다. 인간이 역경을 극복하는 방법을 보여주는 놀라운 본보기인 그녀는 "낙관주의는 성공으로 이끄는 믿음이다. 희망과 자신감이 없으면 아무것도 할 수 없다"라고 말했다.[63]

영국의 육상선수 로저 배니스터Roger Bannister를 본받을 수도 있다. 1950년대 초에 과학자들은 인간이 1마일(1.6킬로미터)을 4분 내에 달리는 건 불가능하다고 생각했다. 그러나 배니스터는 전문가들이 틀렸음을 증명할 수 있다고 확신했다. 수개월 동안 훈련한 그는 1954년 5월, 1마일을 3분 59.4초에 주파해 목표를 달성했다. 전례 없는 배니스터의 성과에 자극을 받아 다른 선수들도 그의 (엄청나게 빠른) 발자취를 따르기 시작했다. 1957년이 되자 이 기록은 3분 57초로 줄었고, 그다음 해에는 3분 54초까지 단축됐다. 배니스터는 자신의 업적을 되돌아보며 이렇게 말했다. "우리가 아무리 평범해 보이더라도 누구에게나 특별한 부분이 있고 비범한 일을 할 수 있다. 그전까지는 불가능하다고 생각했던 일들도 말이다."[64]

오프라 윈프리Oprah Winfrey 같은 연예인을 택할 수도 있다. 미시시피 시골의 가난한 집안 출신인 윈프리는 험난한 성장기를 거치며 열네 살 때 임신했다가 유산했다. 그녀는 학교 공부에 집중해 테네시주립대학교에서 커뮤니케이션학을 공부할 수 있는 장학금을 받았다. 그후 볼티모어의 유명 텔레비전 방송국에 뉴스 앵커로 채용되었으나, 여러 고생을 겪다가 결국 좌천돼 그리 중요하지 않은 프로그램을 맡게 되었다. 윈프리는 이에 굴하지 않고 시카고에서 토크쇼를 진행하면서 점점 더 많은 관객의 마음을 사로잡기 시작했다. 결국 〈오프라 윈프리 쇼〉로 이름을 바꾼 그 토크쇼는 전국 방송국에 팔렸고, 그녀는 미국 역사상 가장 부유한 자수성가한 여성이 되었다.

J. K. 롤링J. K. Rowling 같은 작가도 여러분의 영웅이 될 수 있다. 롤링은 20대 중반에 남편과 별거하고 스코틀랜드 에든버러의 작은 아파트에 살면서 직장도 없이 혼자 힘으로 딸을 키우려고 고군분투했다. 기차 여행을 하던 그녀는 마법의 힘을 지닌 어린 소년에 관한 이야기를 써야겠다는 생각을 했다. 이후 어려운 형편에 굴하지 않고 동네 카페에서 글을 썼지만 완성된 원고는 출판사들로부터 여러 번 거절당했다. 그래도 롤링은 끈기 있게 버텼고, 결국 『해리 포터Harry Potter』 시리즈는 그녀를 세계에서 가장 부유한 여성 중 한 명으로 만들었다.

팀을 비범한 수준으로 끌어올리고자 한다면 개인보다는 조직에 초점을 맞추는 게 낫다. 사우스웨스트 항공을 살펴보면 좋을 것이다. 1990년대 후반에 재정적 어려움을 겪던 이 항공사의 관리자들은 단거리 운항 비행기의 재이륙 준비 시간을 40분에서 10분으로 안전하게 단축해달라는 요구를 받았다. 게다가 단 2년 안에 이런 변화를 이루고 실행할 방법을 찾아야 했다. 항공 전문가들은 불가능하다고 생각했다. 하지만 관리자들은 포뮬러 원Formula 1 정비 요원들이 엄청나게 빠른 시간 안에 차량 정비를 완료하는 기술을 연구하고, 여기서 배운 교훈을 신중하게 적용했다. 그 결과, 사우스웨스트 항공은 목표를 달성했고 수익이 급증했다. 그 후 전 세계의 다른 단거리 항공사들도 이들의 혁신적인 방식을 받아들였다.

일본이 고속열차 여행을 혁신한 방법에서 영감을 얻을 수도 있다. 제2차 세계대전 이후 일본은 경제성장을 위해 필사적으로 노력했다. 도쿄와 오사카를 오가는 열차는 날마다 물건과 사람으로 가득찼지만, 노선이 형편없이 낡아서 480킬로미터를 가는 데 20시간 이상 걸리곤 했다. 일본 교통국 관계자들은 기술자들에게 더 빠른 열차를 발명해 달라고 촉구했고, 몇 달 뒤 개발 팀은 시속 105킬로미터의 놀라운 속도를 낼 수 있는 시제품을 만들었다. 당시 세계에서 가장 빠른 여객 열차 중 하나였지만, 대담하고 도전적인 목표를 세운 관계자들은 10년 안에 시속 190킬로미터로 달릴 수 있는 열차를 만들어달라고 요구했다. 많은 기술자들은 불가능하다고 여겼지만, 그래도 철도 시스템 전체를 재설계하기 위해 애썼다. 그 결과, 일본은 1964년에 세계 최초의 고속열차를 상용화하여 시속 190킬로미터라는 놀라운 평균 속도를 달성했다. 이 놀라운 업적은 전 세계 기차 여행에 큰 변화를 불러왔고, 몇 년 안에 프랑스, 독일, 오스트레일리아에도 비슷한 고속철도가 생겨났다.

물론 사람을 달에 보내는 인류 역사상 가장 위대한 업적을 이룬 이들에게서 영감을 받을 수도 있다.

영웅을 어디서 찾든, 그들의 고무적인 이야기를 통해 세상에는 불가능해 보이는 일을 이룬 사람들이 많다는 사실을 떠올리자. 그들이 어떻게 힘든 시기를 헤쳐나갈 자신감과 낙천주의를 찾아내 세상을 변화시켰는지 상기하자. 지갑, 가방, 냉장고 문, 책상, 게시판 등에 그들의 사진을 넣거나 붙여두는 것도 좋다. 사진을 볼 때마다 그들이 어떻게 불가능한 일을 해냈는지 기억하고, 그들의 이야기를 이용해 여러분의 성공에 불을 지피자.

요약

자신에게 목표를 달성할 능력이 있다고 믿으면 일을 시작하거나 계속 해나가는 데 도움이 되어 성공 가능성이 극적으로 커진다. 다음과 같은 방법으로 자신감을 키우자.

– 작은 성공의 마법을 기억하라. 큰 목표를 작은 단계로 나누고, 중요한 단계를 달성할 때마다 축하한다.

– 부정적인 자기 대화를 받아들이지 말자. '절친' 대화법을 이용해 훨씬 생산적이고 긍정적인 방향으로 내면의 대화를 하고, 자신을 지지해주는 사람들만 주변에 두자.

– 과거에 이룬 성과를 기념하고 그 내용을 적어놓자. 마음속의 큰 화면으로 그 장면을 재생하자. 전에 했으니 다시 할 수 있다는 사실을 기억하자.

– 불가능해 보이는 일을 이룬 영웅, 사람, 조직을 찾자. 그들의 고무적인 이야기를 계속 상기하고, 그들이 해냈다면 나도 할 수 있다는 사실을 명심하자.

MOONSHOT MEMO
주제 : '아무것도 하지 않는' 선택지

크리스 크래프트는 젊을 때 많은 고생을 하면서 중요한 교훈을 배웠다. 일례로 1960년에 진행된 한 무인우주선 발사 당시, 크래프트와 그의 팀은 시험용 로켓이 거대한 연기 구름을 내뿜으며 이륙하는 모습을 보고 기뻐했다. 하지만 연기가 걷히자 로켓이 아직 지상에 있는 걸 보고 다들 낙담했다. 더 나쁜 일은 원래 우주선이 안전하게 지구로 귀환할 수 있도록 캡슐에 매달아놓은 낙하산들이 갑자기 펼쳐지면서 로켓 옆구리에 축 늘어진 것이다. 낙하산이 바람을 받기라도 하면 엄청난 양의 폭발성 연료로 가득찬 로켓 전체가 땅으로 추락할 수도 있었다.

한 엔지니어는 당황한 나머지 소총을 쏴서 연료 탱크에 구멍을 뚫어 탱크를 비우자고 제안했다. 당연히 크래프트는 그 의견을 받아들이지 않았고, 결국 아무것도 안 하는 게 가장 낫다고 결정했다. 시간이 지나자 태양열 때문에 연료 일부가 증발했고 바람이 잦아들어 로켓도 계속 똑바로 서 있었다. 그러다가 마침내 로켓의 상태가 안정되자 용감한 기술자가 안으로 들어가 이륙 장치를 껐다.

이 일화는 '어떻게 해야 할지 모를 때는 아무것도 하지 말라'는 크래프트의 가장 중요한 비행 관제 규칙 중 하나를 증명해준다. 크래프트의 슬로건은 간단하면서도 강력하다. 비상사태가 발생하면 당장 행동에 나서야 한다고 생각하는 이들이 많다. 하지만 상황을 충분히 고려하지 않고 행동하면 오히려 상황을 악화시키기 쉽다. 중요한 결정을 내릴 때는 '아무것도 하지 않는다'는 선택지도 테이블에 올려놓자. 정보에 입각한 선택을 할 수 있을 만큼 정보가 충분한지, 그리고 행동하지 않는 쪽을 선택할 경우 어떻게 될 것인지 자문해보자.

뭔가를 하는 쪽을 택해도 '아무것도 하지 않는다'는 선택지가 있는 것만으로도 의욕이 높아질 수 있다는 사실이 연구를 통해 증명되었다. 몇 년 전에 펜실베이니아대학교의 롬 슈리프트Rom Schrift는 지원자들을 대상으로 단어 찾기 퍼즐을 푸는 실험을 했다.[65] 지원자들은 단어 하나를 찾을 때마다 돈을 받았고 언제든 그만둘 수 있는 자유도 있었다. 연구진은 지원자들 가운데 일부에게는 유명 배우 이름 혹은 국가의 수도 이름을 찾게 했다. 다른 지원자 그룹에게는 아무것도 하지 않는다는 추가적인 선택지를 줬다. 모든 지원자가 퍼즐을 푸는 쪽을 택했지만, 선택지의 작은 변화가 극적인 효과를 발휘했다. 즉, '아무것도 하지 않는다'는 선택지가 있었던 쪽이 40퍼센트 정도 더 오래 작업에 매달렸고 결과도 더 성공적이었다.

슈리프트는 이런 효과가 나타난 이유는 사람들이 '아무것도 하지 않는다는 선택지를 거부했으니까 내가 선택한 게 그것보다는 나아야 하고 그러니까 계속해야 한다'고 생각했기 때문이라고 결론을 내렸다.

이유야 무엇이든, 다이어트를 계속하거나 약물 요법을 완료하거나 헬스클럽에 가거나 직장에서 의욕을 갖도록 독려할 때도 이 간단하면서도 효과적인 아이디어를 활용할 수 있다.

CHAPTER 4

실패하더라도
깨끗이
받아들여라

모두 하던 일을 멈추고
상황을 재점검하게 만든 비극적인 화재 사건을 살펴보고,
어떻게 실패에서 교훈을 얻을 수 있는지 알아보자.

*

1960년대 중반이 되자, 아폴로 팀은 여러 중요한 목표를 달성하고 우주로 향하는 로켓을 안정적으로 발사하는 방법, 우주에서 우주선끼리 랑데부하는 방법, 우주비행사들이 살아서 지구 궤도를 도는 방법 등을 알아냈다. 이제 대세가 기울어 미국이 곧 우주 경쟁에서 소련을 앞설 수 있을 것 같았다. 하지만 앞길은 예상보다 훨씬 험난하다는 사실이 드러났다. 그 이야기는 거스 그리섬이라는 놀라운 인물을 중심으로 진행된다.

1958년 공군 조종사 거스 그리섬은 워싱턴 D.C.에서 열리는 비밀스러운 회의에 초대한다는 머큐리 계획의 일급기밀 메시지를 받았다.[66] 초반 면접을 통과한 그리섬은 철저한 신체검사와 심리검사를 받았다. 그가 꽃가루알레르기를 앓는다는 사실이 밝혀지기 전까지는 모든 일이 순조로웠다. 이 병 때문에 자신이 탈락할 듯하자, 그리섬은 재빨리 머리를 굴려 우주에는 꽃가루가 없다고 침착하게 설명하여 우려를 잠재웠다.[67] 시험에 통과한 그리섬은 1959년 4월에 머큐리 7호의 우주비행사 중 한 명으로 선발되었다.

우주비행사들 중 가장 야심 차고 추진력이 강했던 그리섬은 결국 앨런 셰퍼드의 뒤를 이어 우주에 갈 두 번째 미국인으로 선택되었다. 1961년 7월 21일, 그리섬은 우주복을 입고 리버티벨 7호에 올라탔다. 주머니에는 비행을 마친 후 기념품으로 나누어줄 동전 100개가 들어 있었다. 발사 과정은 시계처럼 정확하게 진행되었고, 캡슐에 탄 그리섬은 점화한 로켓에 실려 하늘로 날아갔다. 15분간의 탄도비행을 무사히 마친 리버티벨 7호는 지구 대기권에 재진입했고, 낙하산도 계획대로 정확하게 펼쳐졌다. 그리섬의 우주선이 대서양에 착수하자, 흠잡을 데 없는 임무가 완벽하게 마무리된 것 같았다. 하지만 곧 재앙이 시작되었다.

앨런 셰퍼드가 탔던 프리덤 7호의 캡슐 출입구는 걸쇠로 열렸던 반면, 리버티벨 7호의 출입구는 작은 폭발을 통해 날아가게 되어 있었다. 이 새로운 디자인은 우주비행사가 캡슐에서 빠져나오는 걸 돕기 위해 고안되었지만 그리섬은 이 때문에 목숨을 잃을 뻔했다. 계획에 따르면, 그리섬은 헬리콥터가 도착할 때까지 리버티벨 7호 안에서 기다리고 구조대가 그의 캡슐에 케이블을 연결할 예정이었다. 그다음 구조대가 캡슐 출입구의 폭발성 볼트를 터뜨려서 그리섬이 안전하게 빠져나오면 그를 헬리콥터로 끌어 올린다는 계획이었다. 하지만 불행히도 이 정교한 계획이 곧 무너지기 시작했다.

헬리콥터가 현장에 도착하고 잠시 뒤, 리버티벨 7호의 출입구가 갑자기 열리면서 상황이 아수라장이 되었다. 캡슐이 높은 파도에 이리저리 흔들리면서 열린 출입구를 통해 바닷물이 밀려들기 시작했다. 그리섬은 재빨리 탈출해서 얼어붙을 듯이 차가운 바다에 뛰어들 수밖에 없었다. 헬리콥터는 리버티벨 7호의 침몰을 막기 위해 최대한 낮게 비행하면서 캡슐에 케이블을 연결하려고 필사적으로 애썼다. 헬리콥터 다리가 위험하게 물에 잠긴 가운데 승무원들이 간신히 케이블을 연결했지만, 물이 잔뜩 들어찬 캡슐 무게는 헬리콥터가 감당할 수 있는 것보다 훨씬 무거웠다. 헬리콥터가 리버티벨 7호를 들어 올리려고 할 때마다 파도가 캡슐에 바닷물을 가득 채웠다. 지나친 무게를 계속 들어 올리려 하자 헬리콥터 엔진이 큰 타격을 입었고, 결국 구조대원들은 200만 달러짜리 캡슐을 버려야 했다. 리버티벨 7호는 순식간에 물속으로 사라져 대서양 바닥으로 가라앉았다.

그리섬도 곤경에 빠져 있었다. 서둘러 캡슐을 빠져나오느라고 우주복의 산소 밸브를 열어뒀는데, 이제 그 안으로 바닷물이 스며드는 바람에 부력이 심하게 줄어들었다. 거기에 물에 젖은 옷과 기념품 동전 무게까지 더해져, 어떻게든 물에 빠지지 않으려고 안간힘을 써야 했다. 더 나쁜 건, 리버티벨 7호를 들어 올리려 하는 헬리콥터 때문에 바닷물이 심하게 출렁였다는 것이다. 익사하기 직전의 그리섬을 발견한 두 번째 헬리콥터가 무슨 일이 벌어지고 있는지 알아차리고는 그를 안전한 곳으로 끌어올렸다.

미국의 두 번째 우주인에게는 안타까운 일이지만, 문제는 거기서 끝나지 않았다.[68] 그리섬은 기자들과 이 일에 관해 대화하기가 불편했기 때문에, 한번은 기자들이 못 알아보도록 커다란 밀짚모자와 선글라스를 썼다. 일부 기자들은 그의 퉁명스러운 태도에 기분이 상해, 그에게 '침울한 거스'라느니 '거대한 바위 얼굴' 같은 별명을 붙였다. 기자들은 그리섬이 역사적인 비행을 마친 뒤 기자회견을 할 때마다 임무 성공에 초점을 맞추기보다는 캡슐 출입구를 일찍 열어 수백만 달러의 캡슐을 잃어버린 책임이 그에게 있는지를 계속 물어봤다. 그리섬은 자신에 대한 비난을 부인했고 다른 머큐리 우주비행사들도 그를 지지했다. 나중에 감사위원회는 그리섬이 캡슐 출입구의 때 이른 폭발이나 리버티벨 7호 분실에 책임이 없다고 결론을 내렸다. 그렇지만 그리섬의 역사적인 업적은 약간 퇴색한 듯했다.

당시 그리섬은 간신히 죽음을 면했다. 하지만 또 다른 사건에서는 운이 좋지 못했고, 그 비극은 우주프로그램에 참여한 모든 이들의 사고방식을 근본적으로 변화시켰다.

적색경보

그리섬의 다음 비행은 이전만큼 극적이지는 않지만 역시 논쟁의 여지가 있는 사건을 초래했다. 그는 동료 우주비행사 존 영John Young과 팀을 이루어 우주로 향하는 최초의 2인승 제미니 캡슐을 조종하는 임무를 맡았다. 1965년 3월, 두 사람은 케이프 커내버럴에서 발사되어 곧 지구 궤도를 돌았다. 임무를 수행하던 도중, 영은 맛있는 음식을 몰래 가져왔다면서 그리섬에게 콘비프 샌드위치 두 개를 자랑스럽게 보여줬다. 그리섬은 기뻐하면서 샌드위치 하나를 집어 덥석 베어 물었다. 순식간에 잘 부스러지는 고기에서 떨어져 나온 작은 조각들이 주위에 둥둥 떠다니면서 섬세한 계기 장비를 망가뜨릴 위험이 발생했다. "(샌드위치가) 산산이 분해되고 있다"라는 말로 우주비행관제센터를 한동안 걱정시킨 그리섬은 조용히 샌드위치를 뭉쳐서 안전하게 집어넣었다. NASA 관리자와 국회의원들은 샌드위치를 몰래 반입한 우주비행사들에게 분개했고, 담당자들은 '앞으로는 비행 중에 콘비프 샌드위치 사건이 재발하지 않도록 조치를 취했다'고 공표했다.[69]

1960년대 중반에 머큐리 계획과 제미니 계획이 마무리되자, NASA는 달에 인간을 보내는 것이 최종 목표인 새로운 우주비행 임무 '아폴로 계획'을 진행했다. 머큐리와 제미니 계획에서는 우주비행사 한두 명이 비교적 짧은 시간 동안 우주에 머물렀지만, 아폴로 1호에 탑승한 우주비행사 세 명은 2주 동안 계속 지구 궤도를 돌아야 했다. 1966년 3월, NASA는 거스 그리섬과 에드 화이트Ed White, 로저 채피Roger Chaffee가 아폴로 1호 승무원이 될 것이라고 발표했다.

아폴로 1호의 임무를 해내기 위해서는 기존의 것보다 훨씬 크고 복잡한 캡슐이 필요했다. 이 새로운 캡슐(사령선이라고 부르곤 했다) 개발을 위해 전국 각지의 엔지니어들이 소집되었지만 작업하기가 매우 어려웠다. 로켓을 타고 우주로 날아갈 때마다 자기 목숨이 위태롭다는 사실을 알고 있었던 그리섬은 각 임무를 위해 개발된 기술을 직접 평가했다. 아폴로 1호 캡슐이 형태를 갖추기 시작하자 그리섬은 우주선에 몇 가지 결함이 있다고 걱정했다. 그는 집 정원에서 따 온 레몬을 아폴로 1호 모의실험 장치 밖에 매달아 그 우주선이 완벽하지 않음을 표함으로써(레몬이란 단어에는 불량품이라는 뜻도 있다 - 옮긴이) 우려를 공공연하게 드러냈다.[70]

하지만 이 임무는 착수 허가를 받았고, 1967년 1월 27일에 우주비행사 세 명은 아폴로 1호 사령선에 타고 일상적인 발사 전 테스트를 진행했다. 출입문을 닫고 시뮬레이션을 시작했다. 하지만 곧 문제가 생기기 시작했다. 그리섬의 마이크가 켜진 상태로 고정되는 바람에 여러 팀끼리 의사소통을 하기가 어려웠다. 짜증이 난 그리섬은 "건물 두세 개 사이에서도 교신할 수 없다면 달에는 어떻게 간단 말입니까?"라고 말했다. 기술자들이 그 문제를 해결하는 동안 카운트다운은 보류되었다.

그때 진짜 문제가 시작되었다.

관제사 맨프레드 본 에렌프리드Manfred von Ehrenfried는 아폴로 1호를 테스트하는 동안 우주비행관제센터의 콘솔 하나를 조종하고 있었다. 대공황기에 오하이오주 데이튼에서 태어난 그는 보이스카우트에 가입해 활동하고 물리학을 공부했다. 스푸트니크에 겁을 먹었다가 베르너 폰 브라운의 우주비행에 관한 인상적인 연설을 들은 그는 결국 NASA에 입사했다. 그는 머큐리와 제미니 계획이 수많은 임무를 수행할 때 중요한 역할을 했다. 50년이 지난 지금도 아폴로 1호를 둘러싼 사건들은 그의 마음속에 생생하게 살아 있다.

아폴로 1호 우주선은 케이프 커내버럴에 있고, 우리는 휴스턴에 있었다. 나는 유도 담당자 역할을 맡았다. 오후 내내 교신 상태가 매우 좋지 않았기 때문에 우리는 계속 자리를 지키면서 시험비행 지휘자와 승무원들의 목소리를 잘 들으려고 헤드폰에 손을 얹고 있었다. 우리는 우주선에 명령을 보내면서 데이터를 확인했다. 그런데 갑자기 "우주선에 화재 발생"이라는 소리가 들렸다. 나는 동료 유도 담당자에게 "그거 들었어요?"라고 물었다. 우리는 모두 자리에 앉아서 무슨 일이 벌어지고 있는지 들으려고 애썼다. 그리고 우주비행사들을 탈출시키기 위해 발사대에서 일하는 직원들이 영웅적으로 노력하는 소리를 들었다.[71]

처음에는 평범한 고장이 발생한 듯했지만 몇 분 후, 순수한 산소로 가득한 선실에서 거대한 불길이 솟았다. 채피는 바로 경보를 울렸고 우주비행사들은 탈출하려고 했다. 그리섬이 전에 탔던 캡슐 리버티벨 7호가 유실된 사건 때문에 엔지니어들은 완전히 새로운 출입문을 설계했다. 아폴로 1호의 출입문은 우주선 안쪽으로 열리는 내부 패널, 열 차폐판의 일부인 중간 패널, 그리고 발사 중에 우주선을 보호하는 외부 패널 세 부분으로 구성되었다. 비상 지침에 따르면 승무원들은 신속하게 패널 세 개를 모두 제거하고 우주선에서 탈출할 수 있어야 했다. 하지만 실제로는 이것이 불가능했다.

공황 상태에 빠진 지상 근무원들은 사투를 벌이는 우주비행사들을 돕기 위해 달려갔지만, 엄청난 열기와 우주선이 뿜어내는 짙은 연기가 접근을 막았다. 이들은 눈앞의 위험을 무시하고 용감하게 싸워 몇 분 만에 간신히 출입문을 열었다. 하지만 불행히도 너무 늦었다. 지상 요원들이 우주선에 진입했을 때, 우주비행사 세 명은 모두 질식사한 상태였다. 시신을 꺼내는 데만 1시간 30분이 걸렸고 구조대원들은 연기를 흡입한 많은 구조자들을 치료했다.

본 에렌프리드는 창백하게 질린 얼굴로 심각한 표정을 짓고 있던 크리스 크래프트를 기억했다. 또 그 사건이 우주비행관제사들에게 미친 영향도 기억했다.

관제센터에 있던 우리는 불을 끄려고 애쓰는 발사대 직원들의 소리를 들을 수 있었다. 우리가 할 수 있는 일은 없었다. 소음이 가라앉고 무슨 일이 생겼는지 알게 된 우리는 가만히 앉아서 상황을 이해하려고 애쓰는 것 외에 아무것도 할 수가 없었다. 그때쯤 다른 직원들도 소식을 듣고 도와줄 일이 있는지 알아보려고 줄지어 관제센터를 찾아왔지만…… 아무도 할 수 있는 일이 없었다. 관제센터에 있던 사람들 중 몇 명은 그 후 많은 부분이 달라졌다. 눈물을 글썽이며 밖으로 나온 나는 갑자기 이게 심각한 업무라는 사실을 깨달았다.[72]

에드 화이트는 완벽한 군례軍禮 속에서 뉴욕의 웨스트포인트 묘지에 묻혔다. 거스 그리섬과 로저 채피는 알링턴 국립묘지에 나란히 안장되었다. 그들의 무덤에서 조금 떨어진 곳에서는 미국 우주 계획의 위대한 선지자인 존 F.케네디의 죽음을 기리기 위해 영원히 꺼지지 않는 불꽃이 타오르고 있다.

말수가 적었던 그리섬은 생각과 감정을 일기에 상세히 기록했다. 특히 가슴 저미는 한 구절에서, 그는 아무리 힘들고 위험해도 공공의 이익을 위한 일은 가치가 있다고 성찰했다.

우리가 죽으면 사람들이 그 사실을 받아들이길 바란다. 우리는 위험한 일에 몸담고 있으니, 무슨 일이 일어나더라도 그것 때문에 프로그램이 지연되지 않기를 바란다. 우주 정복은 생명을 걸 만한 가치가 있는 일이다.[73]

실패를 솔직하게 드러내는 일의 중요성

비극적인 화재 사건이 발생한 후, 조사관들은 원인을 확인하기 위해 아폴로 1호 캡슐의 모든 부분을 분해했다.[74] 결과는 섬뜩했다. 캡슐에는 절연 재료가 벗겨지거나 닳아서 해진 전선이 엄청나게 많았다. 어떤 전선이든 치명적인 불꽃을 일으킬 수 있었고, 그렇게 되면 우주비행사가 입은 나일론 우주복, 도구를 고정하는 데 사용한 벨크로, 심지어 좌석 자체에 이르는 캡슐 내부의 인화성 물질에 금세 불이 붙었을 것이다. 100퍼센트 순수한 고압 산소로 채워진 실내에서는 불길이 급속도로 번져 우주비행사들이 탈출할 시간이 거의 없었을 것이다. 설상가상으로 복잡한 출입문 시스템 때문에 빠른 탈출이 불가능했다.

그 후 18개월 동안 NASA는 수백만 달러를 들여서 몇 초 안에 열 수 있는 출입문을 설계하고, 선실 내부의 가연성 물질을 줄이고, 선실 내 공기를 순수한 산소에서 수소-산소 혼합물로 바꾸는 등 아폴로 우주선을 대대적으로 뜯어고쳤다. 이 화재는 기술뿐 아니라 조직 전체의 사고방식을 근본적으로 변화시켰다.

진 크랜츠Gene Kranz는 우주비행관제센터에서 가장 눈에 띄는 사람 중 하나였는데, 특히 트레이드마크인 짧게 깎은 상고머리로 유명했다. 그는 『실패는 용납할 수 없다Failure Is Not An Option』라는 흥미로운 자서전에서, 화재 사고가 발생한 다음 월요일 아침에 어떻게 동료들을 불러 모았는지 설명했다.[75] 당연한 일이지만, 크랜츠는 많은 사람이 이 비극적인 사건에 충격을 받고 놀라고 화가 나 있음을 알았다. 그는 이 화재의 원인 중 하나는 사람들이 임무와 관련해 발생할 수 있는 문제를 공개적으로 논의하고 싶어 하지 않았기 때문이라고 생각했다. 작업을 멈춰야 하는 상황에서도 계속 밀고 나갔기 때문에 사고가 생긴 것이었다. 그는 조직 문화를 바꾸기 위해 현 상황을 잔인할 정도로 정직하게 평가했다. 참고할 메모도 없이 자리에서 일어난 그는 인정사정 봐주지 않고 훗날 '크랜츠 격언'으로 알려진 말을 했다.

그는 먼저 아폴로 계획에 중대한 문제가 발생했다는 사실을 인정하며 얘기를 시작했다. 그는 다들 마감 시한을 맞추는 데만 열중하느라 눈에 보이는 결함을 무시했다고 생각했다. 또한 앞으로 우주비행관제센터는 '강인함'과 '경쟁력'이라는 두 단어로 유명해질 것이라고 선언했다. 그가 말한 '강인함'은 사람들이 자신의 행동에 큰 책임감을 느끼면서 자신이 한 일이나 하지 못한 일을 전적으로 책임진다는 뜻이다. '경쟁력'은 지식과 기술이 절대 부족하지 않도록 애쓰면서 배움을 멈추지 않겠다는 뜻이다. 크랜츠는 다들 자기 칠판에 '강인함'과 '경쟁력'이라는 단어를 적으라고 촉구했다. 그러고는 이 두 단어가 세 우주비행사의 희생을 끊임없이 상기시키고 다시는 같은 비극이 발생하지 않도록 하는 데 도움이 될 것이라는 말로 얘기를 끝맺었다.

아폴로 1호 화재 사고는 걱정과 관심사를 팀원에게 털어놓고 공유해야 한다는 교훈을 줬다. 실패를 감추고 잠재적인 문제를 무시하려는 생각은 이제 사라졌다. 실수를 인정하고 이를 학습과 성장의 기회로 여기자는 발상이 힘을 얻었다. 한 비행관제사는 나중에 이 상황이 카드 앞면이 보이게 펼쳐놓고 포커 게임을 하는 것과 비슷했다고 설명했다. 따라서 허세를 부릴 수도 없고 결함과 실수도 모두 인정해야 했다.[76]

곧이어 놀라운 변화가 일어났다. 훗날 많은 논객들은 아폴로 1호의 비극적인 화재 사건을 통해 따끔한 교훈을 얻지 못했다면 닐 암스트롱이 달에 발을 딛지 못했을 것이라고 주장했다.

제리 보스틱은 이 변화의 산증인이다. 한번은 훈련 중에 보스틱과 동료 두 명이 계산 착오를 일으키는 바람에 임무를 망쳤다. 보고를 받던 크리스 크래프트는 무슨 일이 일어난 거냐고 물었다. 보스틱의 두 동료는 변명을 늘어놓으며 상황을 모면하려고 했지만, 보스틱은 자신이 실수를 저질렀음을 인정했다. 그날 오후 늦게 크래프트는 보스틱의 동료들을 프로그램에서 배제시키고, 자신이 일을 망친 사실을 인정한 보스틱은 남겨뒀다.[77]

나중에 크래프트는 실수에서 교훈을 얻는 분위기가 아폴로 팀 문화에서 얼마나 중요한 역할을 했는지 회고했다.

우리 조직의 분위기는 무척 개방적이었다. 우리는 실수를 저지를 때마다 서로에게 털어놓는 분위기 속에서 성장하며 배워나갔다. 실수를 저질렀다는 이유로 웃음거리가 되는 걸 부끄러워하지 않았다. 우리는 실수를 수백 건씩 저질렀지만 그걸 서슴없이 밝혔다. 그것이 업무의 기본 원칙이었다.[78]

오늘날 케네디 우주센터의 방문객 전시관에 가면 우주 탐험에 관한 놀라운 기술을 보여주는 멋진 전시품들을 볼 수 있다. 2017년 1월 이 센터는 거스 그리섬, 에드 화이트, 로저 채피를 기리는 새로운 전시장을 열었는데, 이곳은 우주선 모형과 용감한 그들이 우주에서 사용한 옷과 도구 등의 다양한 관련 물품을 전시하고 있다.

전시장 한가운데에는 아폴로 1호의 출입문을 구성한 철제 패널 세 개가 놓여 있다. 반세기 넘게 창고에 보관되어 있던 이 패널들은 겉으로는 전혀 위험하지 않은 금속 조각처럼 보인다. 하지만 사실 이 패널들은 아폴로 계획 중 가장 암울했던 순간을 암시한다. 그리고 이제는 진보에 대한 기념물로 그 자리에 서 있다. 아폴로 팀은 실패를 솔직하게 드러내는 일의 중요성을 깨달았고, 그 결과 한층 성숙한 모습으로 전진할 수 있었다. 아폴로 1호의 화재는 끔찍한 비극이었지만, 그 사건과 그로 인한 태도 변화가 없었다면 사람을 달에 보내겠다는 케네디의 비전은 실현되지 못했을 수도 있다.

"별까지 가는 험난한 길"이라는 이 전시장의 이름은 비극적인 화재 사고가 남긴 핵심적인 메시지를 잘 보여준다.

실패에 관대해져야 모험이 가능하다

"실수를 저질러본 적이 없다면 아무것도 하지 않았기 때문이다."

– 시어도어 루스벨트 Theodore Roosevelt

시간을 뒤로 돌려 아폴로 1호의 비극적인 화재를 일으킨 실수를 찾아내는 것은 불가능하다. 프로젝트에 참여한 엔지니어들이 짧은 시간 안에 엄청나게 많은 일을 처리해야 했기 때문에 무모하게 서둘렀을지도 모른다(일부에서는 '과열 경쟁'이라고 부르는 상황). 실수를 인정하면 바보 같아 보이거나, 지나치게 부정적으로 비치거나, 승진하지 못하거나, 심지어 일자리를 잃을 수도 있다며 두려워했을 것이다. 아니면 머큐리 계획과 제미니 계획의 성공으로 자만에 빠졌을 수도 있다. 우리는 사람들이 왜 일상생활에서 자신의 실패와 실수를 인정하기를 꺼리는지 안다.

우리는 종종 자신과 다른 사람들에 관해 추측하곤 한다. 예를 들어, 어릴 때 수학을 잘 못했다면 지금도 자기는 숫자 머리가 없다고 가정하곤 한다. 혹은 파티에서 만난 사람이 도서관에서 일한다고 하면 성격이 내성적일 거라고 가정한다. 30년쯤 전에 스탠퍼드대학교 심리학자 캐럴 드웩Carol Dweck은 성공을 좌우하는 매우 중요한 가정 하나를 알아냈다.[79]

어떤 사람은 자신의 지능과 성격, 능력이 거의 고정되어 있다고 생각한다. 대리석 조각이 시간이 지나도 변하지 않는 것처럼 자기도 매일, 매달, 매년 같은 사람일 거라고 가정한다. 드웩은 이를 '고정형' 마인드셋이라고 했다. 이와는 달리 어떤 사람은 자신의 기술과 성격은 변하기 쉽다고 가정하고, 부드럽고 유연한 찰흙처럼 시간이 지나면 그간의 노력과 경험을 바탕으로 변화할 것이라고 믿는다. 드웩은 이를 '성장형' 마인드셋이라고 했다.

드웩은 마인드셋의 중요성에 관한 한 연구에서 어려운 수학 수업을 듣는 고등학생 수백 명을 몇 년간 모니터링했다.[80] 고정형 마인드셋과 성장형 마인드셋을 가진 아이들 모두 초반에는 시험 성적이 비슷하지만, 불과 몇 달 새에 성장형 마인드셋을 가진 아이들이 고정형 마인드셋을 가진 아이들을 능가하기 시작했다. 두 그룹의 차이는 이후 몇 년에 걸쳐 계속 벌어졌고, 결국 마지막 시험에서는 성장 지향적인 아이들이 훨씬 높은 점수를 받았다.

그 이유가 궁금해서 데이터를 면밀히 살펴본 드웩은 대부분 실패를 인식하는 방식에서 그런 차이가 생긴다는 사실을 깨달았다. 고정형 마인드셋을 가진 아이들은 시간이 지나도 자신의 지적 수준이 변하지 않는다고 확신했고, 자기 힘으로는 결점을 고칠 수 없다고 여겼기 때문에 실수를 저지르는 데 극도의 알레르기 반응을 보였다. 어떻게든 똑똑해 보이고 싶은 마음에, 어려운 수학 문제는 피하는 경향이 있었고 자신의 결점을 숨기거나 다른 사람들 탓으로 돌렸다. 이와 달리 성장형 마인드셋을 가진 아이들은 자신이 변할 수 있다고 생각했고, 남들의 인정을 갈망하기보다는 스스로 뭔가를 발견하려는 열의가 있었다. 갈수록 어려워지는 수학 문제를 풀고, 실수를 통해 배우고, 자신의 잘못을 열린 자세로 받아들이는 걸 좋아했다.

두 가지 마인드셋은 일상의 여러 측면에도 영향을 미친다. 체중 감량을 예로 들면, 고정형 마인드셋을 가진 사람은 자신이 변할 수 없다고 믿기 때문에 쿠키 단지에 다시 손을 대는 순간 살 빼기를 포기하는 경향이 있다.[81] 이와 달리 성장형 마인드셋을 가진 사람들은 그런 좌절을 일시적인 실수라고 여기고, 미래에 닥쳐올 유혹을 피할 수 있는 방법을 배울 기회로 여긴다. 이렇게 다른 관점은 장기적으로 큰 영향을 미치는데, 연구 결과 성장형 마인드셋을 지닌 사람은 고정형 마인드셋을 지닌 사람보다 평균적으로 훨씬 많은 체중을 감량한다는 사실이 증명되었다. 연애의 경우에도 마찬가지다. 고정형 마인드셋을 가진 사람은 상대방이 변하지 않을 것이라고 생각하기 때문에 문제가 생기면 재빨리 관계를 끝내버린다. 이와 대조적으로, 성장형 마인드셋을 가진 사람은 상대방이 발전할 수 있다고 믿으므로 문제가 발생하면 어떻게든 해결하려고 노력한다.

마음가짐은 직장에서도 중요하다.[02] 고정형 마인드셋인 직원은 실수를 고질적이고 변화가 불가능한 무능의 상징으로 보는 경향이 있으므로 힘든 일을 피하고 실수를 은폐하거나 다른 사람에게 책임을 돌리려고 한다. 반면 성장형 마인드셋인 직원은 실수를 학습과 성장에 필수적인 요소라고 여기고, 자신의 안전지대를 벗어나 모험에 뛰어드는 걸 좋아하며 실패에 좀 더 개방적이다.

채용과 해고도 마찬가지다. 고정형 마인드셋을 지닌 리더와 경영자는 직원들이 변화할 능력이 없다고 믿으므로 기존 직원을 교육하는 것보다 새로운 인재를 영입하는 쪽을 선호한다. 실적이 좋지 않은 직원이 능력을 향상시키고 성장하도록 돕기보다 해고하는 쪽을 택한다. 결국 이런 태도가 조직에 해를 끼쳐서, 다들 실적이 좋지 않게 나올 수 있는 상황을 피하려 하는 문화가 만들어진다. 반면 사고가 보다 유연한 리더들은 직원에게 발전 가능성이 있다고 믿는다. 그들은 직원이 처음부터 완벽한 모습을 보여주리라고 기대하지 않고, 배울 준비가 되어 있을 거라고 믿는다. 이들은 내부에서 인재를 키우고 직원들이 일을 잘하도록 돕게 될 가능성이 크다.

물론 반복하는 실패가 좋다는 얘기가 아니다. 중요한 점은 도전적인 상황을 반기고 실수를 인정하면서 그 실수를 통해 배울 수 있다는 것이다. 다행히 성장형 마인드셋을 만들기는 그리 어렵지 않다. 가장 친한 상상 속 친구에게 편지를 쓰고 마법의 단어 몇 개를 사용하는 등 두 부분으로 이루어진 우주비행사 챌린지 과제를 수행하면 된다.

성장형 마인드셋을 가지는 법 1: 우주비행사 챌린지 과제 1

잠시 후 여러분은 '우주비행사 챌린지'라는 퍼즐을 풀 것이다.[83] 이 퍼즐은 쉽지 않기 때문에 도전자 중 절반은 주어진 시간 내에 풀지 못한다. 꼭 풀어야 하는 건 아니다. 풀지 안 풀지는 본인이 선택할 수 있다. 까다로운 퍼즐을 푸는 일을 어떻게 생각하는지 아래에 적어보자.

내 생각은 : _____

혹시 이런 생각이 떠올랐는가?

'글쎄, 아주 어려운 퍼즐인 것 같은데 실패하고 싶지는 않으니까 도전을 포기하는 게 나을 거야. 괜히 했다가 실패해서 분노와 스트레스를 겪는 것보다는 나아.'

'좋아. 난 퍼즐을 좋아하고 이건 내 천재성을 증명할 좋은 기회인 것 같아.'

'한번 해보는 것도 괜찮겠네. 어쨌든 실패해도 아무도 모를 거 아냐.'

짐작했지만, 이런 생각은 고정형 마인드셋을 드러낸다. 좋은 소식은, 힘든 도전을 긍정적이고 성장 지향적인 관점에서 바라보는 방법을 쉽게 배울 수 있다는 것이다. 힘든 문제가 생기면 실패할 가능성을 피하기 위해 외면하고 싶은 유혹을 느낄 수도 있다. 그러지 말고, 과제를 해결해야 하는 이유를 잠시 생각해보자. 첫째, 성공했을 때 얻게 될 이점은 무엇인가? 그리고 더 중요한, 실패의 긍정적인 측면은 무엇인가? 새로운 기술을 개발할 수 있는가? 아니면 뭔가 흥미롭고 중요한 걸 배우게 되는가? 도전에 응하면 다른 사람들과의 관계에 도움이 될까? 아니면 새로운 기회와 시작으로 이어질까? 노력하지 않으면 반드시 실패할 텐데, 그때 어떻게 자존감을 지킬 수 있을까?

우주비행사 챌린지의 경우, 여러분은 성공해서 자신감을 얻게 될 것이다. 실패하더라도 친구, 동료, 가족과 공유할 수 있는 재미있는 퍼즐로 여길 수 있다. 이 경험이 다른 문제를 해결하는 데 도움이 될지도 모른다. 아니면 취직 시험을 볼 때 그런 퍼즐이 나온다면 최고 점수를 받을 수 있을 것이다. 혹은 퍼즐 종류에 따라 새로운 수학적 원리나 심리학 기법을 배우게 될 수도 있다. 아니면 파티에 가서 전혀 모르는 사람과 퍼즐 얘기를 하다가 사랑에 빠져 결혼해서 행복하게 살지도 모른다. 이런 생각들은 모두 성장형 마인드셋과 관련 있다.

이제 우주비행사 챌린지에 참여할 마음이 생겼다고 가정하고 시작해보자. 여기 우주비행사 세 명과 전기, 물, 산소가 들어 있는 탱크 세 개가 있다.

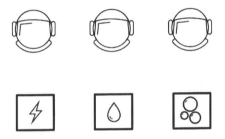

우주비행사가 살아남으려면 세 가지 물질이 모두 필요하다. 세 개의 탱크와 우주비행사 세 명의 헬멧을 연결하는 선을 그리되, 그 선들이 교차하지 않도록 그릴 수 있는가? 이런 선들은 괜찮다.

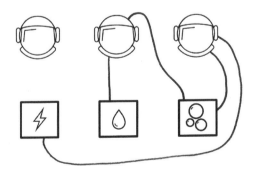

서로 교차하는 선이 없기 때문이다. 하지만 세 번째 우주비행사와 물을 연결하는 선을 아래와 같이 그리면……

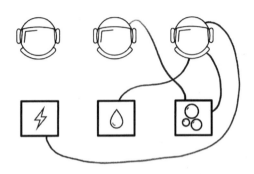

두 번째 우주비행사와 물을 연결하는 선을 가로지르기 때문에 안 된다. 퍼즐을 풀 수 있는 시간은 정확히 3분이다. 시작해보자.

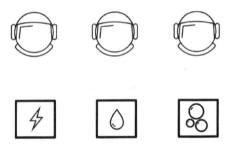

다음 절에서는 이 퍼즐 결과가 여러분의 성향과 관련하여 드러내는 사실을 알 수 있다.

성장형 마인드셋을 가지는 법 2: 우주비행사 챌린지 과제 2

우주비행사 챌린지에 실패했더라도 너무 기분 나빠하지는 말자. 사실 이 퍼즐을 푸는 건 불가능하므로 다들 실패한다! 중요한 것은 실패한 후 여러분 각자의 머릿속을 스쳐가는 생각들이다. 이 일은 시간 낭비가 아니다.

혹시 이런 생각이 들었는가?

'난 이런 퍼즐에 소질이 없어. 앞으로 다시는 하지 말아야지.'
'이건 그냥 바보 같은 퍼즐일 뿐이야. 무시하고 넘어가자.'
'3분은 별로 긴 시간이 아냐. 시간만 많았다면 퍼즐을 풀었을 거야.'

이런 반응은 실패를 과소평가하고 앞으로 겪을 또 다른 실패를 피하려는 태도를 드러낸다. 즉 고정형 마인드셋을 반영한다. 다시 한번 말하지만, 보다 긍정적인 시각으로 전환하는 일은 쉽다. 성장형 마인드셋을 가진 사람은 우주비행사 퍼즐을 풀지 못했을 때 해결책을 찾고 싶어 하고, 이 새로운 지식을 어떻게 활용할 수 있을지 알아보려고 한다. 또한 퍼즐 풀이가 애초에 불가능하다는 사실을 알게 되면, 왜 그런지 알고 싶어 하고(여러분도 궁금하다면 부록을 살펴보기 바란다) 이 퍼즐로 친구와 가족을 약 올릴 방법을 궁리하기도 한다.

이제 실습의 마지막 부분을 진행하자. 여러분이 친구나 동료에게 이 우주비행사 퍼즐을 풀게 한다고 상상해보자. 이때 할 말을 간단히 적어보자.

나는 이런 말을 하고 싶다 : _____

나는 퍼즐을 풀지 못했다고 말하겠는가? 고정형 마인드셋을 가진 사람은 실수를 묻어두려고 하는 반면 성장형 마인드셋을 가진 사람은 숨기지 않는다는 것을 기억하자. 이는 비판에도 똑같이 적용된다. 고정형 마인드셋을 가진 사람은 비판적인 피드백을 접하면 방어적인 태도를 취하거나, 반박하거나, 조언해준 사람을 공격하는 경향이 있다. 그에 반해 성장형 마인드셋을 가진 사람은 변화에 훨씬 개방적이므로, 유용한 교훈을 배울 수 있으리라는 희망에 귀를 기울인다. 성장형 마인드셋으로 전환하고 싶다면 실패를 숨기지 말고 발전할 수 있는 기회를 환영하자.

조직 내에서도 마찬가지다. 우주비행관제사들은 관제센터 근처 술집에서 정기적으로 활발한 임무 설명회를 열고 몇 시간씩 자신들의 실수와 가능한 해결책을 토론했다.[84] 여러분이 팀에 속해 있다면, 사람들이 기꺼이 실수를 털어놓고 모두가 힘을 합해 최선의 방법을 찾아내는 조직 문화를 발전시키자. '실패'를 위로하고 격려하는 파티를 열거나 내부 웹사이트 혹은 한 장씩 넘기면서 보여주는 커다란 차트 등을 이용하는 것도 좋은 방법이다. 닉슨 매킨스Nixon-McInnes라는 소

주제 : 내가 저지른 어리석은 짓들

데일 카네기Dale Carnegie의 고전적인 자기 계발서인『카네기 인간관계론 How to Win Friends and Influence People』은 지금껏 3,000만 부 이상 팔렸다. 카네기는 '내가 저지른 어리석은 짓들'이라는 제목의 개인 파일을 평생 보관했는데, 여기에 자신이 저지른 모든 중요한 실수와 거기에서 얻은 교훈을 적어놓았다.[85]

그 방법이 카네기에게 효과적이었다면 여러분에게도 효과적일 것이다. 실수를 무시하려 하지 말고 세계 최고의 자기 계발 전문가처럼 생각하면서, 모든 실수와 그런 실수를 저지르며 깨달은 사실을 간략하게 적어보자.

물론 똑같은 실수를 계속 반복하는 건 좋지 않다. 단순히 무능하다는 뜻이기 때문이다. 하지만 교훈을 얻을 수만 있다면 실수를 하는 것도 괜찮다.

셜 미디어 회사의 사례가 가장 창의적인 듯하다. 이 회사는 매달 '실패의 예배'라는 모임을 열고, 참석한 직원들에게 실수를 '고백'하라고 장려한다. 고백하는 사람은 자신이 겪은 실패를 간단히 설명하고, 다음에는 어떤 부분을 다르게 할 것인지 반성한다. 한 사람이 고백을 끝낼 때마다 모두들 환호하며 박수를 보낸다!

성장형 마인드셋을 가지는 법 3: 상상 속 친구에게 편지 써보기

마틸다라는 친한 친구가 있다고 상상해보자.[86] 여러분은 마틸다와 오랫동안 알고 지냈고, 어떤 고난이 닥쳐도 서로를 지지해줬다. 마틸다는 항상 우주 탐험을 하고 싶어 했고, 몇 달 전부터 대학에서 로켓 과학 강좌를 수강하기 시작했다. 오늘 여러분은 마틸다가 보낸 이메일을 받았다.

> 안녕.
> 잘 지내고 있지? 나도 대학 생활 잘하고 있어. 그런데 몇몇 과목에서 고전하기 시작했지 뭐니. 지난주에는 중요한 대수학 시험을 망쳤는데 아직 친구들에게 아무 말도 하지 못했어. 이 과목이 이렇게 어렵다고 말해준 사람이 없었던 걸 보면, 내 머리로는 이 과정의 핵심인 수학 공부를 해낼 수 없을 것 같아. 지금도 로켓 과학자가 되고픈 마음은 변함이 없지만, 대학을 중퇴할까 생각 중이야.
> 괜찮으면 조언 좀 해줄래?
> 사랑해.
> 마틸다가.

여러분도 알아차렸겠지만, 마틸다는 고정형 마인드셋을 가지고 있는 듯하다. 어떻게 그녀가 좀 더 성장 지향적인 마인드셋을 갖도록 독려하는 답장을 보내겠는가?

사랑하는 마틸다에게,

─────────────────────────────────

이제 여러분이 쓴 답장을 살펴보자. 답장에 언급할 수 있는 아이디어는 여러 가지다.

─ 마틸다가 지난 세월 동안 어떻게 변해왔는지, 그리고 얼마나 놀랍게 성장하고 학습 능력을 보여주었는지를 얘기할 수 있다. 아마 마틸다는 운전이나 기타 연주, 저글링 혹은 골프 같은 새로운 신체적 기술을 익혔을지도 모른다. 아니면 외국어를 배우거나, 자격증을 따거나, 직장에서 새로운 역할에 적응하는 등 새로운 정신적 능력을 획득했을 수도 있다. 어떻게 하면 이런 경험으로 마틸다가 계속 변화하고 성장할 수 있음을 깨닫게 할까? 그녀가 계속 해나가는 데 이 경험들이 어떤 도움이 될까?

─ 이런 변화의 원인이 무엇인지 생각해봤는가? 아마 마틸다는 연습하고 열심히 일하고 회복력을 키우기 위해 많은 시간을 투자했을 것이다. 그녀는 실패를 직시하고 실수에서 교훈을 얻었는가? 상황이 힘들어져도 꿋꿋하게 계속해나갔는가? 자신의 실패를 인정하고 약점을 찾아서 개선하는 게 도움이 된다고 여긴 적이 있는가? 이번에도 이런

관점이 공부를 계속하는 데 도움이 될까?

- 여러분의 삶은 어떤가? 지난 세월 동안 어떤 신체적 기술과 정신적 능력을 터득했는가? 지난 10년 동안 어떻게 변화했는가? 이런 변화는 어떻게 일어났는가? 그리고 이를 통해 어떻게 마틸다에게 동기를 부여할 수 있을까?

- 마틸다가 자기 머리는 수학 공부에 적합하지 않다고 생각하는 상황을 감안하면, 모든 사람의 뇌에는 놀라운 변화 능력이 있음을 증명하는 과학적 증거를 언급하면 도움이 될 수도 있다('신경가소성'이라는 현상). 예를 들어, 뇌졸중을 경험한 뇌는 스스로를 재정비해 잃어버린 능력 중 일부를 회복하도록 돕는다. 며칠 동안 눈가리개를 하고 지내면, 시각 정보를 처리하는 뇌 부위가 소리와 감촉에 더 집중하기 시작한다. 2년 동안 악기를 열심히 연습하면 뇌에서 주의력과 의사결정을 담당하는 뉴런 네트워크가 증가한다. 몇 주 동안 저글링을 배우면, 뇌에서 시각과 움직임을 연결하는 작업에 관여하는 부분에 평소보다 더 많은 신경세포가 자란다.

- 마지막으로, 마틸다에게 자극이 될 역사적인 사례를 언급할 수 있다. 이전 장을 보면, 현실적으로 가능하다고 생각했던 것보다 더 빨리 달리거나, 시각장애인이자 청각장애인이면서 여성의 권리 증진을 위해 앞장서거나, 가난한 집안에서 태어나 세계적인 부자가 되는 등 놀라운 업적을 이룬 이들의 사례를 찾아볼 수 있다. 이들 모두 인내의 중요성과 변화의 가능성을 보여주었다.

자, 핵심 사항들을 검토했으니 이 생각들을 종합해 마틸다에게 두 번째 답장을 쓰면서 그녀가 성장형 마인드셋을 받아들이고 실패를 성공의 발판으로 여기도록 독려하자.

사랑하는 마틸다에게,

_____

성장형 마인드셋을 가지는 법 4: 마법의 단어 외우기

마술사들은 '아브라카다브라'나 '수리수리 마수리' 같은 마법의 주문으로 불가능한 일을 해낸다. 여러분도 자신이나 다른 사람에게 말할 때 특정 단어나 구절을 이용해 성장형 마인드셋을 촉진할 수 있다.

여러분에게 자녀가 있는데 이들이 방금 중요한 시험에서 좋은 점수를 받았다고 상상해보자. 뭐라고 말해주겠는가?

나는 이렇게 말할 것이다 : _____

이번에는 그들이 별로 열심히 공부하지 않았는데도 좋은 점수를 받았다고 상상해보자. 이때는 뭐라고 말하겠는가?

나는 이렇게 말할 것이다 : _____

마지막으로, 공부를 아주 열심히 했는데 결과가 좋지 않았다면? 뭐라고 말하겠는가?

나는 이렇게 말할 것이다 : _____

1990년대 후반에 캐럴 드웩은 마인드셋에 관한 유명한 연구를 했다.[87] 학생들에게 수학 문제를 몇 개 풀도록 한 다음 두 그룹으로 나누었다. 그다음 한 그룹의 학생들에게는 똑똑하다고 칭찬을 하고("문제를 그렇게 잘 푸는 걸 보니 아주 똑똑하겠구나"), 다른 그룹의 학생들에게는 노력에 대해 칭찬했다("와, 이 문제를 정말 열심히 푼 모양이구나"). 놀랍게도 이런 작은 변화가 학생들의 마인드셋을 바꿨다. 지능을 칭찬받은 아이들은 고정형 마인드셋을 발전시킬 가능성이 커졌고, 노력을 칭찬받은 아이들은 성장형 마인드셋을 발전시켰다. 이후 연구진은 모든 학생에게 다른 시험을 치게 하고 결과가 어떻게 나왔는지 물어봤다. 그러자 고정형 마인드셋을 발전시킨 학생들은 약 40퍼센트가 자신의 실패를 숨기려 하면서 점수를 부풀려 말했다. 반면 성장형 마인드셋을 지닌 쪽의 경우에는 이런 학생들의 비율이 10퍼센트뿐이었다.

자녀가 좋은 성적을 받았을 때 했던 말을 다시 생각해보자. 지능과 능력, 재능을 칭찬했는가? 방금 알아봤듯이 선천적으로 재능이 있다고 칭찬하면 상대의 기분은 확실히 좋아지지만, 이들은 새로 얻은 평판을 더럽힐까 봐 걱정한 나머지 실수를 숨기거나 감쌀 가능성이 커진다. 따라서 재능보다는 학습 능력("매일 밤 혼자서 시험을 쳐본다는 아이디어가 효과가 있었네")이나 시험 치는 기술("압박감 속에서도 좋은 성과를 올리는 기술을 익히다니 정말 감탄했어")에 초점을 맞춰서 노력을 칭찬해주는 쪽이 훨씬 낫다.

자녀가 열심히 공부하지 않았는데도 좋은 점수를 받았을 때는 뭐라고 해야 할까? 이때도 능력을 칭찬하기보다는 꾸준히 성과를 높이라고 충고해야 한다("그래, 이번 시험은 너한테 너무 쉬웠나 보구나. 그럼 뭘 하면 도전 의욕이 생기겠니?").

열심히 했는데도 성적이 좋지 않았을 때 가장 건설적인 접근법은 노력에 초점을 맞추며 앞으로 나아가도록 격려하는 것이다("네가 그렇게 열심히 노력했다는 게 기뻐. 어떤 부분이 문제인지 알아볼까?").

직장 생활도 마찬가지다. 주위 사람들이 성장형 마인드셋을 받아들이도록 하려면, 노력("축하합니다. 거래를 성사시키려고 정말 애쓰셨네요")과 새로운 도전을 받아들이려는 의지("안전지대에서 벗어난 게 정말 효과적이었어요"), 그리고 회복력("힘들었을 텐데 굴하지 않고 계속 다시 일어선 덕에 결국 목표를 이뤘네요. 훌륭해요")을 강조하는 긍정적인 피드백을 해주자.

캐럴 드웩에 따르면 자기 자신이나 다른 사람에게 말을 걸 때는 '아직은'이라는 마법의 단어를 쓰는 것이 좋다.[88] 목표를 달성할 수 없겠다는 생각이 들거나 누군가가 성공하려고 고생하고 있다는 말을 들었을 때 문장 끝에 '아직은'이라는 단어를 붙이면 성장형 마인드셋을 키우는 데 도움이 된다. 예를 들어, '나는 헬스클럽에 다니는 사람이 아니다'라는 말을 '나는 아직은 헬스클럽에 다니는 사람이 아니다'로 바꾸는 것이다. 마찬가지로, '나는 내 사업을 시작할 돈이 없다'는 '나는 아직은 내 사업을 시작할 돈이 없다'가 되고, '나는 대학 학위가 없다'는 '나는 아직은 대학 학위가 없다'가 된다.

마음가짐을 새로이 할 때는 자기 자신과 다른 사람에게 말하는 방식이 정말 중요하다.

요약

어떤 일에 실패하든 그것을 받아들이는 태도가 중요하다. 성장형 마인드셋을 택하고 힘든 도전을 받아들이면서 오류와 실수에 열린 자세를 취해야 한다.

- 힘든 도전을 발전과 학습의 기회로 여기자. 안전지대가 살기 좋은 곳 같지만, 그곳에서는 아무것도 자라지 않는다는 사실을 기억해야 한다.
- 실패했을 때도 자신과 다른 사람에게 정직하자. 잘못을 은폐하려 하거나 성공한 척해서는 안 된다. 뭐가 잘못됐는지 알아내서 앞으로

다시는 같은 실수를 하지 말아야 한다. 또 건설적인 비판을 반박하지 말고, 비판을 귀담아들으며 배우면 얻을 것이 많음을 기억하자.

- 데일 카네기의 발자취를 따라가면서, 지금까지 저지른 모든 어리석은 행동과 거기에서 얻은 교훈을 기록한다.

- 특정한 언어가 성장형 마인드셋을 촉진하는 데 도움이 된다는 사실을 기억하자. 칭찬할 때는 성취보다는 노력, 재능보다는 배움을 강조해야 한다. 그리고 마법의 단어인 '아직은'을 사용하는 걸 잊지 말자.

MOONSHOT MEMO
주제 : 잘해주십시오

거스 그리섬은 머큐리 계획의 혹독한 훈련 프로그램은 너끈히 감당했지만, 세계적으로 유명한 우주비행사로서 견뎌내야 하는 다른 측면들 때문에 고생했다.

전투기 조종사였던 그리섬은 최대한 적은 단어로 생각을 전달하는 방법을 배웠다.[89] 적지를 비행할 때는 이런 식으로 대화해도 괜찮지만, 지상에서 친구나 동료와 수다를 떨 때는 문제가 되기도 했다.

한번은 머큐리 세븐 우주비행사들이 로켓 제조업체를 방문했는데, 그리섬은 엔지니어들에게 한마디 해달라는 요청을 받았다. 타고난 연설가가 아니었던 그는 단상에 올라가 딱 한 마디만 하고 내려왔다. "음…… 잘해주십시오." 다행히 엔지니어들은 그리섬의 간단한 좌우명을 마음에 들어 했고, 그 말은 곧 항공우주 업계 전체로 퍼져서 전국의 공장과 사무실에 "잘해주십시오"라고 적힌 표지판과 포스터가 걸렸다.

그리섬의 경구는 좌우명의 힘을 보여준다. 여러분의 접근 방식이나 프로젝트를 한마디로 요약하면 어떻게 되는가?

CHAPTER 5

각자의 위치에서
책임을 다하라

지구상에서 가장 큰 로켓을 발사하는 데
도움이 된 슬로건은 무엇이고,
어떻게 하면 원대한 목표를 지향하는
태도를 키울 수 있는지 알아보자.

*

아폴로 1호에서 발생한 비극적인 화재 사건은 우주 탐험에 큰 차질을 불러일으켰다. 하지만 모두가 중요한 교훈을 얻었고, 결국 아폴로 계획은 다시 진행되기 시작했다. 머큐리 계획은 우주비행사 한 명을 지구 궤도에 올려놓는 게 목표였고, 제미니 계획은 여기에 두 번째 승무원을 추가했다. 아폴로 비행이 성공하려면 승무원 세 명이 까마득한 우주 공간을 가로질러 날아가 달에 착륙했다가 안전하게 지구로 돌아와야 했다. 이런 거대한 도약을 이루려면 다양한 기술적 발전과 놀라운 정신 자세가 필요했다.

제2차 세계대전이 끝난 후 미국은 우주 로켓 발사 기지로 케이프 커내버럴을 선택했다. 플로리다주 브레바드 카운티에 있는 케이프 커내버럴의 주민들은 대부분 우주 탐험에 열정적이었다. 1990년대 후반, 우주 애호가이자 브레바드 카운티에서 오랫동안 살아온 '오지' 오스밴드'Ozzie' Osband라는 인물이 이 지역의 새로운 전화 코드를 정하기 위한 공청회가 열릴 것이라는 얘기를 듣고 기발한 아이디어를 떠올렸다. 오스밴드는 직장에 하루 휴가를 내고 공청회장에 가서, 케이프 커내버럴에서 꾸준히 발사되고 있는 로켓을 기념하기 위해 브레바드 카운티에 '3-2-1' 코드를 배정해줘야 한다고 주장했다. 이 분별력 있는 주장은 결실을 얻었고, 이제 브레바드 카운티로 장거리 전화를 거는 사람은 이 지역이 우주 탐험에 크게 기여했다는 사실을 되새기게 되었다. 적절하게도, 오스밴드는 나중에 로켓 공학에 대한 열정과 헌신을 반영하는 전화번호인 '321-Liftoff(전화 숫자판 아래에 적힌 알파벳을 이용해 만든 단어로, '발사'라는 뜻. 숫자로 표시하면 543-8633이다 - 옮긴이)'를 배정받았다.[90]

1960년대 내내 플로리다주의 스페이스 코스트space coast를 찾은 많은 사람이 잔뜩 들뜬 기분으로 아나운서가 오스밴드의 전화번호를 소리 내어 읽기를 기다리다가 마침내 눈앞에서 로켓이 발사되는 모습을 보며 전율을 느꼈다. 발사는 신나고 활기찬 분위기 속에서 진행되었다. 머큐리와 제미니 계획 기간에 발사된 로켓들은 아폴로 프로그램에 필요한 로켓에 비하면 아무것도 아니었다. 제미니 계획이 끝날 무렵에는 우주비행사 두 명을 태운 캡슐이 지구 궤도를 돌았다. 그에 비해 아폴로 임무를 위해서는 우주비행사 세 명을 달까지 보낼 수 있는 사령선과 우주선과 달 표면 사이를 오갈 달 착륙선, 필요한 물자와 연료를 실을 기계선이 필요했다. 기술자들은 이렇게 무거운 우주선이 지구의 중력으로부터 벗어날 수 있도록 세계에서 가장 길고 무겁고 강력한 새턴 V 로켓을 설계하고 제작해야 했다.

새턴 V에 관한 모든 통계는 믿기 어려울 정도다. 이 로켓은 다섯 개의 주요 부분으로 구성되어 있다. 맨 아랫부분은 높이 42미터에 지름이 10미터나 되는 거대한 덩치를 자랑했다. 여기에는 114만 리터가 넘는 액체질소와 760만 리터가 넘는 등유 연료, 그리고 지금까지 제작된 것 가운데 가장 큰 엔진 다섯 개가 들어갔다. 두 번째 구간은 높이가 25미터고 액체수소 980만 리터와 액체산소 30만 리터, 그리고 또 다른 거대한 엔진 다섯 개가 포함되어 있었다. 세 번째 구간은 높이 18미터에 액체수소 25만 리터와 액체산소 8만 리터가 들어갔다. 끝에서 두 번째 구간에는 사령선과 달 착륙선, 기계선이 들어갔다. 새턴 V의 꼭대기에는 이륙 중에 이상이 생길 경우 우주비행사들이 탈출할 수 있게 설계된 탈출 로켓까지 있었다.

머큐리와 제미니 계획에 쓰인 로켓은 케이프 커내버럴 공군기지에 있는 비교적 수수한 크기의 발사대에서 발사되었다. 그러나 새턴 V 로켓은 훨씬 큰 발사대와 기반 시설이 필요했기 때문에 NASA는 케이프 커내버럴 바로 북쪽에 있는 반도에 새로운 발사 시설을 건설하기로 했다. 이 시설은 1962년 11월에 착공해서 1967년 말에 완공되었다. 1963년에 케네디 대통령의 비극적인 암살 사건이 벌어지고 몇 주 뒤, NASA는 이 선견지명이 뛰어난 아폴로 계획 설계자를 기리기 위해 이곳의 이름을 케네디 우주센터로 바꾸기로 했다.

새턴 V 로켓의 각 부분은 미국 곳곳의 제작 현장에서 만들어진 후 육로, 바지선, 항공편 등 육해공을 통해 케네디 우주센터로 운송되었다. 우주센터에 도착한 다음에는, 기술자들이 놀랍도록 거대한 동체

조립 건물에서 각 부분을 하나로 결합했다. 세계에서 가장 거대한 구조물 중 하나인 이 건물 외벽에는 세계에서 가장 거대한 미국 국기가 그려져 있고(별 하나의 가로 길이만 해도 1.8미터, 줄 하나의 두께는 2.7미터다), 하도 커서 내부에서는 자체적인 날씨가 조성될 정도다(습한 날에는 천장 밑에 비구름이 나타나기 때문에, 이 건물에 설치된 1만 톤 규모의 에어컨으로 비구름을 없애야 한다).

조립이 끝난 웅장한 새턴 V 로켓은 35층 건물 높이로, 훗날 우주왕복선을 지구 저궤도로 발사한 로켓보다 두 배나 길었다. 기술자들이 복잡한 일련의 점검을 마친 뒤, 거대한 로켓과 이를 지지하는 타워를 천천히 발사대로 운반했다. 발사 당일, 우주비행사들은 안전벨트를 단단히 맨 채 우주선 좌석에 앉았고 지상 근무원들은 안전한 거리까지 물러났다.

새턴 V는 600만 개 이상의 부품으로 구성되었는데, 발사 과정에서 부품의 극히 일부라도 고장 나면 엄청난 양의 연료가 폭발해서 발사대가 거대한 불덩어리가 될 위험이 있었다. 실제로 1969년에 비슷한 크기의 소련 로켓이 발사 도중 폭발해서, 역사상 원자력과 무관한 폭발 가운데 가장 큰 폭발을 일으켰다. 아폴로 우주비행사들은 본질적으로 거대한 폭탄이나 다름없는 기계에 올라탄 셈이었으므로 아주 작은 실수도 치명적일 수 있었다.

자기가 한 일과 하지 않은 일 모두를 책임진다는 것

우주비행사 켄 매팅리Ken Mattingly는 아폴로 계획 후반부에 우주선이 발사되기 전에 며칠 동안 밤마다 발사대에 가서 자신을 달로 데려다 줄 로켓의 다양한 부품들을 살펴봤다. 그는 새턴 V의 각 부분의 설계와 제작, 점검에 관여한 수천 명의 사람들에 관해 자주 생각했다.

어느 날 밤, 엘리베이터를 타고 발사 타워 상층부로 올라간 매팅리는 열려 있는 출입구 앞까지 가게 되었다.[1] 그는 출입구를 지나 파이프와 케이블, 각종 배선으로 가득찬 커다란 방으로 들어갔다. 그 안에 혼자 있던 기술자가 매팅리를 알아봤고, 두 사람은 임무에 수반되는 위험에 관해 잡담을 나누기 시작했다. 대화 중에 기술자가 자기는 이 로켓이 몇 개의 부품으로 이루어져 있는지 모른다고 말했다. 그는 엄청난 양의 연료가 어떻게 지구 중력에서 탈출하는 데 필요한 힘을 만들어내는지, 항행 시스템이 어떻게 우주선을 달로 인도하는지도 잘 몰랐다. 매팅리는 당연히 걱정이 되기 시작했다. 하지만 곧이어 그 기술자는 이 앞에 있는 패널은 전적으로 자기 책임이라고 말했다. 패널 안에 들어간 복잡한 전자제품을 완전히 이해하고 완벽하게 작동하는지 확인하는 게 그의 일이었다. 기술자는 이 패널에 관한 한, 프로젝트가 자기 때문에 실패하는 일은 없을 거라고 매팅리에게 장담했다. 그 순간 매팅리는 프로젝트에 관여한 수많은 사람이 이와 똑같이 책임 의식을 지니고 있었기 때문에 아폴로 계획이 성공할 수 있었음을 깨달았다.

발사대 책임자였던 귄터 벤트Günter Wendt도 '나 때문에 실패하지는 않을 것'이라는 태도를 보여준 전형적인 인물이다. 여윈 체구에 안경을 쓰고 나비넥타이를 좋아하던 독일 출신의 벤트는 아폴로 계획에 참가한 이들 가운데 가장 많은 사랑을 받은 별난 인물이다. 벤트는 우주비행사들이 우주선에 들어가기에 앞서 마지막 준비 작업을 하는 작은 공간인 새턴 V의 화이트 룸White Room을 담당했다.

벤트의 일은 우주비행사들의 안전벨트를 단단히 매고, 마지막 작별 인사를 하면서 행운을 빌어준 다음, 사령선의 출입구를 봉쇄하는 것이었다. 벤트는 따뜻한 미소와 냉정한 태도로 화이트 룸의 분위기를 지배했다. 그의 허락 없이는 아무도 그 구역에 있는 물건에 손댈 수 없었다. 한번은 어느 엔지니어가 자신의 동의 없이 뭔가를 바꿔놓자 그는 경비원들을 불러서 그 엔지니어를 내보냈다.

그래도 아폴로 팀은 벤트를 항상 따뜻한 시선으로 바라봤고 종종 그의 굳건한 책임감을 농담거리로 삼았다. 우주비행사 존 글렌은 그에게 '발사대의 총통'이란 별명을 지어줬다. 켄 매팅리와 잡담을 나눈 기술자가 자기 일에 강한 책임감을 느낀 것처럼, 벤트도 자기 책임을 남에게 전가하지 않았다. 존 글렌이 우주비행을 떠나기 전에, 벤트는 글렌의 아내 애니에게 이렇게 말했다.

나는 존의 안전한 귀환을 보장할 수 없습니다. 그건 아무도 할 수 없는 일이죠. 관련된 기계가 너무나 많거든요. 하지만 내가 장담할 수 있는 것은 우주선이 발사에 가장 적합한 상태로 출발할 거라는 점입니다. 혹시 우주선에 무슨 일이 생겨서 당신에게 안 좋은 소식을 알리게 되더라도, 당신 눈을 똑바로 쳐다보면서 "우리는 최선을 다했다"라고 말하겠습니다. 그때도 내 양심은 깨끗할 겁니다.[92]

휴스턴에서 일하는 많은 관제사들도 일에 대한 태도에 있어서 이와 같았다. 닐 암스트롱이 달에 발을 디뎠을 때, 에드 펜델Ed Fendell은 지상관제 팀과 우주비행사들 사이의 교신을 담당했다. 우주비행관제 일에 관여한 많은 이들처럼 펜델도 평범한 집안 출신이었다. 코네티컷에서 태어나 자란 그는 어릴 때부터 아버지가 운영하는 식료품점에서 장시간 일했는데, 그의 가족은 한 번도 돈을 많이 벌어본 적이 없었다. 머천다이징 준학사 학위를 받고 항공교통관제소에서 일하던 펜델은 결국 NASA에 취직했다. 펜델은 업무를 철저히 책임지고 일을 망치지 않으면서 열심히 하는 것의 중요성을 아는 수많은 우주비행관제사 중 한 명이었다.

우리가 특별히 똑똑했기 때문에 달에 도착했다고 생각하는 건 잘못이다. 오늘날에는 우리보다 훨씬 똑똑하고 유능한 사람들이 많다. 우리가 달에 갈 수 있었던 이유는 태도가 올발랐기 때문이다. 팀원 모두가 확고하게 '할 수 있다'는 태도였다. 거기서는 "못하겠는데요"라는 말을 들어본 적이 없다. 우리는 항상 문제의 해결책을 찾아내고 적절한 작업을 해낼 것이라는 기대 속에서 일했다. 우리는 직업의식이 투철했다. 밤 9시까지 야근을 할 수도 있고 토요일에도 일할 수 있었다. 일이라기보다 생활 방식 그 자체였다.[93]

이런 태도가 관제센터 전체에 팽배했다. 누군가가 어떤 일을 해야 한다고 말하면, 다들 그 일을 했다. 꾸물거리거나, 책임을 떠넘기거나, 절차를 무시하지 않았다. 열심히 그리고 양심적으로 일했고, 각자의 말을 전적으로 믿을 수 있었다.

글린 루니는 NASA 초창기부터 그곳에서 일하면서 머큐리, 제미니, 아폴로 계획의 성공에 중요한 역할을 했다. 우주 경쟁의 역사적인 순간이 진행되는 동안 계속 관제센터에서 일한 루니는 이 공동체에서 많은 존경을 받았다. 루니는 '할 수 있다'는 태도와 책임감을 바탕으로 우주비행관제사를 선발해야 한다고 역설했다.

지원자들이 많았고 다들 좋은 점수를 받았지만, 나는 그들의 태도에 훨씬 관심이 많았다. 아폴로 계획의 일부가 되기를 진정으로 바라고, 프로젝트를 성공시키기 위해서라면 무슨 일이든지 할 수 있는 사람을 찾고 있었다. 그들은 대개 완벽한 학생은 아니었지만 올바른 태도, 완벽한 태도를 갖추고 있었다. 성적이 별로 좋지 않더라도 태도가 긍정적인 사람을 채용한 경우도 종종 있다. 다들 자기 일을 완수하고 맡은 임무를 제대로 해내는 데 무척 열정적이었다.[94]

적절한 인재를 영입한다고 해서 그게 다가 아니었다. 아폴로 계획 관리자들은 모든 사람이 자기 일을 해낼 것이라고 믿었고, 이 믿음이 사람들에게 강한 책임감을 불어넣었다. 루니는 이런 방식이 지닌 힘을 목격했다.

오늘날 우리는 리더십을 거론하면서 본보기, 카리스마, 경외감 등에 관해 얘기한다. 말하자면 존경의 리더십이다. 관리자들은 모든 사람이 서로 신뢰감을 느끼게 했고, 그들은 강한 충성심을 발휘해 최선을 다했다. 돌이켜보면 그게 리더십을 위한 최고의 등식임을 실감할 수 있다. 마법과도 같은 느낌이었는데, 그 마법이 효력을 발휘하는 모습을 몇 번이고 되풀이해서 봤다.[95]

관제사 제리 보스틱도 관제센터를 이끌었던 이들에 관해 얘기하며 똑같은 감상을 드러냈다.

우리는 정말 일을 잘 해내고 싶었다. 리더들은 우리를 믿었고, 우리는 그들을 실망시키고 싶지 않았다. 크리스 크래프트 같은 살아 있는 전설과 함께 일하다 보면 그가 할 일을 줬을 때 완벽한 신뢰를 받는 듯한 기분이 들었다. 크래프트는 이렇게 말하곤 했다. "이 일을 해주면 좋겠는데, 3주 안에 끝내줬으면 해요. 도움이 필요하면 내게 전화하고, 아니면 3주 뒤에 보죠." 이건 최고의 신뢰다. 그러니 '절대 저 사람을 실망시킬 수는 없어'

라고 생각하면서 그의 사무실을 나오게 된다.[96]

관제센터와 긴밀히 협력하며 일한 또 한 명의 아폴로 엔지니어 제이 허니컷은 어떻게 위에서 아래까지 모든 단위마다 강한 책임감이 확산될 수 있었는지 이야기했다.

아폴로 프로그램에 참여했을 당시 난 스물일곱 살이었다. 크리스 크래프트는 내 또래의 사람들을 잔뜩 데려다놓고 그들에게 엄청난 책임을 맡겼다. 그는 "이 일을 하는 동안에는 운항 책임자의 말에 귀 기울이지 않는 편이 좋을 겁니다. 그들이 지시를 잘못 내려서 여러분이 잘못을 저지르면, 난 그들이 아니라 여러분을 비난하게 될 테니까요. 그게 여러분이 맡게 될 책임입니다"라는 메시지를 전했다. 나는 크래프트의 방식이 옳았다고 생각한다. 사람들이 경력 초반부터 적절한 책임을 맡으면 그만큼 경력을 발전시킬 수 있다.[97]

'나 하나만 잘하면 된다'는 주문이 모여

아폴로 1호에 발생한 비극적인 화재 사건을 조사하는 동안 유인 비행이 1년 반 정도 중단되었다. 이 공백 기간 동안 아폴로 팀은 무인 새턴 V 로켓을 몇 개 발사했는데, 몇 차례의 떨림과 엔진 고장을 제외하고는 무사히 진행되었다. 1968년 말, 기술자들은 화재 때문에 제기된 수많은 문제를 해결했다고 여기면서 아폴로의 첫 번째 유인 비행 계획을 허가했다. 이 임무의 목표는 우주에서 새로운 아폴로 기술을 발휘해 11일 동안 지구 궤도를 도는 것이었다. 새턴 V의 시험 발사 번호가 앞쪽 숫자를 차지했기 때문에, 최초의 유인 임무 우주선은 아폴로 7호가 되었다.

1968년 10월 11일, 아폴로 7호에 탑승할 우주비행사 월리 시라Wally Schirra, 돈 아이즐리Donn Eisele, 월터 커닝햄Walter Cunningham이 우주복을 입고 새턴 V 발사 타워까지 차를 타고 이동했다. 엘리베이터를 타고 타워 꼭대기까지 올라간 그들은 통로를 지나 화이트 룸으로 들어갔다. 그곳에서 발사대 책임자 귄터 벤트가 지켜보는 가운데 사령선에 타기 전에 필요한 최종 준비를 마쳤다. 귄터는 아폴로 1호의 비극적인 화재 사고가 발생했을 당시에는 발사대 책임자로 일하지 않았지만, 이 프로그램에 참여한 모든 이들과 마찬가지로 세 우주비행사의 죽음에 크나큰 충격을 받았다. 월리 시라는 벤트가 아폴로 7호의 화이트 룸 관리를 맡아야 한다고 주장했다.

우주비행사들이 안전하게 사령선에 들어간 것을 확인한 벤트는 그들과 악수를 나누고 출입구를 닫았다. 아이즐리는 분위기를 밝게 하려고 귄터의 독일식 억양을 흉내 내 농담을 던졌다. "귄터 벤트는 어디 간 거지?(I vonder vere Günter Vendt? – I wonder where Günter Vendt를 독일식 억양을 섞어서 말한 것 – 옮긴이)"[98]

1968년 10월 11일, 시라와 아이즐리, 커닝햄은 세계에서 가장 강력한 엔진 다섯 개가 몸 아래쪽에서 요동치는 것을 느꼈다. 엔진 소리는 귀청이 터질 듯했고, 기술자들은 엄청난 굉음 때문에 로켓이 망가지는 걸 막으려고 발사대 아래에 분당 340만 리터의 물(올림픽 규격의 수영장 하나 반을 채울 정도의 양)을 뿌려 소리를 흡수했다.

엔진은 몇 분 만에 3,400톤의 추력을 냈고 거대한 새턴 V 로켓은 지상에서 멀어지기 시작했다. 2분 후 로켓은 시속 9,600킬로미터로 가속되었다. 새턴 V가 60킬로미터 높이에 도달하자 아래쪽 연료탱크가 비었고, 첫 번째 단이 로켓에서 분리되어 바다로 떨어졌다. 30초 후 2단계 로켓의 엔진 다섯 개가 점화되면서 새턴 V가 시속 2만 4,000킬로미터로 가속되었고 약 176킬로미터 높이에 도달했다. 비행을 시작하고 약 9분이 지나자 이 2단계 연료도 다 떨어져, 로켓에서 분리되어 지구로 떨어졌다. 마침내 제3단 부분에 하나 있는 로켓이 점화되자, 우주선의 남은 부분은 시속 2만 8,000킬로미터라는 놀라운 속도로 움직였다. 발사 약 11분 후 시라와 다른 승무원들은 지구 궤도를 돌고 있었다.

아폴로 7호는 역사상 가장 길고 야심 찬 시험비행으로 인정받고 있다. 승무원들은 끝없이 이어지는 운항 절차를 테스트하고 수많은 실험을 진행하는 등 바쁜 일정을 소화했다. 게다가 이들은 미국 유인우주선에서 최초로 텔리비전 생중계를 진행했다.

우주비행사 월리 시라는 지상에 있을 때는 아주 쾌활한 성격이었다. '위기가 닥쳐도 유쾌한 태도로 헤쳐나갈 수 있다'라는 옛말을 굳게 믿으면서 '행복한 월리'라는 별명으로 불리던 그는 원래 떠들썩하게 장난치는 걸 좋아했다.[99] 하지만 안타깝게도 아폴로 7호에 승선한 행복한 월리는 별로 행복하지 못했다.

아폴로 7호 캡슐은 발사 과정이 중단돼 승무원들이 바다에 불시착하더라도 그들을 보호할 수 있게 설계되어 있었다. 하지만 지상에 불시착하는 경우에는 적절한 보호책이 없었다. 따라서 발사 시 적절한 풍향 조건을 고려하는 것이 중요했다. 시라는 이륙 몇 시간 전에 풍향과 풍속이 걱정스럽다면서 발사를 연기하는 편이 나을지도 모른다고 말했다.[100] 하지만 많은 논의 끝에 일을 그대로 진행하기로 결정되었고, 결국 우주선은 무사히 발사되었다. 그러나 시라는 이 사건 때문에 불안감을 느꼈고, 불행히도 더 안 좋은 일까지 생겼다.

시라는 임무 이틀째에 심한 두통 감기에 걸렸고, 곧 아이즐리도 병이 옮았다. 우주에는 중력이 없다 보니 다양한 체액이 지구에서처럼 몸 밖으로 빠져나가지 못해서 시라와 아이즐리는 귀가 멍멍하고 코가 꽉 막혀버렸다. 감기 때문에 시라는 자꾸 짜증이 났다. 거기에 끔찍하게 맛없는 우주 식량과 악취 나는 폐기물 수집 시스템까지 더해지자 그는 관제센터에서 전하는 몇 가지 지시에 이의를 제기하기 시작했다.

우주비행사들이 대기권 재진입을 준비하는 동안 사태는 일촉즉발의 상황으로 치달았다. 시라는 우주선이 하강하는 동안 막힌 부비강 때문에 고막이 터질까 봐 걱정되니 틈틈이 코를 풀 수 있도록 헬멧을 쓰지 않겠다고 주장했다. 우주비행관제센터와 치열한 말다툼을 벌인 끝

MOONSHOT MEMO
주제 : 행복한 월리

국가기록보관소를 들여다보면 월리 시라의 유머 감각을 확인할 수 있다. 1965년 크리스마스 며칠 전, 시라와 그의 동료 토머스 스태퍼드Thomas Stafford는 제미니호를 타고 이륙했다. 비행 도중, 시라와 스태퍼드는 지금 막 미확인 비행 물체를 봤다고 관제센터에 알렸다.

인공위성 같은 물체가 북쪽에서 남쪽을 향해 날아가는 걸 봤다. 극궤도를 따라 움직이는 것 같다. 북쪽에서 남쪽으로 아주 낮은 궤도로 움직이는데 상승 비율이 매우 높다······. 곧 대기권에 재진입할 것 같다.

이 기이한 목격담의 증거를 찾기 위해 관제센터에서 미친 듯이 스크린을 살피던 관제사들은 헤드셋을 통해 울려 퍼지는 「징글벨」 노래를 듣고 놀랐다.

두 우주비행사가 작은 하모니카와 종 몇 개를 몰래 반입해서 즐겁게 연주를 하고 있었다. 관제사들은 산타클로스 목격담과 유쾌한 노래 곡조가 장난임을 깨닫고 함께 그 순간을 즐겼다.

시라와 스태퍼드는 우주에서 악기를 연주한 최초의 인물들이다. 그들이 연주한 하모니카와 종은 현재 스미스소니언 국립 항공우주박물관에 전시되어 있다.

당시 시라는 임무를 수행하는 동안 소변을 우주 공간으로 배출해야 했다. 그는 소변이 바로 얼어붙어 작은 금빛 구체로 이루어진 물보라처럼 변하는 걸 알아차렸다. 시라는 사진을 몇 장 찍었고, 지구로 돌아온 뒤 그 사진이 새로운 별자리인 '유리온Urion(소변을 뜻하는 Urine과 오리온자리를 뜻하는 Orion을 합쳐서 만든 말 – 옮긴이)'의 증거라면서 천문학자들을 납득시키려고 했다.[101]

강한 책임감을 품고 일을 진지하게 받아들이는 건 중요하다. 하지만 때로는 가벼운 기분전환도 필요하다. 부정적인 유머(모욕이나 빈정거림 등)는 분열을 조장하지만 긍정적인 유머는 사기 진작, 낙관주의, 스트레스 해소, 유대감 형성에 좋다는 연구 결과도 있으니 모두들 재미있게 일해야 한다.[102] 행복한 월리의 장난은 모두를 즐겁게 해줬다. 그의 선례를 따라 즐거운 시간을 보내자.

에(휴스턴: "어쨌든 그건 자네들 목이니까 부러지지 않길 바라네") 결국 세 우주비행사는 헬멧을 쓰지 않은 채 안전하게 대기권에 재진입했다. 비행을 마친 시라는 텔레비전에서 방영하는 감기약 광고 여러 편에 출연해 이 캡슐이 재채기와 코 막힘을 아주 효과적으로 완화시켜준다고 장담함으로써 좋지 못한 상황을 최대한 유리하게 활용했다.

두통 감기와의 팽팽한 긴장감에도 불구하고 아폴로 7호의 임무는 눈부신 성공을 거두었다. 무시무시한 위력을 지닌 새턴 V 로켓은 계획대로 발사되었고, 거의 모든 장비와 절차가 시계처럼 정확하게 기능했다. 그 임무는 복잡하고 까다로워서 아주 작은 실수 하나만 생겨도 재앙을 초래할 수 있었다.

아폴로 계획은 사람들의 매우 양심적인 태도 덕분에 큰 성공을 거두었다. 책임감이 강했던 그들의 태도는 '나 때문에 실패하지는 않을 것이다'라는 하나의 강력한 만트라로 요약할 수 있다.

팀의 사기를 높이는 태도, 성실성

'나 때문에 실패하지는 않을 것'이라는 태도는 캘리포니아 출신의 심리학자 루이스 터먼Lewis Terman의 획기적인 연구에 심리적 뿌리를 두고 있다.[103]

1877년에 태어난 터먼은 천재성이라는 개념에 매료되어, 똑똑한 사람이 생물학적으로 태어나는지 아니면 양육을 통해 길러지는지 알아내는 데 많은 시간과 노력을 쏟았다. 이 주제로 박사학위 논문(『천재성과 우둔함: '똑똑한' 소년 일곱 명과 '어리석은' 소년 일곱 명의 지적 과정에 대한 연구』)을 완성한 터먼은 스탠퍼드대학교로부터 자리를 제안받았고, 그곳에서 심리학 역사상 가장 오랫동안 진행된 연구 중 하나를 시작했다.

터먼은 1920년대에 캘리포니아 각지의 학교를 샅샅이 뒤져서 아주 똑똑한 아이들을 1,000명 넘게 찾아낸 다음 그들의 삶을 추적하기 시작했다. 터먼의 연구 팀은 5년마다 한 번씩 이 지원자들[이들은 터먼의 이름에 빗대 '터마이트(Termite, 흰개미라는 뜻도 있음-옮긴이)'라고 불렸다]에게 연락해, 그들의 삶에 어떤 일이 일어났는지 알아내기 위한 다양한 심리 테스트에 응해달라고 부탁했다.

터먼은 많은 업적을 남겼다. '지능지수intelligence quotient(혹은 줄여서 IQ)'라는 말을 만들어냈고, 오랫동안 연구 대상을 추적하는 실험 기법을 창시했으며('종적 연구'라고 한다), 실험 지원자들로부터 엄청난 충성심을 끌어냈다(1940년대 초에는 상당수의 터마이트들이 제2차 세계대전에 참전 중이었는데, 그들은 최전방의 참호 안에서 설문지를 작성해 보냈다). 시간이 흐르자 터먼과 그의 후계자들은 놀라운 데이터를 확인하며 지능과 성공의 관계를 탐구할 수 있었다. 어떤 학자는 그 결과를 똑똑함이 성공하는 데 필수적이라는 설득력 있는 증거로 여겼다. 어쨌든 지능이 높은 터마이트들은 대부분 높은 수입을 올렸고, 미국의 명사 인명록에 실릴 정도로 유명해지기도 했다. 하지만 비평가들은 이런 성공은 터마이트들이 지능 연구에 참여하면서 얻은 심리적 고양감 덕분일 가능성도 있다고 지적했다. 논쟁이 계속되자, 연구진은 데이터를 더 깊이 파고들어 성공에 관한 다른 요소들을 조사하기 시작했다. 결과를 접한 연구진은 깜짝 놀랐다.

심리학자들은 성격을 판단할 때 외향성(사교성), 개방성(창의성), 친화성(우호성), 신경성(감정적 안정), 성실성(자제력)이라는 다섯 가지 주요 특징에 초점을 맞추는 경향이 있다. 연구 팀이 성공에 관한 요소들을 살펴본 결과, 성실성이 지능이나 성격의 다른 측면들을 제치고 꾸준히 1위를 차지하는 경우가 많았다.[104]

전 세계 연구진들이 이 주제에 관한 과학 논문을 100여 편 이상 발표한 덕에 성실성은 순식간에 화제의 대상이 되었다. 어떤 부분을 살펴보고 누구를 연구하든 똑같이 긍정적인 결과 패턴이 나타났다. 성실한 사람은 의무교육 과정과 대학교에서 더 좋은 성적을 거두는 경향이 있고, 범죄에 연루될 가능성이 적으며, 직장을 구해 오래 다닐 가능성이 크고, 특히 정상의 자리까지 올라 더 많은 봉급을 받을 것으로 예상되며, 매우 행복한 인간관계와 결혼생활을 영위할 가능성이 있다.[105] 사실 성실한 사람 주변에 있는 것만으로도 도움이 될 정도다.

세인트루이스에 있는 워싱턴대학교의 심리학자들은 한 사람의 수입이 파트너의 성격에 따라 어떻게 달라지는지를 5년 동안 조사했다. 이 연구에서도 성실한 파트너를 둔 사람은 수입이 더 많고 직업 만족도도 높고 승진 가능성도 현저히 증가하여, 성실성이 가장 중요한 요소라는 사실이 또다시 입증되었다.[106]

성실성은 시간을 엄수하고 마감일을 지키며 열심히 일하고 차일피일 미루지 않으며 정직과 청렴에 대한 확고한 의식을 갖는 것 등 다양한 행동을 가리키는 말이다.[107] 성실한 사람들은 일을 체계적으로 진행하는 경향이 있으므로 시험이나 면접, 과제 준비를 남들보다 잘한다. 건강한 습관이 몸에 배어 있기 때문에 담배를 피우거나 무절제하게 술을 마시거나 난폭하게 운전하는 경우가 없다. 맡은 일을 완수하고 그 일을 제대로 해내기 때문에 결국 더 크고 중요한 일과 프로젝트를 제안받는다. 이들은 남들의 전적인 신뢰와 높은 평가를 통해 이득을 누리게 된다. 요컨대 그 사람 때문에 프로젝트가 실패할 일은 없을 거라고 확신할 수 있다는 얘기다.

다행스럽게도 누구나 성실도를 높일 수 있다. 만사를 자기 뜻대로 하려 드는 내면의 통제광을 잘 다스리고, 꾸물대면서 미루는 걸 방지하고, 진정으로 성공한 이들의 일곱 가지 습관을 받아들이고, 이 장 마지막 부분에 나오는 풍선 학교에 대한 고리타분한 농담을 기억하기만 하면 된다.

성실성을 높이는 법 1: 내면의 통제광 다스리기

아래에 짝지어진 문장들을 읽고, 두 가지 문장 중 본인이 더 동의하는 쪽에 동그라미를 그려보자.

A열	B열
사람이 살면서 겪는 부정적인 사건은 대부분 우연히 발생한다.	불운처럼 보이는 일도 사실은 본인이 저지른 실수 때문에 생긴다.
우리가 아무리 전쟁을 막으려고 애써도, 전쟁은 언제나 피할 수 없는 현실이다.	사람들이 정치에 더 관심을 갖는다면 전쟁이 줄어들 것이다.
운과 숙명이 인생에서 벌어지는 일들을 좌우하는 경우가 많다.	사람들은 자신의 결정과 행동을 통해 본인의 삶을 이끌어갈 수 있다.

위대한 지도자는 태어나는 것이지 만들어지지 않는다.	사람들은 경험과 노력을 통해 성공적인 리더가 된다.
시험 문제는 대개 예측할 수 없으므로 열심히 공부해봤자 소용이 없다.	당신이 학생이고 공부를 열심히 했다면, 대부분의 시험은 공정하다.
좋은 직장을 얻으려면 적절한 시기에 적절한 장소에 있는 게 중요하다.	열심히 일하고 기회를 최대한 활용하는 사람이 결국 더 성공적인 길을 걷게 된다.

아폴로 프로그램이 진행되던 무렵에 심리학자 줄리언 로터Julian Rotter가 '통제 위치locus of control'라는 개념을 고안했다.[108] 로터에 따르면, 자기 삶을 통제할 수 있다고 믿는 정도를 기준으로 사람들을 분류할 수 있다고 한다. 로터는 모든 사람은 '외적 통제 성향'과 '내적 통제 성향' 사이의 선상에 있다고 생각했다. 외적 통제 성향이 강한 사람은 자신이 처한 상황이 외부의 영향력(우연, 강력한 정부, 지배층, 경영진 등) 때문이라고 탓하는 반면, 내적 통제 성향이 강한 사람은 본인의 생각과 행동에 따라 인생의 여러 사건들이 달라진다고 믿는다.

여러분이 방금 작성한 설문지는 로터의 연구를 기반으로 만든 것이다. 자신에 관해 알아보려면 방금 동그라미 친 내용을 살펴보면 된다. A열과 B열에서 각각 몇 개의 문장을 선택했는가? 외적 통제 성향이 강한 사람이라면 문장 여섯 개를 전부 A열에서 선택했을 것이고, 내적 통제 성향이 강한 사람은 문장 여섯 개를 전부 B열에서 선택했을 것이다. 사람들 대부분은 이 두 극단 사이에 존재한다.

오랜 세월에 걸쳐 세계 각지에서 진행된 연구와 실험을 위해 수천 명이 이런 설문지를 작성했다.[109] 일반적으로 외적 통제 성향이 강한 사람은 노력해봤자 아무것도 변하지 않을 거라고 생각하며 자주 절망 감과 무력감을 느낀다. 내적 통제 성향이 강한 사람은 자기 삶을 스스로의 힘으로 만들어갈 수 있고 자기가 운명의 주인이라고 믿는다. 이들은 외적 통제 성향이 강한 이들에 비해 더 행복하고 건강하며 성공 가능성도 크다. 결과적으로 이들은 자기 행동에 책임을 지고, 원하는 목표를 이루기 위해 열심히 노력하며, 실패 앞에서도 좌절하지 않고, 시작한 일은 일단 끝내는 경향이 있다.[110]

성공과 실패의 경우에도 마찬가지다. 사람은 자신이 거둔 성공은 본인의 노력과 내면의 천재성 덕분이고, 실패는 불운과 다른 사람 탓이라고 여기는 경향이 있다. 하지만 매우 성실한 사람은 좋은 일뿐만 아니라 나쁜 일까지 책임질 준비가 되어 있기 때문에 남들 눈에 더 믿고 의지할 수 있는 사람처럼 보인다.[111]

물론 모든 걸 자기 뜻대로 통제할 수는 없다. 우리 인생의 어떤 부분은 실제로 우연이나 양육 방식, 주변의 다른 사람들에 따라 달라진다. 하지만 성실성을 높이는 문제와 관련해서는, 일반적으로 내면의 통제 광을 잘 다스리면서 자신의 세계를 형성하는 힘에 집중하는 것이 좋다.

성실성을 높이는 법 2: 미루는 습관 버리는 3가지 기술

"(자꾸 미루다 보면) 내일이 일주일 중 가장 바쁜 날이 되기 쉽다."

– 스페인 속담

이것이 어떤 기분인지 여러분도 잘 알 것이다. 아침부터 처리해야 할 중요한 일이 있었는데 갑자기 다른 일에 정신을 팔아버리는 것이다. 이메일 확인, 스케이트보드 타는 오리 동영상 보기, 잠깐 나가서 새 메모장 사오기, 커피 끓이기, 강아지 오전 산책, 아래층 화장실 전구 갈기, 팟캐스트 듣기, 강아지 오후 산책, 저녁 준비, 친구에게 전화 걸어 수다 떨기, 양말 꿰매기, 한참 전부터 삐걱거리는 소리가 나서 신경에 거슬렸던 문에 기름칠하기, 오늘의 마지막 개 산책 등등 종일 바쁘게 돌아다니다가 그대로 잠자리에 든다.

심리학자들의 조사 결과에 따르면 대상자의 95퍼센트 정도가 해야 할 일을 미룬다(나머지 5퍼센트는 내일 설문에 응하겠다고 말했다). 그렇게 미루는 이유는 무엇일까? 그리고 일을 미루면 무엇을 얻을까?

성실한 사람은 일을 미루지 않는 놀라운 능력이 있다. 미루기를 멈추고 당장 일을 시작하기 위해 활용할 수 있는 기술 몇 가지를 소개하겠다.

미래에 대해 생각하기

텔레비전 애니메이션 시리즈인 〈심슨 가족The Simpsons〉의 한 에피소드에서 아내 마지가 남편 호머에게 언젠가 아이들이 커서 집을 떠날 때가 되면 아이들과 더 많은 시간을 함께하지 못한 것을 후회할 것 같다고 말한다. 그러자 술을 마시던 호머는 그건 '미래의 호머'가 알아서 할 문제고, 자신은 그 남자가 전혀 부럽지 않다고 말한다.

사람들은 대부분 자기가 한 행동의 장기적인 결과에 연연하기보다는 호머처럼 생각하며 현재를 즐기려는 성향이 있다. 장기적으로 체중이 늘 것에 대한 걱정은 하지 않은 채 맛있는 크림 케이크에 손을 뻗고, 흡연이 건강에 미치는 부정적인 영향을 애써 잊은 척하며 새 담배에 불을 붙인다. '현 시점'만을 중시하는 이러한 사고방식이 미루는 행동을 더욱 부추긴다. 이렇게 일을 미루는 사람들은 즐거운 저녁 시간을 보내느라 세금 신고서를 제때 제출하지 않기도 하고, 중요한 프로젝트 진행에 필요한 일을 하는 것보다 재미있는 컴퓨터게임 쪽을 택한다.[112]

긍정적으로 생각하면, 좀 더 장기적인 관점으로 옮겨가기 전에 잠시 딴 일을 하며 시간을 보내면 놀랄 만큼 극적인 효과가 생긴다는 연구 결과도 있다. 몇 년 전에 할 허시필드Hal Hershfield라는 심리학자가 젊은 지원자들을 모집해 가상현실 실험실에서 거울을 들여다보게 했다. 그중 일부 지원자들에게는 현재에 집중하게 하면서 거울에 본인의 평범한 모습을 비추어 보여줬다. 반면, 다른 지원자들에게는 미래를 생각하라고 하면서 그들의 사진을 수정해 마치 황혼기에 접어든 것처럼 보이는 모습을 보여줬다. 이후 지원자들에게 1,000달러를 주고 그 돈의 일부를 장기저축예금에 투자할 기회를 줬다. 그러자 자신의 나이든 모습을 본 쪽이 계좌에 훨씬 많은 돈을 입금했다.[113]

미루는 버릇도 마찬가지다. 예컨대 미루는 습관을 피하려면, 프로젝트에 관한 작업을 시작하지 않으면 마감일이 다가옴에 따라 스트레스가 얼마나 커질지 생각해보는 것이 좋다. 다이어트를 계속 미루면 체중이 늘고 병에 걸릴 수도 있다. 밀린 이메일에 답장을 보내지 않으면 승진 기회가 줄어들 것이다. 또 당장 보고서를 쓰기 시작하지 않으면 다른 사람들의 업무가 늘어나므로 결국 그들이 여러분을 좋지 않게 생각할 것이다.

당장 일을 시작하지 않을 경우 앞으로 발생할 문제들을 생각해보자.

한 번에 하나씩 해치우자

아폴로 항공관제사였던 제리 보스틱은 생산성에 관해 단순하면서도 강력한 통찰을 했다. "원하는 일을 다 할 시간이 없다고 해서 아무 일도 하지 않아선 안 된다."[114] 일을 자꾸 미루는 사람들에게도 해당되는 말이다. 앞에 놓인 일의 규모가 너무 커서 부담스러운 나머지 마비된 듯한 기분을 느끼면서 결국 아무 일도 하지 않게 되는 경우가 많다.

이런 문제를 극복하려면 건축가들이 벽돌을 하나씩 쌓아 올리는 것처럼 일을 하나씩 처리해보자. 체중을 5킬로그램 줄여야 한다면 불가능한 목표처럼 느껴져서 다이어트를 자꾸 미루고 싶어질지도 모른다. 하지만 한 달에 500그램씩만 줄이겠다는 목표를 세우면 쉽게 시작할 수 있다. 마찬가지로, 처음부터 성공적인 스타트업 기업을 만들어야 한다고 생각하면 의욕이 꺾일 수도 있지만, 일주일에 하루씩만 저녁에 시간을 내서 새로운 사업에 공을 들인다면 훨씬 해볼 만하다는 기분이 들 것이다. 일단 시작하는 것이 중요하다. 어떻게든 시작만 하면 계속 해나가는 건 훨씬 쉽기 때문이다. 건축에 관한 비유를 좀 더 확장해서, 자신을 어떤 날씨에도 열심히 일할 의지가 있는 부지런한 건축가라고 생각해보자. 비가 오건 화창하건, 일할 기분이건 아니건 상관없이 건물 토대를 놓고 시멘트를 섞고 벽을 쌓기 시작해야 한다. 일하기에 알맞은 기분이거나 정신 상태여야만 일을 시작할 수 있다는 생각을 버리자. 기분 같은 건 무시하고 일단 서둘러야 한다.

훌륭한 건축가처럼 한 번에 하나씩 벽돌을 쌓아 올리면서 날씨에 상관없이 일하자.

현명한 기한 설정

마감 기한을 정해두면 눈에 띄는 것 이상의 효과가 있다. 몇 년 전, 플로리다대학교의 옌핑 투Yanping Tu 교수는 사람들이 일을 끝내야 하는 기한을 며칠이나 몇 주, 몇 달 혹은 몇 년 단위로 분류하는 경향이 있음

을 깨달았다. 그는 한 연구에 참가한 실험 지원자들에게 앞으로 6개월
안에 은행 계좌를 개설하면 소정의 사례를 하겠다고 제안했다. 일부 지
원자는 6월에 이 과제를 받았고 기한은 12월까지였다. 다른 지원자들
은 7월에 과제를 받았고 기한은 1월까지였다. 둘 중 '6월에서 12월까
지' 그룹에 속한 사람들이 과제를 완료한 비율이 훨씬 높았다. 왜 그럴
까? 과제 완료일이 내년으로 넘어가면, 더 나중까지 미룰 수 있다고 생
각하기 때문이다.[115] 다른 연구에서도 마찬가지로, 한 지원자 그룹에게
는 월요일에 과제를 내주면서 금요일까지 완료하라고 말하고, 다른 그
룹에게는 목요일에 똑같은 과제를 내주면서 다음 주 월요일까지 완료
하라고 했다. 이번에도 마감일이 다음 주로 넘어간 사람들 쪽이 더 꾸
물거렸다.

그러니 기한을 정할 때는 다음 주나 다음 달, 혹은 내년으로 넘어가지 않게 하자. 또 일을 처리하는 데 필요한 일수를 계산해서 기한에 대한 생각을 바꾸자. 투 교수의 다른 연구에 따르면 마감일을 달력에 표시하고 지금부터 그 날짜 사이의 모든 날을 같은 색으로 칠한 다음 번호를 매기면 도움이 된다고 한다.

마지막으로, 기한은 최대한 구체적으로 정한다. 주말까지 보고서를 제출하겠다고 말해선 안 된다. 그보다는 금요일 오후 3시까지 책상에 올려놓겠다고 말하자.

기한은 압박감이 느껴질 만큼 가까운 날짜로 정하자.

성실성을 높이는 법 3: 성공하는 사람들의 7가지 습관

심리학자들은 오랜 기간에 걸쳐 극도로 성실한 사람들의 습관을 파악했다. 이 습관들을 여러분 삶에 적용하고 무슨 일이 일어나는지 지켜보자.

습관 1: 모든 걸 제자리에 두자

성실한 사람들은 정리를 잘한다. 집에서는 일어나자마자 침대를 정리하고, 식사 후 바로 설거지를 하며, 쓰레기통이 넘치기 전에 내다 버린다. 직장에서는 책상을 깔끔하게 정돈하고 서류도 그때그때 정리한다. 또 매일같이 계획을 세우고, 목록을 만들거나 일정표를 자주 확인해서 중요한 정보와 날짜를 기억한다.

– 정리를 잘하자. 직장에서는 쌓인 종이를 치우고, 펜과 연필은 정해진 서랍에 보관하며, 반쯤 채워져 있는 머그잔도 다 치운다. 매일 아침 5분씩 시간을 내서 그날 할 일을 미리 계획하고, 저녁에 퇴근할 때는 책상을 꼭 치우고 간다. 또 중요한 정보를 적어놓는 습관을 들이자. 기업가 리처드 브랜슨Richard Branson은 항상 공책을 가지고 다닌다. 오프라 윈프리는 거의 평생 동안 일기를 썼고, 조지 루카스George Lucas는 꾸준히 공책에 아이디어를 적는다.

습관 2 : 시간을 반으로 줄이자

1955년에 영국 역사가이자 작가인 시릴 노스코트 파킨슨Cyril North-cote Parkinson은 사람들은 어떤 일을 하기 위한 시간이 주어지면 그 시간을 최대한 끝까지 사용한다고 말했다. 파킨슨 법칙으로 알려진 이 개념을 시험해본 결과 기대 이상의 성과가 나왔다.[116] 성실한 사람은 마감 시한을 단축하면 업무를 효율적으로 진행할 혁신적인 방법을 찾아서 시간 낭비를 막을 수 있다는 걸 안다.

– 작업을 마치는 데 시간이 얼마나 걸릴지 생각해본 뒤 자신에게 그 절

반의 시간만 주자. 1시간 동안 전화 통화를 할 예정인가? 30분으로 줄여라. 작문 숙제를 사흘 동안 할 생각인가? 그렇다면 이틀 안에 마치는 걸 목표로 삼자. 그 시간 안에 다 마치지 못하더라도 일을 대부분 끝내놓으면, 더 문제 되는 부분에 주의를 집중할 시간이 생길 것이다.

습관 3 : 10분 먼저 도착하자

성실한 사람은 시간을 잘 지킨다.[117] 회의를 놓치거나, 막판에 일을 취소하거나, 늦게 도착하지 않는다. 그 이유 중 하나는 대개 시계를 차고 다니기 때문이다. 시계를 찬 사람은 제시간에 도착할 확률이 높다.[118] 게다가 그들은 어딘가에 도착하기까지 시간이 얼마나 걸리는지 남들보다 정확하게 알고 있다. 몇 년 전, 샌디에이고주립대학교의 심리학자 제프 콘테Jeff Conte가 두 그룹의 실험 지원자들이 시간을 인식하는 방법을 조사했다.[119] 한 그룹은 대체로 시간을 잘 지키는 사람들이고, 다른 그룹은 항상 늦는 사람들이었다. 모든 지원자에게 시계를 보지 말고 속으로 1분을 잰 후 1분이 됐다고 생각되면 말해달라고 했다. 그러자 평소 시간을 잘 지키는 이들은 대부분 정확하게 알아맞힌 반면, 항상 늦는 사람들은 대부분 80초 가까이 지나서야 1분이 됐다고 말했다. 또 성실한 사람은 아무리 계획을 잘 세워놔도 일이 틀어지는 경우가 많다는 걸 알기에, 버스가 늦게 오거나 혼잡한 거리에서 헤매는 등 발생 가능한 문제들을 미리 감안한다.

- 어딘가에 가는 데 걸리는 시간을 현실적으로 파악한다. 예상치 못하게 지연되는 상황을 감안하고, 시계를 차고, 일찍 도착할 수 있도록 계획을 세운다. 몇몇 비행관제사들의 말처럼, '회의 시간보다 10분 빨리 오지 않으면 늦은 것이다.'

습관 4 : 개구리 식단을 받아들이자

성실한 사람은 마크 트웨인Mark Twain의 충고에 따라 '개구리 식단'을 택할 가능성이 크다. 트웨인은 "개구리를 꼭 먹어야 한다면 아침에 일어나자마자 먹는 게 좋다. 또 개구리를 두 마리 먹어야 한다면 큰놈부터 먼저 먹어라"라고 말했다. 생산성을 높이는 훌륭한 방법을 설명한 것이다. 하고 싶지 않은 일이 있다면 아침에 가장 먼저 그 일부터 하라. 그렇게 싫은 일을 해치우고 나면 기운도 나고, 남은 하루 동안 성취감과 활기도 느낄 수 있을 것이다.

- 힘든 일부터 먼저 처리하며 하루를 시작하자.

습관 5 : 무리한 약속을 하지 말자

성실한 사람이 약속을 지킬 수 있는 가장 중요한 이유 중 하나는 무리한 약속을 하지 않기 때문이다. 2008년에 프린스턴대학교의 에밀리 프로닌Emily Pronin이 실험 지원자들에게 간장과 케첩을 섞은 끔찍한 맛의 혼합물을 먹게 했다.[120] 지원자 중 일부에게는 그 자리에서 당장 그 불쾌한 음료를 얼마나 마실 수 있느냐고 물어봤고, 다른 지원자들에게는 2주 동안 얼마나 마실 수 있겠느냐고 물어봤다. '그 자리에서 당장' 마실 양을 정해야 하는 지원자들은 두 숟가락만 마시겠다고 말한 반면, 나중에 먹을 양을 예측한 사람들은 반 컵은 마실 각오가 돼 있다고 말했다. 이는 일상생활에서도 마찬가지다. 우리는 미래의 시간과 에너지를 과대평가하는 경향이 있기 때문에, 결국 스스로 감당할 수 있는 것보다 많은 일을 떠맡게 된다.

– 미래의 어떤 일을 약속할 때, '내일 이걸 하고 싶어?'라고 자문해보면 성실한 사람처럼 행동할 수 있다. 만약 답이 '아니'라면, 요청을 정중하게 거절할 방법을 찾아야 한다.

습관 6 : 일시 중지 버튼을 누르자

즉각적인 만족을 원하는 마음을 극복하지 못하면 나쁜 습관, 재정적 문제, 건강 문제, 생산성 부족, 전반적인 게으름으로 이어질 수 있다. 성실한 사람들은 유혹을 피하는 데 능하다. 돈 문제와 관련해 충동구매를 하거나 신용카드 한도를 초과하거나 청구서 지불을 잊는 법이 없다. 또 식습관 면에서도 유혹에 굴하지 않는 경향이 있으므로 사탕과 초콜릿을 마구 먹어대지 않는다. 이렇게 자제력이 뛰어나기 때문에, 그들은 문제가 발생하기 전에 예방하는 편이 훨씬 쉽다는 것도 안다. 예컨대 재정 문제와 관련해서는 원하지 않거나 필요 없는 걸 사지 않으며, 연체료를 내거나 신용등급이 낮아지는 일도 없다. 설탕이 많이 든 간식을 피하니 과체중이 되거나 여러 건강 문제로 고통받을 가능성도 적다.

– 즉각적인 만족을 원하는 욕구를 극복하려면 종종 일시 중지를 선언해야 한다. 충동적으로 행동하고 싶어지면, 잠시 멈추자. 유혹을 느낀 순간과 행동에 옮기는 순간 사이에 간격을 약간 두는 것이다. 예를 들어, 충동적으로 뭔가를 사고 싶어지면 그걸 정말 살 필요가 있는지 자문해보자. '그렇다'는 답이 나오더라도, 그 자리에서 벗어나 커피를 한 잔 마시면서 곰곰이 생각해보라. 마찬가지로, 갑자기 몸에 좋지 않은 간식이 먹고 싶어졌을 때도 잠시 고민해보자. 그게 과연 최선인지 자문하면 훨씬 나은 선택을 할 수 있을 것이다.

습관 7 : 공정성을 지키자

몇 년 전에 사우스플로리다대학교의 연구원들이 과학을 공부하는 학생들에게 각자 인성 검사를 받은 다음 자신이 실험실에서 얼마나 많은 시간을 보냈는지 보고해달라고 했다.[121] 학생들은 설문지를 작성하기 전에, 자신들이 실험실에서 보낸 시간에 대해 보상(학점)을 받을 것이라는 얘기를 들었다. 실험실에서 보낸 시간이 길다고 말할수록 보상이 커지는 것이다. 그다음 연구진이 학생들이 실제로 실험실에서 보낸 시간을 몰래 기록해보니, 성실한 학생은 다른 지원자들보다 훨씬 정직하게 행동했다. 이런 정직성은 일상생활 속에서도 발휘된다. 성실한 사람은 근무 시간 기록표를 속이거나, 사무용품을 훔치거나, 거짓말을 하거나, 게임이나 스포츠를 할 때 규칙을 어기거나, 쓰레기를 함부로 버리거나, 뭔가를 빌리고는 돌려주지 않거나, 남의 물건을 허락도 없이 사용할 확률이 낮다. 항상 공명정대하게 행동하고, 실수를 저질렀을 때 사과할 가능성이 매우 크며,[122] 다른 사람들을 존중한다.

> – 성실한 사람들은 정직하므로 주변 사람들의 신뢰와 존경을 받는다. 정직하고 믿음직스러운 사람이 되어야 한다. 남을 이용하거나 정당한 자기 몫 이상을 욕심내지 말자.

성실성을 높이는 법 4: 주변 사람을 실망시키지만 않아도 성공이다

고리타분한 농담이 하나 있다. '풍선 교사가 핀을 들고 풍선 학교를 뛰어다니면서 소동을 일으키는 풍선 학생에게 뭐라고 했을까? 너는 나를 실망시키고, 학교를 실망시키고, 무엇보다 너 자신까지 실망시키는구나(원문의 let down에는 '실망시키다'와 '바람을 빼다'라는 의미가 모두 있음－옮긴이).'

다른 사람들을 실망시키지 않으면 성실성을 높이는 데 도움이 된다. 크리스 크래프트의 주목할 만한 리더십은 '나 때문에 실패하는 일은 없을 거야'라는 중요한 태도를 우주비행관제센터 전체에 불어넣는 데 도움이 되었다. 크래프트는 직원들에게 할 일을 주고 그 일을 맡겼다. 그를 존경하는 모두가 열심히 일해서 자신이 그의 신임을 받을 자격이 있다는 사실을 보여주고자 했다.

– 자기만의 크리스 크래프트를 찾자. 가장 존경하는 인물이 누구인가? 부모나 상사, 동료, 친구일 수도 있다. 이제 그들에게 깊은 인상을 주기 위해 맡은 일을 열심히 한다고 상상해보자. 그들을 실망시키고 싶지 않다고 생각하면서 능력을 최대한 발휘해 임무를 수행하자.
– 다른 사람에게 영감을 주고 싶다면, 크래프트의 방식을 이용해 자신의 평판에 대한 믿음과 여러분을 실망시키고 싶지 않다는 욕망을 심어주자. 독일의 위대한 작가이자 철학자 요한 볼프강 폰 괴테Johann Wolfgang von Goethe의 말처럼, '상대방을 있는 그대로 대한다면, 그는 지금 모습 그대로 남을 것이다. 하지만 그가 가장 바람직한 모습이 된 것처럼 대한다면, 그는 실제로 그런 인물이 될 것이다.'

요약

사기를 높이는 태도를 기르려면 '나 때문에 실패하는 일은 없을 것이다'라는 아폴로 계획의 표어를 기억하자.

– 자신의 삶을 형성하는 데 필요한 힘에 초점을 맞추어 내적 통제 성향을 발달시킨다.

– 미래를 생각해 미루는 습관을 없앤다. 한 번에 하나씩 일을 처리하고, 기한을 현명하게 정한다.

– 성실한 사람들의 일곱 가지 습관을 익힌다. 예컨대 하기 싫은 일을 가장 먼저 해치우고, 항상 10분 먼저 도착하고, '내일 그 일을 하고 싶어?'라는 마법의 질문을 자신에게 던지는 것이다.

– 존경하는 사람을 떠올리면서, 그가 여러분이 어떤 일을 해내리라고 믿고 있다고 상상해보자. 절대 그 사람을 실망시켜선 안 된다.

우주비행관제사들이 얼마나 헌신적이었는지 보여주는 짤막한 일화가 있다.

전설적인 비행관제사인 존 루엘린John Llewellyn이 관제센터로 차를 몰고 가던 중에 차가 도로에서 미끄러져 철조망을 뚫고 들어간 일이 있었다. 루엘린은 진흙탕에서 차를 빼낼 수가 없었다. 그래서 그는 어둠 속을 몇 킬로미터나 걸어 직장에 도착했다.

또 한번은 교대 시간에 늦었는데 주차 공간을 찾지 못하자, 차를 몰고 건물 계단을 올라가 정문 바로 옆에 차를 세웠다. 그 결과, 그는 자동차 통행증을 빼앗겼다.

그는 이에 굴하지 않고 며칠 후 말을 타고 출근해서 관제센터 주차장에 말을 묶어뒀다.

어떤 일을 하기로 결심했으면, 그 일에 전념하며 자기 자리를 지켜야 한다.

CHAPTER 6

일단 한번
해보는 거다

달로 향하는 첫 번째 유인우주선을 타고
미지의 세계로 뛰어든 모험을 통해, 입으로만 떠들기보다
실제 행동에 나설 용기를 얻을 수 있는 방법을 알아보자.

*

1968년 말, 소련은 우주 경쟁에서 또 하나의 중요한 성공을 거뒀다고 발표했다. 존드 5 Zond 5라는 수수께끼 같은 이름이 붙은 우주선이 우주 공간을 날아가 달을 선회한 후 안전하게 지구로 돌아왔기 때문이다. 우주선에는 거북이 두 마리와 초파리 떼, 밀웜 두 마리 등 기이한 생물들이 타고 있었다. 소련은 우주선에 테이프 플레이어를 장착하고, 미리 녹음해둔 우주비행사들의 대화를 틀었다. 소련 측의 계획대로, 이 녹음을 엿들은 미국인들은 적어도 한동안은 자신들의 숙적이 인간을 달에 보내는 데 성공했다고 믿었다.[123]

지구로 돌아온 존드 5호를 소련 과학자들이 검사한 결과 우주여행을 떠난 동물들은 모두 살아 있었다. 몸무게가 10퍼센트 정도 줄어든 거북이만이 우주여행이 신체에 나쁜 영향을 미친다는 유일한 증거였다. 또다시 미국이 우주 경쟁에서 뒤처진 듯했다. 더 안 좋은 일은, CIA가 몰래 가로챈 비밀 메시지를 통해 소련이 1968년 말이 되기 전에 인간을 달에 보낼 준비를 하고 있다는 사실이 밝혀진 것이었다.

나쁜 소식은 계속됐다. 미국의 다음 임무인 아폴로 8호는 원래 지구 궤도를 돌면서 달 착륙선을 시험하도록 설계되었다. 하지만 달 착륙선에 문제가 있어서 완벽하지 않다는 사실이 밝혀지자, 기술진은 적어도 1969년 2월까지는 이것을 사용하지 못할 것이라고 판단했다. 존드 5호의 성공에 당황한 데다 달 착륙선의 완성이 늦어지는 걸 우려한 미국의 고위 우주 관계자들은 대담성과 용감성을 발휘해 계획을 신속하게 바꾸기로 했다. 관계자들은 아폴로 8호가 단순히 지구를 한 바퀴 도는 게 아니라, 우주비행사들이 달 궤도를 돈 최초의 인간이 되면 어떨까 생각했다.

불안과 공포에 맞서라

아폴로 공학자와 과학자들은 몇 달 안에 이 새롭고 야심 찬 임무를 준비할 수 있느냐는 질문을 받았다. 누가 봐도 위험한 일이었다. 우주선 궤도가 약간이라도 빗나간다면, 우주비행사들은 깊은 우주로 향하거나 달에 충돌할 것이다. 게다가 임무를 위해서는 우주비행사들이 달 뒤편으로 가야 하는데, 이때는 우주비행관제센터와의 연락이 끊어진다. 그동안 비행사들은 달 궤도에 진입하기 위해 고안된 까다로운 조종 과정을 해내야 한다. 사소한 실수 하나도 치명적일 수 있었다. 그러나 운항 책임자인 글린 루니가 계획 변경 소식을 듣고 보인 반응처럼, 전반적으로 '안 될 거 없지'라는 분위기가 있었다.

고위 관계자들의 생각을 알았을 때 내가 처음 보인 반응은 '잠깐만요, 아직은 불가능합니다'였다. 하지만 1, 2분쯤 생각해보고는, "흠, 사실 아주 괜찮은 생각인데, 난 왜 그런 생각을 못 했을까?" 하고 혼잣말을 했다. 많은 사람이 그런 반응을 보였다. 우리는 몇 년 동안 이 임무를 준비해왔고, 결국 해낼 예정이었다. 몇 달 후에는 우리가 더 똑똑해질까? 아니다. 장비가 더 나아질까? 아닐 것이다. 우리는 어떤 위험이 있는지 알고, 조만간 그 위험을 감수해야 한다. 그러니 기다릴 필요가 뭐 있겠는가?[124]

한 회의에서 루니는 이런 생각을 "달에 갈 생각이 있다면 빨리 가야 한다"라는 강렬한 표현으로 줄여서 전달했다.[125] 우주비행관제센터는 급격한 계획 변경에 동의했고, 우주비행사 프랭크 보먼Frank Borman, 제임스 러벌James Lovell, 윌리엄 앤더스William Anders가 선발되었다. 관계자는 임무가 성공할 것이라고 확신하지 못했다. 나중에 보먼의 아내 수전은 운항 책임자 크리스 크래프트에게 남편이 살아 돌아올 확률이 얼마나 되는지 현실적으로 말해달라고 부탁했다. 잠시 침묵하던 크래프트는 '50 대 50'이라고 대답했다.[126]

본격적인 임무가 시작되자 다들 아폴로 8호의 역사적인 비행을 준비하기 시작했다. 아폴로 임무를 수행하려면 돈이 많이 들었다. 새턴 V 로켓을 우주로 보내는 데 1억 8,500만 달러[2,000억 원. 오늘날의 시세로 환산하면 약 11억 6,000만 달러(약 1조 4,000억 원)-옮긴이]가 들었고, 우주선 제작비만도 1억 1,000만 달러(약 1,300억 원-옮긴이)가 들었다. 1968

년 9월 말에 아폴로 8호의 새턴 V의 조립이 완료되었고, 2주 후에 이 거대한 로켓이 천천히 발사대로 옮겨졌다. 광범위한 테스트 끝에, 12월 21일에 발사하기 위한 무대가 마련되었다.

출발 전날, 세계적으로 유명한 비행사 찰스 린드버그Charles Lindbergh가 아폴로 8호 우주비행사들을 만나러 왔다. 린드버그는 1927년에 뉴욕에서 파리까지 5,800킬로미터를 33시간 30분 만에 주파해 사상 최초의 무착륙 대서양 횡단 비행을 성공함으로써 국제적인 명성을 얻었다. 그로부터 겨우 41년이 지난 후 아폴로 8호 우주비행사들은 우주 공간을 38만 킬로미터 이상 이동해 달 궤도를 돈 후 안전하게 지구로 귀환하는 것을 목표로 삼았다. 떠나기 직전에 린드버그는 새턴 V가 1초 동안 사용하는 연료량이 자신이 대서양 횡단 비행 중에 사용한 총 연료량보다 열 배나 많을 것이라고 계산했다.

발사 당일, 케이프 커내버럴에 모인 수십만 인파가 케네디 우주센터에서 또 하나의 새턴 V 로켓이 발사되기를 기다렸다. 인파에서 몇 킬로미터 떨어진 곳에 있던 보먼과 다른 승무원들은 화이트 룸에 들어가 준비를 마치고 사령선에 탑승했다. 그 어느 때보다 신중한 모습이던 귄터 벤트는 사령선의 좌석마다 작은 크리스마스 장식을 걸어두었다.[127] 벤트는 조심스럽게 비행사들의 안전벨트를 죄어주고 사령선 출입구를 닫았다. 마침내 아폴로 8호가 우주로 발사될 준비가 끝났다. 새턴 V 로켓 발사의 모든 단계가 완벽하게 진행되어 승무원들은 곧 지구 궤도에 진입했다. 3시간 후, 우주비행사들은 엔진을 가동하여 시속 3만 8,000킬로미터까지 가속했고, 이들은 달로 가는 여행을 시작한 최초의 인간이 되었다.

우주선에는 할 일이 매우 많았다. 아폴로 8호 항법 시스템의 핵심은 항성 지도, 망원경, 육분의에 의존했다. 옛날 콜럼버스가 아메리카 대륙에 갈 때 사용했던 것과 같은 종류의 장비였지만, 승무원들은 이 기술을 자주 활용해서 올바른 방향으로 가고 있는지 확인해야 했다. 또 이들은 태양 때문에 외부 패널이 과열되는 현상을 막기 위해 1시간에 한 번씩 우주선을 회전시켜야 했다. 수동 열 제어 또는 대부분의 팀원들이 '바비큐 롤'이라고 부르는 절차였다.

승무원들은 자신들의 대소변과 토사물도 처리해야 했다. 이 여행 동안 보먼은 심한 '우주 부적응 증후군'을 앓았고, 그 결과 우주선은 토사물과 설사로 이루어진 작은 방울들로 가득찼다. 우주비행사들은 혼란을 최소화하기 위해 종이 타월로 이 방울들을 잡으려고 선실 내를 이리저리 기어 다니는 수밖에 없었다.

또 하나 불만스러운 점은 아폴로 8호의 음식이 훌륭하지 않다는 것이었다. 식사는 냉동한 다음 진공실에 넣어 습기를 모두 제거했다. 우주비행사들은 배가 고프면 물총을 사용해 음식이 든 봉지에 더운물이나 찬물을 주입한 다음 곤죽이 된 음식을 입에 짜 넣었다.

모든 게 놀라울 만큼 순조로웠다. 3일간 진공 포장된 식사와 바비큐 롤, 공중에 떠다니는 대변 소동을 겪으면서 아폴로 8호는 빠른 속도로 달에 접근하고 있었다.

침착하게 일을 계속 해내는 법

달 궤도를 돌기 시작하려면, 승무원들은 매우 위험하고 까다로운 기술을 발휘해야 했다. 그 과정에는 우주선을 회전시킨 다음 엔진 시스템을 점화하는 작업도 포함되었다. 움직이는 반대 방향으로 힘을 가하면 우주선 속도가 느려져서 달의 중력권에 진입할 수 있기 때문이다. 만약 엔진 시스템이 작동하지 않는다면 승무원들은 달 궤도에서 벗어나 곧장 지구로 향하게 될 것이었다. 또 엔진 분사가 너무 오래 지속되면 승무원들이 빠른 속도로 달 표면까지 하강해 뜻하지 않게 달에 간 최초의 인간이 될 위험성이 있었다. 더 나쁜 점은 우주비행사들이 달 뒤편에 있어서 우주비행관제센터와 연락이 끊어질 때 이 어려운 절차를 수행해야 한다는 것이었다.

연락이 두절되기 3분쯤 전, 관제센터는 우주비행사들에게 '커스터드'라는 말이 들어간 수수께끼 같은 통신문을 보냈다. 이 이상한 메시지는 원래 아폴로 8호 사령관 프랭크 보먼과 그의 아내 수전이 주고받던 것이었다. 프랭크는 예전에 군에서 시험 비행사로 일했다. 수전은 남편이 위험한 상황에 직면해 있음을 깨달을 때마다, 자신이 남편을 생각하며 가족들을 돌보고 있다는 사실을 유쾌하게 전하기 위해 '175도로 예열한 오븐에서 커스터드를 굽고 있다'라는 표현을 쓰곤 했다. 이 표현을 알고 있었던 몇몇 관제사들은 아폴로 8호가 달 뒤로 사라지기 3분 전에 관제센터에서 보먼에게 이 메시지를 보냈다.

'175도로 예열한 오븐에서 커스터드를 굽고 있다.'

애정 어린 마음에서 우러난 감동적인 표현이었다. 하지만 안타깝게도, 예상치 못한 통신 내용과 심한 통신 소음 때문에 보먼은 뜻을 이해하는 데 애를 먹었다. 잠시 뒤 보먼이 대답했다. "무슨 말인지 모르겠다." 그 한마디가 다였다.

연락이 끊기기 몇 초 전, 관제센터에서는 승무원들의 안전한 여행을 빌어줬다. 러벌은 낙천적으로 대답했다. "반대편에서 만납시다." 잠시 후 아폴로 8호는 달 뒤로 사라졌다.

우주비행사들은 이제 달 궤도에 진입하는 작업을 수행해야 했다. 실수할 여지는 거의 없었다. 이상적인 상황이라면 우주선을 회전시킨 다음 정확히 4분 2초 동안 엔진을 점화시킬 것이다. 그리고 모든 일이 계획대로 된다면, 관제센터는 아폴로 8호가 화면에서 사라진 지 32분이 지난 뒤부터 연락을 재개할 수 있을 것이다.[128]

관제사들은 침묵 속에서 기다렸다. 만약 우주선이 다시 나타나지 않으면 뭐가 잘못됐는지 알 도리가 없다는 사실을 다들 알고 있었다. 그런 상황에서 다른 승무원들에게 비슷한 임무를 맡긴다는 건 무모한 짓이므로, 어쩌면 아폴로 프로그램 전체가 막을 내릴 수도 있었다. 그저 기다려야 한다는 사실을 깨달은 운항 책임자 글린 루니는 지금이 편하게 휴식을 취하기에 알맞은 때라고 관제사들에게 말했다. 다들 담배에 불을 붙이거나 껌을 씹거나 커피를 홀짝거렸다.

용기 있게 맞서면 결실을 얻는다

엔진 점화는 계획대로 정확히 진행되었지만, 나중에 우주비행사들은 이것이 자기들 인생에서 가장 긴 4분이었다고 말했다. 아폴로 8호는 달 궤도에 진입했고 보먼, 러벌, 앤더스는 달 반대편을 본 최초의 인간이 되었다. 그 후 아폴로 8호는 때맞춰 우주비행관제센터 스크린에 다시 나타나 지구와의 접촉을 재개했다. 관제사들은 환호성을 올리고 박수를 치면서 다 함께 축하했다. 기다리고 있던 전 세계인들에게 이 좋은 소식이 전해졌고, 곧 수백만 명이 축하 행렬에 동참했다. 영국의 대표적인 천문학자 버나드 러벌Bernard Lovell 경은 '인류 역사상 가장 중요한 발전이 이루어진 순간'이라고 언급했다.[129]

달 표면에서 겨우 100킬로미터 떨어진 상공을 선회하던 세 우주비행사는 달 표면을 가까이에서 볼 수 있었다. 우주선의 작은 창문을 통해 달을 내려다본 세 사람은 끝없이 펼쳐진 희끗희끗한 달 먼지의 바다에 압도당했다. 보먼은 나중에 이 모습을 두고 '광대하고 외롭고 으스스한 무無의 확장' 같다고 표현했다. 그로부터 20시간 동안 우주비행사들은 계속 달 주위를 돌면서 사진을 찍고, 곧 진행될 다음 임무에 적합한 착륙 장소를 평가하고, 분화구에 이름을 붙였다. 러벌은 아내에게 '메릴린산Mount Marilyn'을 헌정하는 감동적인 모습을 보였다.

어느 순간, 지구가 달의 지평선 뒤에서 모습을 드러냈고 승무원들은 '지구돋이Earthrise'를 목격한 최초의 인간이 되었다. 눈앞에 보이는 광경에 흥분한 그들은(앤더스: "맙소사! 저기 저 그림 좀 봐요! 지구가 떠오르고 있어요. 세상에, 정말 예쁘네") 카메라를 꺼내 이 놀라운 장면을 몇 장 찍었다. 2016년에 《타임》지는 이때 찍은 최고의 사진을 20세기의 가장 영향력 있고 시적인 이미지 중 하나로 선정했다.

크리스마스이브에 아홉 번째로 달 주위를 돌던 아폴로 8호 승무원들은 지구인들을 위해 텔레비전 생중계를 시작했다. 수백만 명의 시청자들이 지켜보는 가운데, 우주비행사들은 돌아가며 성경의 창세기("태초에 하느님이 천지를 창조하시니라")를 한 구절씩 읽었고, 보먼이 지구인들에게 즐거운 크리스마스를 보내라고 인사하면서 방송을 마무리했다. 성경을 읽자는 아이디어는 어느 NASA 공보관의 아내가 냈다. NASA는 성경 구절을 불에 타지 않는 내화지에 타이핑해서 승무원들의 임무 지시서 뒤쪽에 끼워 넣었다.[130] 이 방송은 시청자들에게 감동적이고 극적인 순간을 선사했고, 우주비행사들은 나중에 에미상을 수상했다. 비행관제사들은 대부분 신앙인이었기 때문에 성서 낭독은 그들에게 특히 중요한 의미가 있었다. 관제센터 앞쪽에 앉아 있던 제리 보스틱은 조용히 기도를 올리며 이 역사적인 프로젝트에 참여하게 된 것을 신에게 감사했다.[131]

동료 지구인들이 크리스마스 낮잠을 즐기는 동안, 아폴로 8호의 승무원들은 또 하나의 매우 위험한 임무를 준비했다. 고향 행성으로 돌아가기 위해 우주선 엔진을 다시 작동시켜야 했다. 만약 엔진 시스템이 작동하지 않는다면 승무원들은 달 궤도에 갇혀서 달 주위를 계속 돌다가 죽게 될 것이었다. 또 엔진 점화가 너무 오래 지속되거나 정확한 순간에 실행되지 않으면 아폴로 8호가 먼 우주 공간으로 날아갈 가능성도 있었다. 이번에도 우주비행사들이 달 뒤편에 있는 동안 이 까다로운 절차를 진행해야 했기 때문에 관제센터와 연락할 수가 없었다.

그날 관제센터에는 찰스 디터리치Charles Deiterich도 있었다. 다른 여러 동료들처럼 디터리치도 소박한 환경에서 자랐다. 펜실베이니아의 작은 마을에서 태어난 그는 기계공인 아버지와 시골학교 교사인 어머니 밑에서 자랐다. 대학에서 물리학을 공부할 수 있는 장학금을 받았고, 사제 로켓을 몇 개 제작해서 발사한 끝에 결국 NASA 유인우주선센터로부터 자리를 제의받았다. 아폴로 8호가 임무를 수행하는 동안, 디터리치는 우주비행사들이 안전하게 지구로 귀환할 수 있도록 도왔다. 그는 당시를 이렇게 기억했다.

엄청나게 많은 작업이 필요했다. 우주비행관제센터가 있는 건물 1층에는 대형 메인 컴퓨터 여러 대가 설치되어 있었다. 우주선이 일정한 궤도를 그려야 할 경우, 우리가 요청 사항을 입력하면 컴퓨터가 그 임무를 실현하는 데 필요한 자료를 만들어내곤 했다. 우리는 임무를 수행하기 전부터 많은 정보를 가지고 있었기 때문에, 우주비행사들에게 엔진이 언제 얼마 동안 점화되어야 하는지, 또 그들이 올바른 방향을 향하고 있다는 걸 알려면 망원경을 통해 어떤 별을 찾아야 하는지 등을 알려줄 수 있었다. 아폴로 8호가 출발하기 전에 프랭크 보먼을 만난 적이 있는데, 이때 그는 그의 면도용 크림 용기를 이용해 우주선이 재진입할 때 어느 위치에 있어야 하는지 설명했다![132]

1968년 크리스마스에 달 뒤편으로 사라진 아폴로 8호는 지구로 귀환하기 위해 엔진 점화를 시도했다. 관제센터에서는 디터리치와 그의 동료들이 자신들의 계산이 정확했는지 알아보기 위해 기다리고 있었다. 아폴로 8호와 연락이 끊긴 지 약 40분 후, 관제센터는 우주비행사들에게 연락을 시도했다. 초반 몇 차례의 시도에는 차가운 침묵만 돌아왔다. 그러다가 갑자기 우주선이 스크린에 나타나면서 콘솔이 다시 밝아졌다. 점화 과정은 시계처럼 정확하게 진행되었고 아폴로 8호는 이제 집으로 향하고 있었다. 러벌에게는 이 귀항 궤도가 더없이 멋진 크리스마스 선물이었기에, "여기 산타클로스가 있으니 참고하기 바란다"라는 말로 자신의 기쁨을 관제센터에 전했다.

몇 시간 후 식품 보관함을 연 승무원들은 빨간색과 초록색 리본이 묶여 있는 작은 꾸러미를 발견하고 기뻐했다. 그 안에는 가열 처리한 칠면조 고기 한 팩과 냉동 건조한 크랜베리 사과 소스, 그리고 작은 브랜디 병 세 개가 들어 있었다. 보먼이 승무원들에게 브랜디는 자제하라고 명령했기 때문에 그 병은 비행을 마친 뒤에도 오랫동안 미개봉 상태로 남아 있었다.

아폴로 8호 승무원들은 지구에 접근하면서 지금까지 자신들에게 식량과 물, 전력을 공급해준 기계선을 분리시켰다. 이제는 돌아갈 방법

아폴로 프로그램에서 가장 역사적인 순간들을 녹음한 내용을 들으면, 더 그 워드Doug Ward의 목소리를 들을 수 있을 것이다. '아폴로의 목소리'로 알려진 워드는 관제센터에서 생중계를 하며 눈앞에서 펼쳐지고 있는 극적인 사건을 대중에게 차분하게 설명했다. 많은 세월이 흘렀지만, 워드는 지금도 우주비행관제센터에서 일할 때의 기억을 생생하게 간직하고 있다.

관제센터에 들어가려면 언제나 텍사스의 눈부신 햇살과 휴스턴의 참을 수 없는 습기를 견디면서 유인우주선센터 구내를 걸어가야 했다. 관제센터 내부는 거대한 IBM 컴퓨터가 제대로 작동할 수 있도록 냉난방 시스템으로 시원한 온도와 낮은 습도를 유지했다. 콘솔과 앞쪽의 화면을 쉽게 볼 수 있도록 전체적인 조도를 매우 낮게 유지하는 경우가 많았다. 다른 사람들은 관제센터의 피자와 커피, 담배 냄새에 대해 얘기했지만, 나는 주로 조용하고 시원하고 어두운 느낌이 인상에 깊게 남아 있다.[133]

워드는 아폴로 8호가 아폴로 계획 전체에서 가장 중요한 임무라고 생각했다. 그는 우주비행사들이 집으로 돌아오기 위해 작업하는 동안 이를 생중계했다.

엔진 점화는 지구와 무선 교신이 되지 않는 달 반대편에서 진행됐다. 점화가 성공적이라면, 계획에 따라 진행되지 않았을 때보다 몇 초 빨리 연락이 재개될 것이다. 나는 크리스 크래프트 옆에 앉아 있었다. 그는 평소에는 매우 냉정하지만, 우주비행사들이 안전하게 집으로 향하고 있는지 알아내려고 기다리는 동안 매우 긴장하고 있음을 알 수 있었다. 두 개의 시계가 우주선에서 보내는 신호를 다시 포착하기까지 걸리는 시간을 카운트다운하고 있었다. 시계 하나는 점화가 성공적이었을 경우를 가리켰고, 다른 하나는 성공하지 못했을 경우를 가리켰다.[134]

워드(1968년 12월 25일) : "이제 교신이 재개될 때까지 30초도 채 안 남았습니다. 우리는 아폴로 8호 승무원들이 달의 지평선을 넘어 교신 가능한 지점으로 나와서 들려줄 첫 마디를 기다리고 있습니다."

첫 번째 시계가 0에 도달하자 관제센터에서 아폴로 8호 승무원들과의 교신을 계속 시도했지만 아무 반응도 없었다. 그러던 중 우주선에서 보낸 데이터가 포착됐다.

워드(1968년 12월 25일) : "이곳 비행관제사들 사이에서 약간의 환호성이 일고 있습니다. 곧 승무원들의 목소리를 들을 수 있을 겁니다."

그리고 이때 제임스 러벌의 목소리가 들렸다. "여기 산타클로스가 있으니 참고하기 바란다." 모두들 크나큰 안도감을 느꼈지만 크래프트의 안도감은 특히 더 컸다.

> 관제센터에서 일하는 많은 사람들과 마찬가지로 평범한 집안 출신인 워드는 자기 일에 열성적이었다.
>
> 아버지는 철물점 관리자였고 어머니는 전업주부였다. 나는 방송을 좋아해서 고등학생 때부터 지역 라디오 방송국에서 디제이로 일했다! 지금 와서 생각해보면, 팀 전체에서 가장 주목할 만한 점은 우리 모두가 정말 평범했다는 사실이다![135]

이 없었다. 우주비행사들이 지구 대기권에 재진입하자 우주선은 시속 4만 킬로미터의 숨 막히는 속도로 움직이면서 섭씨 2,760도로 타오르는 불덩이로 변했다. 다행히 우주선의 열 차폐막은 완벽하게 작동했고, 1968년 12월 27일 마침내 아폴로 8호는 태평양에 착수했다.

1968년은 미국에게 특히 힘든 한 해였다. 베트남전에서는 베트콩과 북베트남 병사들이 구정 대공세를 펼쳐 미군에 기습적으로 큰 피해를 입혔다. 마틴 루서 킹 주니어와 로버트 F. 케네디는 암살당했고, 국민 대다수가 정치적 불안을 느끼고 있었다. 이런 고통과 고뇌와 자기성찰의 배경 속에서 거둔 아폴로 8호의 성공은 많은 이들에게 희망의 등불 같았다. 《타임》지는 보먼, 러벌, 앤더스를 '올해의 인물'로 선정했다고 발표했고, 이들은 수천 통의 지지 편지를 받았다. 그중에서도 가장 상징적인 것은 보먼이 받은 전보일 것이다. 누군가가 익명으로 보낸 그 전보에는 간단하게 "고마워요, 아폴로 8호. 당신들이 1968년을 구했습니다"라고만 적혀 있었다.

아폴로 8호는 인류 역사상 처음으로 우주 공간을 수십만 킬로미터나 가로질러 여행했고, 인간이 달의 뒤편을 직접 본 것도 이때가 처음이었다. 이 일을 위해서는 엄청난 계획과 어마어마한 용기가 필요했다. 그리고 글린 루니는 "달에 갈 생각이 있다면 빨리 가야 한다"라는 기억할 만한 말을 남겼다.

말을 줄이고 행동으로 옮기려면

"당신이 할 수 있거나 할 수 있다고 꿈꾸는 일을 시작하라. 대담함 속에는 천재성과 힘, 마법이 깃들어 있다. 그러니 당장 시작하자."

– 괴테

아폴로 8호를 발사한 것은 용기 있는 결정이었다. 그 임무는 매우 위험했고, 아폴로 팀은 준비할 시간이 그리 많지 않았다. 하지만 우주비행관제센터는 이제 말을 멈추고 행동을 시작할 때가 되었다는 사실을 깨달았다. 위험을 감수한 시도는 주효했고 임무는 경이로운 성공을 거뒀다.

여러분은 아마 달에 가는 모험을 시도해야 하는지 여부를 결정할 필요는 없을 테지만, 그만큼 겁나는 다른 결정에 맞닥뜨릴 수 있다. 불행한 관계를 끝내야겠다고 생각하면서도 혼자 남는 걸 두려워할 수도 있다. 아니면 지긋지긋한 회사를 그만두고 자영업을 시작해볼까 고민 중이지만, 재정적으로 불안정해질까 봐 두렵다. 혹은 소설을 쓰고 싶은데 사람들이 내 글을 읽고 별로라고 생각할까 봐 걱정된다. 아니면 직장에서 새로운 프로젝트를 시작하려고 하는데 혹시 실패로 끝나지는 않을까 걱정하고 있을 수도 있다.

이렇게 부담스러운 결정을 내려야 하는 상황에서 사람들이 어떻게 반응하는지를 50년 넘게 연구한 심리학자들은 이들이 두 가지 범주 중 하나에 속하는 반응을 보인다는 사실을 발견했다. 바로 투쟁 도주 Flight or Fight 반응이다.[136]

두 반응 집단의 차이를 간단한 시나리오로 설명할 수 있다. 안정적이지만 따분한 직장을 그만두고 프리랜서로 자리 잡는 걸 고려하고 있다고 상상해보자. 자영업자가 되면 상당히 큰 불확실성과 재정적 위험이 따르기 때문에 그 생각을 겁내는 건 이해할 만하다.

여러분의 성향이 '도주' 쪽이라면, 자신이 두려워하는 일에서 자주 달아날 것이다. 이런 성향은 위험을 회피하고 장기적 변화에 따르는 불확실성보다 현상 유지를 통한 단기적 위안을 중요시한다. 우리가 설정한 가상 시나리오를 예로 들면, 안정적인 수입원을 확실히 잃게 된다는 것과 자영업의 잠재적인 위험에 초점을 맞추게 된다. 그게 끝이 아니다. 내심 자기가 그 일을 단행하기를 무서워한다는 사실을 알지만, 체면을 잃지 않으려고 온갖 변명까지 꾸며낸다. 예를 들어, 경기가 좋아질 때까지만 안정적인 직장에 계속 다닐 거라고 본인과 다른 사람들에게 말하는 것이다.

일반적으로 이러한 방식으로 두려움에 대처하다 보면 결국 실패로 이어진다. 위험을 피해 달아나려다가 오히려 좋지 못한 상황에 빠져서 불행하고 두려운 기분만 들고 성취감은 전혀 느끼지 못할 가능성이 크다.

반면 달아나기보다 맞서 싸우거나 더 나은 미래가 찾아올 것이라는 희망을 품고 두려움에 직면할 용기를 낼 수도 있다. 이 방법은 행동 중심, 위험 감수, 잠재적 문제 극복에 중점을 둔다. 위의 가상 시나리오에서, 여러분은 안정적인 직장을 그만두는 걸 두려워하면서도 한편으로는 변화와 현실 안주 양쪽에 존재하는 위험성을 평가할 준비가 되어 있다. 무모하게 굴지만 않는다면, 인생을 마음대로 좌우할 수 있는 잠재적 보상을 얻기 위해 자영업자가 되는 불확실성을 감수할 가능성이 크다. 회사를 그만두기로 결정한다면 일을 미루거나 변명거리를 찾기보다는 당장 행동을 개시할 것이다.

이러한 행동 기반의 방식에는 두 가지 중요한 장점이 있다. 첫째, 행동을 통해 배울 수 있다. 도주 성향의 친구들이 떠드느라 바쁜 동안 여러분은 소매를 걷어붙이고 일을 서두르니 계획을 실현하는 데 필요한 기술을 익히게 될 확률이 높다. 둘째, 계획을 이루려고 노력하는 동안 뜻을 같이하는 사람들을 만나거나 예기치 못한 기회를 얻을 가능성도 늘어난다.

당연한 일이지만, 투쟁 정신은 두려움을 가라앉히고 행동을 장려하고 성장과 발전을 도와주므로 결국 성공과 연관된다.

좋은 소식은, 여러분이 달아나기보다 맞서 싸우도록 도와주는 간단한 기술이 몇 가지 있다는 것이다. 이 기술들은 여러분이 지금의 자리에 머물거나 자리를 옮기는 데 따르는 위험을 적절히 평가하고, 말을 멈추고 행동을 시작하도록 격려하며, 지나치게 무모해지는 걸 막아주고, 두려움과 관련된 불쾌한 신체적 감각을 극복하도록 도와준다.

위험한 것인가, 무모한 것인가

여러분은 비행기를 탈 때 얼마나 긴장하는가? 차를 운전해서 집에 갈 때는? 놀라운 일은 아니겠지만, 대부분은 차를 운전할 때보다 비행기에 타고 있을 때 훨씬 큰 두려움을 느낀다. 실제로는 비행기에 타고 있을 때보다 자동차에 타고 있을 때 사망할 확률이 100배 정도 높다. 그뿐만 아니라 집에 도착한 뒤에도 계단 꼭대기에 깔려 있는 미끄러운 깔개, 수백 볼트의 전류가 흐르는 위태로운 배선, 주방에 위태롭게 놓인 날카로운 칼 등 다양한 죽음의 덫에 직면한다. 통계자료만 봐도 집은 안전과 거리가 멀고, 해마다 집에서 발생한 사고 때문에 죽는 사람이 수천 명이나 된다.

여기에 공포감까지 더하면 위험에 대한 비논리적인 접근 방식이 더 악화된다. 사람들은 두려움을 느끼면 자기 보호에 중점을 두고, 위험을 회피하며, 가장 안전하고 단기적인 방법을 선택하는 경향이 있다. 변화에는 대개 어느 정도의 불확실성이 수반되므로, 사람들은 두려움 때문에 현 상황을 고수하는 경우가 많다. 그들은 안정적인 봉급을 잃는 게 두려워서 무미건조하고 보람 없는 직장에 계속 머무른다. 혼자가 되는 게 두려워서 불행한 관계를 유지한다. 실패가 걱정된 나머지 새로운 프로젝트에 착수하지 않기로 결정한다.

다음 실습은 팀 페리스Tim Ferriss가『타이탄의 도구들Tools of Titans』에서 설명한 방법에 영감을 받아 만든 것이다. 두려움이 미치는 유해한 영향을 피하고, 보다 냉철하고 이성적으로 결정의 장단점을 평가할 수 있도록 해준다.

1 여러분을 두렵거나 불안하게 만드는 결정을 떠올려보자. 달에 가는 임무와 관련된 결정을 내릴 일은 없겠지만, 진로를 변경하거나 누군가에게 데이트를 신청하거나 관계를 끝내거나 새로운 프로젝트를 시작하는 등의 중요한 결정을 내려야 하는 경우는 간혹 있을 것이다.

   내가 염두에 두고 있는 결정 : _____

   _____

2 장밋빛 수정 구슬을 통해 1년 후의 인생을 들여다볼 수 있다고 상상해

보자. 구슬을 자세히 살펴보면서, 여러분이 위험을 무릅쓰고 변화를 단행한 결과 모든 일이 놀라울 정도로 잘됐다고 상상하자. 이때 머릿속에 떠오르는 최상의 시나리오를 설명해보라.

최상의 시나리오는: _____

_____

3 그런데 잠깐만. 갑자기 수정 구슬에 먹구름이 끼기 시작하더니 아까와는 딴판인 미래가 나타난다. 여러분은 지금 1년 뒤의 삶을 보고 있다. 위험을 무릅쓰고 변화를 단행했는데, 이번에는 그 결과가 지독한 재앙으로 끝났다. 여러분이 상상할 수 있는 최악의 시나리오를 적어보자.

최악의 시나리오는: _____

_____

4 다음, 최악의 시나리오가 실제 발생할 가능성을 1(가능성이 매우 작음)부터 10(가능성이 매우 큼) 사이의 척도로 평가해보자. 너무 깊이 생각하지는 말고, 최대한 솔직하게 평가해보자.

최악의 시나리오가 발생할 가능성: _____

_____

5 이제 최악의 상황이 현실화하면 어떻게 대처할 수 있을지 자문해보자. 정말 그렇게 끔찍한 상황일까? 피해에서 회복하려면 어떻게 해야

하는가? 과거에는 유사한 문제에 어떻게 대처했는가? 누구에게 도움을 청할 수 있는가? 다른 사람들도 이런 상황에 처했다가 이겨낸 적이 있는가? 여러분의 생각을 적어보자.

나는 다음과 같은 방법으로 최악의 상황에 대처할 것이다. : _____

_____

6 이번에는 이런 최악의 상황이 발생할 가능성을 줄이거나 충격을 최소화하기 위해 할 수 있는 일이 있는지 생각해봐야 한다. 어떤 예방책을 강구할 수 있는가? 최악의 상황을 막는 데 도움이 되는 기술을 갖고 있거나, 그런 기술을 발전시킬 수 있는가? 이와 관련된 여러분의 생각을 적어보자.

나는 다음과 같은 방법으로 최악의 상황을 막을 것이다. : _____

_____

7 사람들은 중요한 결정을 할 때, 실행 과정의 위험에만 초점을 맞추면서 행동하지 않았을 때 발생할 수 있는 손실은 무시하는 경향이 있다. 현 상태를 유지하겠다는 생각이 이겨서 결국 아무것도 하지 않는다고 상상해보라. 다시 수정 구슬을 꺼내 미래를 들여다보자. 지금 아무 일도 하지 않는다면, 1년 뒤 여러분의 삶은 어떤 모습일까?

현 상태를 유지했을 때 발생 가능한 위험 : _____

_____

이 실습은 언제 자신의 두려움에 귀를 기울이고 언제 무시해야 하는지 파악하는 능력을 키운다. 여러분의 대답을 꼼꼼히 살펴보자. 모든 일이 잘됐을 때의 이점은 무엇인가? 그 미래에 가슴이 설레는가? 발생 가능한 최악의 상황은 무엇이고, 어떻게 거기에 대처할 생각인가? 그런 참담한 시나리오가 발생할 가능성은 얼마나 크고, 그 일이 일어나지 않도록 여러분이 할 수 있는 일은 무엇인가? 그걸 보면 어떤 기분이 드는가? 그리고 아무것도 하지 않았을 때 발생 가능한 손실은 무엇인가? 존 F. 케네디가 예전에 말한 것처럼, '행동에는 위험과 대가가 따른다. 하지만 안락한 나태가 장기적으로 초래할 위험보다는 훨씬 덜 위험하다.'

여러분은 두려움의 근거가 충분하니 현 상태를 고수하는 편이 낫다는 결론을 내릴 수도 있다. 그것도 괜찮다. 아니면 최상의 시나리오를 손에 넣기 위해서라면 싸울 가치가 있다거나, 최악의 시나리오가 발생해도 대처할 수 있다거나, 아무 행동도 취하지 않았을 때 발생하는 손실이 용납할 수 없을 정도로 크다고 판단할 수도 있다. 이런 상황에서는 용기를 발휘해서 두려움에 맞서고 변화를 선택할지도 모른다. 그것도 괜찮은 일이다.

자기 계발 전문가들은 대부분 두려움을 느끼며 계속 도전하라고 격려할 것이다. 사실 합리적이고 냉철한 통찰력을 발휘해서 위험을 감수하되 무모하지 않게 앞으로 나아갈 최선의 방법을 찾는 것이 훨씬 낫다.

지금이 아니면 언제란 말인가

도주 성향을 투쟁 성향으로 바꾸는 일은 무척 어려울 수도 있다. 두려움에 맞서 미지의 세계에 발을 들여놓겠다고 결심하더라도 여러 심리적 장벽을 만날 수 있다. 변화의 벼랑 끝에 서 있을 때 여러분의 뇌가 갑자기 뛰지 말라고 말할지도 모른다. 그러면 무섭다는 걸 인정하기보다는 자신과 다른 사람들에게 변명을 늘어놓기 시작할지도 모른다. 이 실습은 사람들이 무기력한 태도를 정당화하기 위해 가장 일반적으로 사용하는 네 가지 변명에 대처하기 위한 것이다.

여러분이 자기 자신이나 타인에게 말할 때 이런 변명을 한다면, 그렇게 일을 질질 끄는 원인이 심각한 우려 때문인지 아니면 두려움과 걱정에 굴복했기 때문인지를 후속 질문을 통해 알아내자.

변화를 주고 싶지만…… 난 그럴 시간이 없어.

어떻게 해야 필요한 여분의 시간이 생길까? 우선순위를 바꿔서 새로운 계획이나 프로젝트를 목록의 맨 위에 올려놓으면 어떻게 될까?

아직 필요한 돈과 정보, 기술이 없다.

일을 시작하는 데 그런 자원이 정말 필요한가? 그렇다면 뭔가를 팔아서 현금을 조달하거나 필요한 정보를 알아낼 수 있는가? 시작을 위해 계획을 완벽하게 짤 필요는 없다. 필요한 것의 70퍼센트가 갖춰졌다면, 일을 시작해보자.

행동에 착수하기 위해 적절한 때를 기다리고 있다.

그것도 괜찮은 생각이지만, 지나친 분석 때문에 마비 현상이 오는 것을 주의하자. 여러분은 단순히 그 순간을 회피하고 있는 것뿐 아닌가? 행동을 취할 시한을 엄격하게 정해놓자.

어차피 나 같은 사람은 성공하지 못하니까 노력해봤자 소용없다.

좋지 못한 환경에서 자랐거나 제대로 된 양육을 받지 못했다는 뜻인가? 이런 요인들은 바꿀 수가 없으므로 자신의 진취성 부족을 정당화할 때 특히 위로가 된다. 그런데 여러분과 똑같은 상황에서 성공을 거둔 사람들이 있지 않겠는가?

마지막으로, 프로젝트를 시작하기는 하는데 제대로 마무리하지 못하는 사람도 주의해야 한다. '일을 끝내지 않는 이상 실패하는 일도 없을 것'이라는 태도를 드러내는 전형적인 신호이기 때문이다. 자기가 지금까지 성취한 걸 다른 사람들에게 보여줄 수 있는가(실패에 대한 두려움 때문에 완벽하지 않은 상태에서는 자기 일을 남들에게 보여줄 수 없다고 하는 이들이 많다)? 언제쯤 끝날 것 같은가?

자신을 두렵게 만드는 건 뭐든지 다 피해야 한다는 생각은 자연스러운 일이다. 하지만 두려움에 굴복하는 시간이 길어질수록 그 두려움은 더 강해지므로, 이 곤란한 시기를 헤쳐나가는 것이 중요하다. 변명은 생략하고, 말은 그만하고, 본격적으로 일에 착수하자.

가끔은 계획을 수정해도 좋다

미래는 늘 불확실하므로 새로운 프로젝트를 시작하더라도 계획대로 진행되지 않을 수도 있다. 역경 앞에서 끈기 있게 버티는 것도 중요하지만, 쉬면서 다음을 기약하는 게 더 현명한 시기에 계획에 집착하면서 무리하게 진행하지 않는 것도 중요하다. 아폴로 프로그램은 앞으로 나아가는 가장 좋은 방법에 대한 완벽한 본보기를 제공한다.

게리 그리핀은 아폴로 12호의 운항 책임자였다. 1969년 11월 14일, 아폴로 12호의 우주비행사 세 명이 탄 새턴 V 로켓이 케네디 우주센터에서 발사되었다. 처음에는 모든 게 순조로웠다. 하지만 발사 30초후, 큰 혼란이 벌어졌다. 우주비행사들은 캡슐 내부에서 번뜩이는 밝은 섬광을 보았고, 잠시 후 헤드폰에서 시끄러운 통신 소음이 들렸다. 갑자기 주 경보기의 신호가 울리기 시작했고, 계기판에 수많은 빨간색과 노란색 경고등이 켜졌다.

번개는 같은 곳에 두 번 치지 않는다는 옛말이 틀렸다는 걸 증명이라도 하듯, 아폴로 12호 새턴 V 로켓이 방금 두 번 연속으로 번개를 맞은 것이었다. 관제센터의 데이터 화면에는 숫자들이 마구잡이로 깜박였고, 그리핀은 몇 초 안에 생사가 걸린 결정을 내려야 했다. 그는 비행을 중단해 수백만 달러를 낭비할 수도 있었고, 임무를 계속 진행해 우주비행사들이 치명적인 상황에 놓이게 할 수도 있었다. 그때 스물네 살의 젊은 비행관제사 존 애런John Aaron이 우주비행사가 스위치 모드를 하나만 바꾸면('SCE를 Aux 모드로') 데이터가 다시 작동할 테고, 그 사이에 그리핀이 고민할 시간을 벌 수 있을 거라고 제안했다. 애런의 예감은 옳았고 경고등이 서서히 꺼지기 시작했다.

코앞에 닥친 위기를 모면한 그리핀과 동료들은 우주선이 번개에 맞아 얼마나 심하게 파손되었는지 알아내려고 애썼다.

"그 순간은 죽는 날까지 절대 잊지 못할 것이다." 그리핀은 이렇게 회상했다. "우리는 달에 갈지 말지를 결정하고 있었는데, 상사인 크리스 크래프트가 내게 오더니 부드럽게 말했다. '젊은이, 오늘 당장 달에 갈 필요는 없어.'"[137]

"크래프트는 내게 두 가지를 말해준 것이다." 그리핀이 덧붙였다. "첫째, 거기 있던 상급자들은 이 결정에 끼어들지 않을 것이다. 그들은 날 신뢰했고 모든 결정은 내게 달려 있었다. 둘째, 너무 위험하다고 생각되면 계획대로 밀고 나가거나 임무를 계속 추진하지 않아도 된다는 걸 부드럽게 일깨워줬다."

> **MOONSHOT MEMO**
> **주제 : '오늘'의 중요성**
>
> 단상 : 크래프트가 '오늘 당장 달에 갈 필요는 없다'고 말했을 때 '오늘'이라는 단어가 중요했다. 그는 앞으로 다시는 달에 가지 않을 거라고 말한 게 아니라, 그리핀에게 어떻게든 일을 밀고 나가야 한다는 부담감을 느끼지 말라고 얘기한 것이다. 여러분도 당장은 자신의 달을 향해 나아가지 않기로 했다면, 여기에 '오늘'이라는 단어를 덧붙여서 미래의 기회에 문을 열어두자.

그 임무에는 막대한 시간과 에너지, 돈이 투입되었다. 그럼에도 크래프트는 그리핀이 압박감 때문에 무모한 결정을 내려서는 안 된다고 말했다. 아폴로 계획을 통솔하던 이들이 직원을 신뢰하고 책임감을 불어넣어준 또 하나의 훌륭한 사례다.

그리핀은 임무를 계속해도 안전하리라고 판단했고 결국 그의 판단은 옳았다는 것이 증명되었다. 아폴로 12호 임무는 큰 성공을 거뒀고, 승무원들은 열흘 후 안전하게 돌아왔다.

새로운 프로젝트가 잘 진행되지 않을 때는 시간과 에너지, 돈을 계속 투자하겠다는 신중하지 못한 결정을 내려서 나쁜 상황을 더 악화시키지 않도록 주의해야 한다. 어쩌면 일단 손을 떼고 후일을 도모하는 게 최선일 수도 있다. 크래프트가 그리핀에게 말한 것처럼, 어쩌면 우리도 오늘 당장 달에 갈 필요는 없을지도 모른다.

두려운 상황이 닥치면 부딪쳐라

"대포 소리가 들리면, 그쪽을 향해 걸어라."

케네디가 달에 사람을 보내겠다고 선언하고 몇 달 후, MGM 영화사는 〈에디 아빠의 구혼The Courtship of Eddie's Father〉이라는 로맨틱 코미디 영화를 개봉했다. 마크 토비Mark Toby의 인기 소설이 원작인 이 영화의 줄거리는 개인의 향상과 성장을 도모하는 가상의 단체인 '헨리에타 록펠러 침착성 및 자신감 학교'를 중심으로 전개된다. 이 학교 수강생들은 인생에서 성공할 가능성을 높이기 위해 몇 가지 규칙을 따라야 하는데, 가장 중요한 규칙은 날마다 자기가 두려워하는 일을 한 가지씩 하는 것이다.

미국인들이 자신의 두려움을 받아들이라는 격려를 받은 건 이번이 처음이 아니었다. 랠프 왈도 에머슨Ralph Waldo Emerson은 1841년에 발표한 「영웅주의Heroism」라는 글에서 독자들에게 '언제나 두려워하는 일을 하라'고 촉구했다. 1960년에 출간된 엘리너 루스벨트Eleanor Roosevelt의 책 『세상을 끌어안아라You Learn by Living』에도 영부인이

들려주는 똑같은 충고가 담겨 있다.

> 난 언제나 두려움을 누구나 직면해야 하는 최악의 장애물로 여겨왔다.
> 우리는 두려움에 떨게 만드는 모든 경험을 통해 힘과 용기, 자신감을 얻
> 는다. 우리는 매번 성공해야 하고, 할 수 없다고 생각되는 일을 해야 한다.

이 개념은 오랜 세월이 지난 뒤에도 여전히 건재하다. 1997년에《시
카고 트리뷴》칼럼니스트 메리 슈미치Mary Schmich는 '자신이 두려워
하는 일을 매일 한 가지씩 하라' 같은 인생 교훈을 독자들에게 전했다.
슈미치의 이 조언 목록은 빠르게 퍼져나갔고 결국 「누구나 자유롭게
(선크림을 발라요)Everybody's Free (To Wear Sunscreen)」라는 히트곡의 토
대가 되었다.

이 충고가 세월의 시험을 이겨낸 이유는 그만큼 효과가 있기 때문이
다. 심리학자들이 공포증이 있는 사람을 그가 두려워하는 것에 노출
시켜서 공포증을 이겨내도록 도와주는 것처럼, 여러분도 본인이 두려
워하는 일을 하면 더 용감해지고 자신감도 생긴다.

물론 정말 무모한 행동을 하는 건 금물이다. 높은 건물 꼭대기에서
뛰어내리는 건 당연히 무서운 일이고 절대 해서는 안 되는 행동이다.
하지만 그보다 훨씬 안전하면서도 여러분이 두려워하는 일을 하면 심
리적으로 도움이 된다. 여기 여러분이 고려할 만한 아이디어 목록이
있다. 한 개씩 읽으면서 어떤 기분이 드는지 살펴보자. 만약 어떤 아이

주제 : 자신을 드러내라

우주비행사들은 두려운 상황에서도 놀랄 만큼 침착한 경우가 종종 있는데, 이는 공황 상태에 빠져봤자 상황이 달라지거나 좋아지지 않는다는 걸 인식하는 훈련을 받기 때문이다.[138]

여러분은 물론 우주로 발사되는 시련과 고난을 겪을 일은 없겠지만, 간혹 깜짝 놀라는 일이 생길 수도 있다. 사람들은 거미나 남들 앞에서 말하기, 비행, 젓가락 다루기, 광대 등 수많은 것들에 공포증이 있다. 오랜 연구 끝에 공포증을 극복하는 가장 좋은 방법 중 하나는 그 두려움에 반복하여 직면하는 것임이 밝혀졌다. '노출 요법exposure therapy'으로 알려진 이 기술은 체계적이면서 느리게 진행된다.

여러분이 거미를 무서워한다고 상상해보라. 먼저 긴장을 푼 뒤 방 반대편에 붙여놓은 거미 사진을 보는 것부터 시작할 수도 있다. 그런 경험을 몇 번 반복하면 멀리 떨어진 곳에 있는 거미를 봐도 더 이상 불안하지 않음을 알게 될 것이다. 그 상태에서 이전 과정을 반복하거나 아니면 사진 쪽으로 좀 더 가까이 이동한다. 얼마 후에는 사진을 봐도 기분이 괜찮아지기 시작할 테고, 그러면 다음 단계로 넘어갈 수 있다. 시간이 지남에 따라 상자 속에 있는 진짜 거미를 보고, 그 상자를 집어 들고, 마침내 거미를 직접 만지는 등 점점 아슬아슬한 상황으로 다가가는 것이다.

이 기술을 이용하면 거의 모든 공포증을 없앨 수 있다. 다른 사람들과 교제해야 하는 상황에서 불안감을 느낀다면 먼저 슈퍼마켓 계산원에게 인사를 건네고, 길에서 지나가는 사람을 불러 세워 길을 물어보고, 식당

직원들과 사소한 잡담을 나누다가, 마침내 아는 사람이 별로 없는 모임에 참석해보자. 또 광대를 무서워한다면 광대 한 명의 사진을 보는 것부터 시작해서 지나치게 커다란 신발을 신은 사람과 같은 방에 있다가, 광대가 던진 커다란 커스터드 파이를 얼굴에 맞는 상황까지 서서히 적응해나가면 된다.

요컨대 어떤 일에 익숙해지면 그 일을 다시 할 때도 불안감을 덜 느끼게 된다.

디어를 읽었을 때 갑자기 불안감에 가슴이 울렁인다면, 그 두려움에 직면할 용기가 있는지 알아보자.

- 그림 수업을 위해 나체로 포즈를 취한다.

- 암벽 등반, 동굴 탐험, 스카이다이빙, 활강 줄타기 등을 하러 간다.

- 곤충 요리를 파는 식당에 가서 귀뚜라미, 메뚜기, 전갈 요리를 먹는다.

- 혼자 파티나 사교 모임에 가서 처음 보는 사람 다섯 명에게 자기소개를 한다.

- 옷을 모두 벗고 벌거벗은 채로 집 안을 돌아다닌다.

- 잘 못하거나 두려워하는 활동을 생각해보고(발레, 수영 배우기, 새로운 언어 습득, 공중그네 등), 그 주제에 관한 수업에 등록한다.

- 헤어스타일을 바꾼다. 머리가 길면 짧게 자르고, 머리가 짧으면 길게

기른다. 아주 특이한 색으로 염색을 할 수도 있다.

- 부모님이나 파트너, 친한 친구를 어떻게 생각하는지 그들에게 솔직하게 털어놓는다(단, 긍정적인 감정일 때만!)
- 헬리콥터나 롤러코스터를 탄다.
- 거짓말을 하는 게 훨씬 쉬운 상황에서 진실을 말한다.
- 작은 문신이나 피어싱을 한다.
- 모르는 사람들과 얘기하는 게 두렵다면, 공원에 가서 개와 산책하는 낯선 사람에게 개가 아주 귀엽다고 말한다.
- 주말 내내 스마트폰, 태블릿, 컴퓨터를 멀리한다. 웹 브라우저나 이메일, 소셜 미디어에 접속해서도 안 된다.
- 본인에게 중요한 뭔가를 남에게 준다. 평소에는 지지하지 않는 대의를 위해 돈을 기부하거나, 아끼는 물건을 친구나 가족에게 준다.
- 사람들 앞에 나서는 게 두렵다면 연설할 기회를 만들거나, 근처 코미디 클럽에서 주최하는 아마추어의 밤에 참가해 짤막한 스탠드업 코미디 공연을 한다.
- 의미 있는 곳으로 혼자 여행을 떠난다(이때도 안전에 유의한다).
- 유령 산책에 참가하거나 귀신 들린 집에서 밤을 보낸다.

요약

때로는 두려움을 느끼면서도 어떻게든 대처하는 게 중요하다. 하지만 말은 쉬워도 행동에 옮기기는 힘든 법이다. 지금이 말을 멈추고 행동을 시작하기에 적절한 때인지 알아보려면 다음을 기억하면 된다.

- 최상의 시나리오와 최악의 시나리오를 상상해보자. 최악의 시나리오가 현실화될 가능성은 어느 정도이고, 이를 피하기 위해 어떤 조치를 취할 수 있는가? 일을 단행하는 게 위험한가 아니면 무모한가?
- 다양한 변명을 내세워 자기가 두려워하는 일을 미루기는 쉽다. 때가 좋지 않다거나 시작하는 데 필요한 것들을 전부 갖추지 못했다고 스스로에게 변명할 수도 있다. 이게 행동에 나서지 않는 진짜 이유인지 아니면 두려움에서 비롯된 변명인지 자문해보자.
- 일단 시작했거나 투자를 했다는 이유만으로 계속 일을 밀고 나가려고 해서는 안 된다. 오늘 당장 달에 갈 필요는 없음을 기억하라. 어떤 계획에 비용이 너무 많이 들거나 무모한 계획이라면, 시간을 내서 자신의 선택을 다시 생각해보자.
- 자기가 두려워하는 일에 익숙해지자. 기회가 찾아오면 대포를 향해 걸어갈 용기를 내야 한다.

CHAPTER 7

위기 상황에
미리 대비하라

남은 시간이 몇 초뿐인 상황에서 내린 신속한 판단이
어떻게 역사적인 달 착륙을 성공으로 이끌었는지 살펴보고,
만일의 사태에 대비할 수 있는 방법을 알아본다.

＊

아폴로 8호가 큰 성공을 거뒀지만, 이제 1960년대가 끝나기 전에 달 표면에 발을 디뎌야 한다는 케네디의 계획을 완수하기까지 남은 시간은 1년뿐이었다. 아폴로 팀은 곧 달 착륙선을 가동했고, 이어진 두 차례의 아폴로 임무를 통해 새로운 우주선의 역량을 시험했다. 1969년 3월에 발사된 아폴로 9호는 지구 궤도를 돌면서 달 착륙에 꼭 필요한 랑데부 및 도킹 절차를 연습했다. 모든 게 계획대로 진행되었고, 그로부터 겨우 두 달 후에 아폴로 10호가 발사됐다. 아폴로 10호의 우주비행사들은 아폴로 8호의 뒤를 이어 우주를 가로질러 가서 달 궤도를 돌았다. 그리고 우주비행사 두 명이 달 착륙선에 타고 달 표면에서 몇 킬로미터 떨어진 곳까지 내려갔다가 사령선으로 돌아왔다. 이 두 가지 임무를 계획하고 실행하는 속도는 숨이 막힐 정도로 빨랐기 때문에 관제사들은 자기들이 이룬 업적을 감상할 시간도 거의 없었다. 아폴로 비행관제사 존 애런의 표현처럼, 때로는 고급 포도주를 음미할 새도 없이 벌컥벌컥 마시는 듯한 기분이었다.[139]

아폴로 10호의 성공은 총연습이 끝나고 이제 달에 사람을 보낼 준비가 되었다는 뜻이었다. 아폴로 11호의 승무원은 닐 암스트롱, 버즈 올드린, 마이클 콜린스Michael Collins였다. 이 세 사람은 성격이 매우 달랐다. 닐 암스트롱은 어릴 때부터 모형 비행기를 설계했고, 운전면 허증을 따기도 전에 조종사 면허증을 취득했으며, 한국전쟁에 참전해 80회에 가까운 전투 임무를 수행했다. 버즈 올드린은 미국 육군사관 학교인 웨스트포인트를 3등으로 졸업했고, 우주선 랑데부에 관한 대 규모 연구를 수행했으며, 아폴로 우주비행사들 가운데 유일한 박사학 위 소지자였다. 그의 별명은 '닥터 랑데부'였다. 동료 승무원들과 성격 이 대조적인 마이클 콜린스는 그림 그리는 것을 좋아하고 정원 가꾸 기에 열심이었으며 기술에는 딱히 관심이 없었다.

1969년 7월 16일 아침, 암스트롱과 올드린, 콜린스는 우주복을 입 고 아폴로 11호 새턴 V 로켓으로 향했다. 엘리베이터를 타고 로켓 지 지 타워 꼭대기까지 올라가 화이트 룸으로 들어간 그들은 여느 때처 럼 괴팍하고 믿음직한 귄터 벤트의 감독하에 마지막 준비를 시작했 다. 암스트롱이 사령선에 올라타자 벤트는 장난기 어린 작별 선물을 건넸다. 알루미늄 포일을 씌운 스티로폼으로 작은 초승달 모양의 장 신구를 만든 벤트는 그게 달에 들어가는 열쇠라고 설명했다.[140] 암스트 롱은 고맙다고 인사한 뒤, 사령선은 비좁으니 자기가 돌아올 때까지 잘 보관해달라고 부탁했다. 그리고 암스트롱은 답례로, 벤트에게 '어 떤 행성이든 오갈 수 있는' 가짜 우주 택시 티켓을 줬다.

몇 킬로미터 떨어진 곳에서는 수십만 명이 모여 역사적인 순간을 지켜봤다. NASA의 공식 초청 명단에는 베테랑 연예인 조니 카슨Johnny Carson, 린든 B. 존슨Lyndon B. Johnson 전 대통령, 당시 부통령이던 스피로 애그뉴Spiro Agnew를 비롯해 2만여 명이 포함되어 있었다. 쉰 곳이 넘는 나라에서 온 2,000여 명의 기자들도 합류했다. 고속도로는 완전히 정체된 상태였고 지역 노점상들이 파는 티셔츠, 모자, 배지 등도 금세 매진됐다.[14] 기념품에 목마른 몇몇 사람들은 주변의 풀을 뽑아 가방에 넣기도 했다.

동부 하절기 시간으로 오전 9시 32분. 케네디 우주센터에서 발사된 새턴 V 로켓이 하늘로 당당하게 솟아올라 천천히 구름 속으로 사라졌다. 그 충격파가 주변에 대기 중이던 군중을 덮치자, 다들 박수를 치며 환호하고 소리를 질러댔다. 모든 게 계획대로 진행되었고 몇 분 뒤 세 우주비행사는 시속 2만 8,000킬로미터가 넘는 속도로 지구를 선회하고 있었다. 고향 행성을 한 바퀴 반 선회한 승무원들은 엔진을 가동시키고 달을 향해 속도를 높였다. 세계에서 가장 야심 찬 우주 임무가 시작된 것이다.

오랜 경험을 쌓은 비행관제사들은 너무 많은 사람이 여행 중에 우주비행사들과 의사소통을 시도하면 비행사들이 혼란에 빠질 수 있다는 걸 알았다. 그 결과, 관제센터는 우주비행사들과 직접 대화할 수 있는 사람을 단 한 명으로 정했다. '캡컴CAPCOM (우주선 교신 담당관)'이라고 불리는 이 자리는 항상 동료 우주비행사가 맡았고, 승무원들은 자신들과 같은 관점에서 임무를 이해하는 사람과 대화할 수 있었다. 아폴

MOONSHOT MEMO
주제 : F로 시작하는 단어

('F로 시작하는 단어'는 보통 욕설을 완곡하게 표현하는 말이지만 여기서는 flatulence, 즉 방귀를 뜻한다. – 옮긴이)

아폴로 8호를 통해 얻은 교훈 덕분에, 아폴로 11호 비행사들 중에는 달까지 가는 3일 동안 구토나 설사로 고생한 사람이 없었다. 하지만 그렇다고 해서 사령선 내부 환경이 쾌적했다는 뜻은 아니다. 아폴로 11호의 연료 전지는 산소와 수소를 결합하여 전력과 식수를 만들어냈다. 하지만 이런 방식 때문에 물에 다량의 수소 기포가 함유되어, 우주비행사들은 계속 방귀가 나오는 증상을 겪어야 했다. 암스트롱은 사령선 안에서 나는 냄새를 '축축하게 젖은 개와 시금치가 섞인 듯한 냄새'라고 설명했고, 올드린은 이 방귀를 추진 시스템 대신 사용해도 되겠다며 농담을 던졌다. 올드린은 농담을 했지만, 몇몇 우주 과학자들은 사령선 내부의 공기 상태를 걱정했다.

지구에 발생하는 공기 대류(따뜻한 공기는 위로 올라가고 차가운 공기는 아래로 내려가는 현상)는 우주의 극미 중력 환경에서는 발생하지 않는다. 따라서 공기를 인위적으로 대류시키지 않으면 사령선 공기가 완전히 정체되어 여러 심각한 문제를 야기할 수 있다. 일례로 우주비행사들이 잠들었을 때 그들이 내쉬는 이산화탄소가 몸 주변에 쌓여 호흡곤란이 발생할 수 있다. 또 대류 부족 때문에 장비를 찬 공기로 냉각시킬 수가 없어서 금세 과열돼버린다. 그중에서도 가장 걱정스러운 점은, 우주비행사들의 방귀가 우주선 특정 부분에 고여 있다가 폭발할 위험이 있다는 것이었다.

결국 과학자와 엔지니어들은 매우 효율적인 공기 조절 시스템과 순환하는 유체로 냉각되는 장비를 발명했고, F로 시작하는 단어에 대한 광범위한 연구를 진행했다(이 연구에 관한 학술 논문 제목 중에는 '우주 위장병학: 우주비행 환경과 관련된 위장관의 생리학 및 병리학적 측면 검토', '우주식을 먹은 사람의 장에 발생하는 수소와 메탄' 등도 있다).[142] 이런 기술이 실패하면 치명적인 결과가 발생할 수 있다.

로 11호가 임무를 수행하는 동안 몇몇 사람이 캡컴 역할을 하면서 암스트롱과 올드린, 콜린스에게 중요한 정보와 최신 소식을 전달했다. 임무가 성공하려면 많은 의사소통이 필수적이었다. 하지만 이따금씩 가벼운 농담을 주고받았다. 일례로 7월 18일에 캡컴은 존 코일John Coyle이라는 아일랜드인이 10분 만에 오트밀 스물세 그릇을 먹어치워 세계 죽 먹기 대회에서 우승했다는 소식을 아폴로 11호의 승무원들에게 알렸다. 우주에 있던 콜린스는 올드린이 지금 막 오트밀을 열아홉 그릇째 먹어치운 걸 보면 내년도 대회에 참가할 수 있을 것 같다고 장난스럽게 받아쳤다.

발사 며칠 뒤, 아폴로 11호는 빠른 속도로 목적지에 다가가고 있다. 달에 도착하기까지 불과 몇 시간 전에 캡컴인 브루스 매캔들리스Bruce McCandless가 서독이 다음주 월요일(암스트롱과 올드린이 달 표면에 착륙하기로 계획한 날)을 아폴로 데이로 선포해서 독일 아이들이 학교를 하루 쉬게 되었고, 교황은 이 놀라운 이벤트를 지켜보려고 여름 별장에 특별한 컬러텔레비전 회로를 설치하게 했다는(당시 이탈리아 텔레비전은 흑백으로 방송되었다) 소식을 승무원들에게 전했다.

아폴로 11호는 계획에 따라 정확하게 달 뒤편으로 향했고 우주비행사들은 까다로운 엔진 점화에 성공하여 달 궤도에 진입했다. 이제 암스트롱과 올드린이 달 표면까지 내려가는 역사적인 여정을 시작할 무대 장치가 모두 마련되었다.

최악의 상황에서 팀을 격려하는 법

7월 20일, 운항 책임자 진 크랜츠가 출근해서 관제센터로 들어갔다.[143] 이번 임무에서 달 착륙 단계를 이끄는 책임자로 선정된 그는 몇 시간 후면 자신이 케네디의 비전을 실현하든가, 임무를 중단하든가, 용감한 두 사나이를 잃게 되리라는 걸 알고 있었다. 캡컴인 찰리 듀크Charlie Duke가 침착한 목소리로 뉴스와 스포츠 헤드라인을 우주비행사들에게 전해주고 있었다.

스물여섯 살인 스티브 베일스Steve Bales는 그날 관제센터의 콘솔 앞에 앉아 있었다. 베일스도 이곳의 많은 동료들처럼 평범한 집안 출신이었다. 학교 수위와 미용사의 아들인 베일스는 아이오와의 작은 농촌 마을에서 자랐다. 그는 10대 때 텔레비전에서 베르너 폰 브라운이 우주의 즐거움에 대해 얘기하는 모습을 보았고, 우주비행사들을 달에 보낸다는 생각에 매료되었다. 아이오와주립대학교에서 항공공학 학위를 받은 베일스는 NASA에 취직해 처음에는 존슨 우주센터 투어를 담당했다. 그는 그곳에서 비행관제사들과 친해졌고 결국 관제센터의 유도 담당관으로 일해달라는 요청을 받았다. 그는 몇 시간 뒤에 있을 암스트롱의 역사적인 하강 과정에서 자신이 엄청나게 중요한 역할을 하게 된다는 것을 전혀 모르고 있었다.

NASA가 우주비행사들이 우주선 이름을 직접 짓도록 허락하는 원래의 정책으로 되돌아갔기 때문에, 아폴로 11호의 달 착륙선에는 '이글Eagle', 사령선에는 '컬럼비아'라는 이름이 붙었다. 동부 하절기 시간으로 오전 9시 30분경, 올드린과 암스트롱은 작은 출입구를 통해 이글호로 들어가서 달 표면으로 내려가는 데 필요한 다양한 준비를 시작했다. 오후 2시경, 암스트롱과 올드린은 이글호를 사령선에서 분리시켰고 두 우주선은 달 궤도를 돌기 시작했다.

우주선이 달 뒤쪽으로 사라지자, 크랜츠는 이 틈을 이용해 비행관제사들에게 격려 연설을 했다. 그는 메시지가 팀원들에게만 전달되도록 개인 통신 회로를 사용해서, 전 세계가 그들을 지켜보고 있고 그들은 곧 역사를 만들 것이며 지금까지 아무도 해본 적 없는 일을 하게 될 것이라고 되새겨줬다. 크랜츠는 또 자기는 모든 관제사들을 전적으로 믿으며 무슨 일이 생기더라도 그들의 결정을 지지하겠다고 말했다.

지금도 그 순간을 선명하게 기억하는 베일스는 크랜츠의 마지막 말을 생생히 떠올릴 수 있었다.

그는 일이 어떻게 되든 우리는 한 팀으로 그 방에서 나갈 것이라고 말하며 끝을 맺었다. 그 말은 내게 엄청난 영향을 미쳤다. 그는 우리가 최대한의 준비를 갖췄고 우리의 결정을 지지할 것이며 우리는 한 팀이라고 말했다. 일이 성공적으로 끝나지 않더라도 어느 한 사람만 탓하지는 않을 것이다. 우리는 그 방에 한 팀으로 들어갔으니 나갈 때도 한 팀으로 나갈 것이다. 그 말을 듣자 열의가 솟구치는 동시에 긴장도 약간 풀렸다. 내게 꼭 필요한 말이었다.[144]

크랜츠는 우주비행관제센터의 문을 잠가달라고 요청했다. 그는 그 방에 들락날락하는 사람들 때문에 관제사들의 주의가 흐트러지는 걸 원치 않았다. 아마 그보다 더 중요한 이유는 지금부터 벌어지는 일들은 전적으로 그들 책임이라는 사실을 팀원들에게 상기시키고 싶었기 때문일 것이다.

사령선과 이글호 모두 때맞춰서 관제센터 스크린에 다시 모습을 드러냈고, 암스트롱과 올드린은 달 표면으로 향하는 여정을 시작했다. 하지만 그들이 달을 향해 속도를 올리던 중 통신 상태가 불안정해지는 바람에 두 사람은 관제센터와 대화를 나누는 데 애를 먹었다. 설상가상으로 그들은 정해진 항로를 이탈한 것 같았다. 아무도 알아차리지 못했지만, 이글호가 사령선에서 분리될 때 두 우주선을 연결하는 터널 안의 공기가 완전히 제거되지 않았던 것이다. 그 결과 남아 있던 적은 양의 공기가 이글호의 추진력을 약간 더 높이는 바람에 예정된 착륙 지점을 벗어나고 말았다.

더그 워드는 착륙 과정을 생중계했기 때문에 당시 관제센터가 얼마나 긴장했는지 기억하고 있었다.

착륙 과정 내내 우주비행사들과의 교신 상태가 고르지 못했다. 교신이 계속 끊겼다 이어졌다를 반복했다. 나는 조마조마한 심정으로 지켜보면서 아무래도 임무를 중단하게 될 것 같다고 생각했다.[145]

사태는 점점 악화되었다. 비행사들이 달에 접근하는 동안, 관제센터는 '프로그램 경보'가 발생했다는 닐 암스트롱의 보고를 들었다. 달 착륙선에 설치된 유도 컴퓨터에 '1202'라는 오류 코드가 깜박였다. 걱정이 된 암스트롱은 관제센터에 다시 연락했다. "1202 프로그램 경보가 뭔지 알려달라."

지구에서는 베일스가 착륙을 중단할지 여부를 결정해야 했는데, 길게 논의할 시간이 없었다. 이때 베일스가 대응한 방식은 아폴로 계획 전체의 성공에 필수적인 역할을 한 사고방식에 뿌리를 두고 있는데, 그의 딜레마에 대해서는 잠시 후에 다시 살펴보겠다.

최악의 경우에 대비하라

우리는 첫 장에서 제리 우드필을 만났다. 라이스대학교에서 농구 장학금을 받은 우드필은 공부는 그리 잘하지 못했다. 그러던 중 라이스대학교 경기장을 찾은 케네디를 보러 간 우드필은 1960년대가 끝나기 전에 달에 사람을 보내겠다고 공언한 대통령의 그 유명한 연설을 들었다. 케네디의 말에 자극을 받은 우드필은 농구를 그만두고 전기공학을 공부하기 시작했다. 그는 졸업 후 NASA에 지원했고 달 착륙선의 안전 시스템 설계를 돕게 되었다.

관제센터 옆에 있는 건물(임무 평가실이라고 부르던)에서 일하던 우드필과 그의 동료들은 우주비행사와 비행관제사에게 기술적인 도움을 주었다. 업무 중에는 임무 수행 과정에서 발생할 수 있는 곤란한 상황을 예상하고 그 문제를 피하거나 대처할 방법을 마련하는 일도 포함되어 있었다. 한번은 우주비행사들이 달에 착륙할 때 사용할 레이더 시스템에 대해 생각하던 우드필에게 갑자기 어떤 아이디어가 떠올랐다. 레이더에는 우주선이 과열되기 시작하면 울리는 경보 시스템이 달려 있다. 달 착륙선이 일단 달 표면에 착륙하고 나면 레이더는 더 이상 중요한 역할을 하지 않지만, 과열 경보기는 계속 작동하고 있을 것이다. 우드필은 우주비행사들이 달에 착륙한 뒤 달 착륙선 엔진의 열기 때문에 레이더의 온도 경보가 오작동하면 어떻게 될까 궁금해졌다. 우드필은 우주비행사들이 우주선 밖으로 나가 달을 탐사하는 도중에 그런 일이 벌어지면, 무슨 일이 생겼는지 알아보기 위해 달 착륙선으로 돌아가야 할 테니 그들의 역사적인 달 탐사가 불필요하게 단축될 수도 있다고 걱정했다.

호기심이 생긴 우드필과 동료들은 레이더 시스템에 대한 열분석을 실시했고, 그 결과 달 착륙선 엔진의 열기 때문에 실제로 거짓 경보가 발생할 수도 있다는 사실을 알아냈다. 잠재적인 문제를 해결하는 데는 돈이 거의 들지 않았고, 우드필은 이런 사고 예상 분석 덕분에 아폴로 프로그램이 수백만 달러의 비용과 엄청나게 당혹스러운 상황을 면할 수 있었다고 생각한다.

사고 예상 분석은 아폴로 프로그램의 모든 단계에 진행되었다. 백악관에서는 리처드 닉슨 대통령의 참모들이 아폴로 11호 달 착륙이 대재앙으로 끝날 경우에 대통령이 할 연설문을 준비해뒀다.[146] 실종된 우주비행사들을 애도하면서 인류의 탐험 의지를 되새기는 심금을 울리는 글이다.

달을 향해 평화로운 탐험을 떠난 이들은 이제 그곳에서 영면할 운명을 맞게 되었습니다. 이 용감한 닐 암스트롱과 에드윈 올드린은 자신들이 귀환할 가망이 없다는 것을 알고 있습니다. 하지만 자신들의 희생이 인류의 희망이 되리라는 것도 알고 있습니다. 앞으로 밤에 달을 바라보는 사람들은 모두 저 세계의 어느 모퉁이에 영원한 인류애가 자리 잡고 있음을 알게 될 것입니다.

다행히 닉슨은 추도 연설을 할 필요가 없었고, 이 연설문은 국가기록보관소에 보관되어 있다가 달 탐험 임무가 끝난 지 30년이 지난 뒤에야 일반에 공개되었다.

사고 예상 분석 중에서도 가장 광범위하고 복잡한 분석은 우주비행 관제센터에서 실시되었다. 관제센터 한쪽 벽에는 커다란 창이 몇 개 있고, 그 창문 뒤쪽에는 시뮬레이션 팀이 자리 잡고 있었다. 약 서른 명의 기술자와 과학자로 구성된 이 팀은 아폴로 계획 문서를 면밀히 검토하면서 임무 중에 잘못될 수도 있는 부분을 예상했다. 그다음, 관제센터에서 시뮬레이션을 진행하여 관제사들이 이 문제에 대처할 수 있는지 확인했다. 관제사들은 모의 임무를 진행하는 목적이 뭔지는 알고 있었지만 자기들 앞에 어떤 문제가 닥칠지는 전혀 알지 못했다. 때로는 일주일에 6일간 하루에도 몇 번씩 시뮬레이션을 진행하는 바람에 업무가 복잡하고 힘들어졌다.

전기 기술자인 제이 허니컷은 아폴로 시뮬레이션 팀에서 중요한 역할을 했다. 그가 하는 작업은 대부분 특정한 문제를 시뮬레이션하기 위한 데이터를 관제센터에 제공하는 것이었다. 우주선에서 연료가 새기 시작하면 관제사들이 알아차릴 수 있을까? 엔진이 오작동하면 어떻게 대응할까? 달 착륙선이 갑자기 항로를 이탈하면 대처할 수 있을까? 때로는 데이터를 이용하기보다 물리적인 방법으로 시뮬레이션을 진행하기도 했다. 한번은 훈련에 앞서 허니컷이 관제사의 콘솔에 있는 전원 공급 장치에 끈을 묶어놓고 그 끈을 바닥에 길게 늘어뜨려서 시뮬레이션 팀이 있는 방까지 이어지게 해놓았다. 허니컷은 시뮬레이션 중에 관제사가 중요한 결정을 내리려고 할 때까지 기다렸다가 끈을 획 잡아당겨서 콘솔의 전원을 차단했다. 그리고 관제사가 재빨리 콘솔을 바꿔 모의 임무를 계속 수행하는 모습을 보고 흡족해했다.

또 다른 시뮬레이션 중에 허니컷과 그의 팀은 관제센터에 전력을 공급하는 회로 차단기를 내려보기로 했다. 그러자 콘솔의 3분의 1과 조명 절반이 갑자기 꺼졌다. 관제사들이 어떤 차단기가 고장 났는지 파악하고 교체 부품을 찾기까지 시간이 많이 걸렸다. 하지만 허니컷의 회상에 따르면, 관제센터는 재빨리 이 문제를 바로잡았다.

내가 다음 날 아침 6시 30분에 사무실에 도착해보니, 바닥 전체에 거대한 도면이 펼쳐져 있었다. 직원들은 바닥을 기어 다니면서 모든 전선에 색을 칠해 구분하는 작업을 하고 있었다. 일주일 안에 모든 차단기에 숫자가 붙었고, 그들은 5분 안에 고장 난 차단기를 찾아 교체할 수 있게 되었다. 아주 훌륭한 태도였다. 우리에게 화내는 사람은 아무도 없었다. 우리는 이 일을 함께했고, 이것은 새로운 것을 배울 수 있는 최고의 방법이었다.[147]

시뮬레이션 팀의 작업은 아폴로 계획이 성공하는 데 중요한 역할을 했다. 게리 그리핀은 이렇게 말했다.

임무를 준비하는 동안 우리 업무 시간의 90퍼센트는 이런 일이 일어나면 어떻게 할 건지, 또 저런 일이 일어나면 어떻게 할 건지 알아내는 데 쓰였다. 우리가 할 수 있는 모든 작업에 대한 백업 시스템이나 절차가 마련되어 있었다. 이 모든 준비가 우리를 살렸다는 데는 의심할 여지가 없다. 사실 심각한 문제가 발생하지 않은 임무는 단 한 번도 없었기 때문에 이런 준비 과정이 정말 많은 도움이 되었다.[148]

아폴로 11호가 달에 착륙하기 불과 몇 주 전, 크랜츠의 팀이 지나치게 자신만만해하는 모습을 본 시뮬레이션 감독관 딕 쿠스Dick Koos는 그들에게 힘든 시련을 안겨줘야겠다고 생각했다. 미국의 우주비행 프로그램 초기부터 참여해온 쿠스는 우주비행 임무 시뮬레이션 분야에서 가장 존경받는 권위자 중 한 명이었다. 그는 크랜츠 팀이 달 착륙선에 장착된 컴퓨터에서 발생하는 경보를 처리할 수 있는지 알아보기 위해 자기 팀원들에게 '26번 케이스'를 시스템에 로딩하라고 지시했다.

시뮬레이션 도중에 달 착륙선의 유도 컴퓨터에 갑자기 '1210' 경보가 떴다.[149] 우주비행사들을 달 표면으로 이끌도록 도와주는 이 컴퓨터는 1960년대 후반에는 최첨단 기술이었지만 사실 현재의 스마트폰보다도 연산 능력이 떨어진다. '1210' 경보는 하드웨어 두 개가 동시에 컴퓨터와 통신을 시도하고 있으며 컴퓨터가 이에 대처하기 위해 고군분투하고 있음을 나타내는 경보였다.

스티브 베일스는 그날 콘솔 앞에서 일하고 있었는데, 경보가 떴을 때 무슨 일이 벌어졌는지 알 수가 없었다. 컴퓨터가 힘겹게 작업하고 있다는 건 알 수 있었지만 그게 임무에 중요한 작업인지 확신이 가지 않았다. 그래도 어쨌든 신중을 기하기 위해 착륙을 중단하기로 했다. 하지만 관제사들은 사후 검토 과정에서 그 코드가 임무 중단을 정당화할 수 있을 만큼 심각한 문제가 아니므로 무시하고 계속 착륙을 진행했어야 했음을 알게 되었다.

쿠스는 불필요하게 임무를 중단시킨 베일스와 크랜츠를 꾸짖었고, 크랜츠의 팀은 몇 시간 동안 프로그램 경보와 관련된 교육을 받았다. 소프트웨어 개발자들은 시뮬레이션 중에 발생하는 경보는 프로그램을 공개하기 전에 컴퓨터 코드 문제를 해결하기 위해 만든 것이며, 실제 임무 중에 이런 경보가 발생할 가능성은 매우 낮다고 장담했다. 하지만 크랜츠는 팀원들에게 생각할 수 있는 경보란 경보는 모조리 살펴보게 했다.

베일스는 가까운 동료인 소프트웨어 지원 엔지니어 잭 가먼Jack Garman에게 가능한 모든 경보를 검토하고 임무 수행에 중요한 경보를 파악해달라고 부탁했다. 며칠 뒤 가먼은 자신이 발견한 내용을 요약 정리한 쪽지를 베일스에게 보여줬고, 베일스는 그 경보를 하나씩 검토하면서 쪽지에 일일이 표시를 했다. 두 사람은 이 작업이 역사적인 아폴로 11호 착륙에 정말 중요한 역할을 하게 되리라는 사실을 몰랐다.

MOONSHOT MEMO
주제 : 틴달그램

뛰어난 엔지니어이자 재능 있는 관리자인 빌 틴달 주니어는 매우 재치 있는 사람이었다.[150] 미국의 우주프로그램 개발에 처음부터 참여한 틴달은 주변 사람들에게 동기를 부여하고 문제가 생기면 재빨리 대응하며 복잡한 문제를 빨리 이해하고 다양한 부류의 사람들을 조화시키는 놀라운 능력이 있었다. 진 크랜츠 운항 책임자는 그를 가리켜 '우리가 달에 내려갈 때 사용한 모든 기술을 만들어낸 설계자'라고 설명했고,[151] 크랜츠는 닐 암스트롱이 달 착륙선을 조종해서 달 표면을 향해 내려가는 동안 틴달에게 관제센터의 자기 옆자리에 앉아 있으라고 청했다.

틴달은 경력 초반에, 동료들이 핵심 사안에 관심을 집중할 수 있도록 메모를 전하기 시작했다.

세월이 흐르면서 틴달이 쓴 메모는 1,000통을 넘어섰다. 메모 내용은 모두 심각한 문제를 다루고 있었지만 제목은 대부분 가볍고 유쾌했으며('환기구가 아래로 구부러졌네, 오오, 통탄스러워라', '우리에게 행복이란 수소가 많이 생기는 거지') 종종 유머러스한 내용도 섞여 있었다('이 데이터가 옳다면 우리는 정말 심각한 곤경에 처하게 될 거야'). 사람들은 그가 쓴 메모를 널리 돌려봤고, '틴달그램'이라는 애정이 깃든 별명까지 붙였다.

틴달은 한 메모에서 달 착륙선이 달에 도착한 직후, 관제사들은 단 몇 분 안에 우주비행사들이 달 표면에 머물러도 괜찮은지 아니면 임무를 취소하고 궤도를 선회 중인 모선으로 돌아가야 할지를 결정해야 한다고 지적했다. 당시에는 작전을 계속 수행해도 괜찮을 때는 '고Go'라고 하고 작전을 중단해야 할 때는 '노 고No Go'라고 말했다. 틴달은 착륙 후에는 이 신호가 혼란스러울 수 있다는 걸 알아차렸다. '고'가 달에 머물라는 얘기고 '노 고'는 임무 중단을 의미하던가? 아니면 '고'가 임무 중단이고 '노 고'가 머물라는 얘긴가? 우주비행관제센터는 틴달의 조언에 따라 이 용어를 '스테이Stay'와 '노 스테이No Stay'로 바꿔서 문제를 해결했다.

단순한 착오가 인류의 가장 위대한 순간 중 하나를 망칠 수도 있었다. 하지만 틴달의 명확한 사고방식과 핵심 사안을 전달하는 간단한 방식이 곤경을 예방했다.

준비의 힘

1969년 7월 20일, 이글호가 빠른 속도로 달을 향해 하강하던 중에 달 착륙선에 탑재된 컴퓨터 화면에 '1202' 프로그램 경보가 떴다. 지구에서 35만 킬로미터나 떨어진 곳에서 생사를 가를 수도 있는 싸움이 벌어지고 있었다.

하지만 이번에는 팀원들이 이런 사태에 대비되어 있었다. 가먼은 재빨리 자기가 쓴 쪽지를 확인해서 프로그램 경보 '1202(과부하라는 뜻)'가 뭔지 알아냈다. 이글호의 항법 컴퓨터는 생각해야 할 게 많았다. 달 표면까지의 거리를 계산하고, 관제센터에 중요한 정보를 전달하고, 암스트롱이 착륙을 중단하고 다시 위로 향해야 할 경우에 대비해 사령선의 위치를 계속 주시했다. 게다가 관제센터와 우주비행사들은 미처 몰랐지만, 시스템의 작은 결함 때문에 컴퓨터는 착륙에 필요하지도 않은 추가적인 정보를 처리해야 했다. 불행히도 부하가 너무 커지자 컴퓨터는 가능한 한 많은 작업을 완료하고 저장할 수 있는 것들을 전부 저장한 뒤 재부팅을 시작했다.

가먼은 오류 코드가 화면에 계속 나타나지 않는 이상 착륙을 계속 진행해도 괜찮다는 것을 깨닫고는 즉시 자기가 알아낸 결과를 베일스에게 전했다. 베일스는 가먼이 준 정보와 달 착륙선에서 들어오는 운항 데이터를 합쳐서 착륙을 중단할지 여부를 신속하게 결정해야 했다. 세상 사람들의 시선을 한 몸에 받고 있던 스물여섯 살의 베일스는 결국 착륙을 계속 진행해도 좋다는 결정을 내렸다. 수십만 킬로미터 떨어진 곳에 있던 암스트롱과 올드린은 계속 하강하고 있었다.

캡컴인 찰리 듀크가 좋은 소식을 전했다. "알겠다. 그 경보가 떠도 진행하도록."[152]

잠시 후, 올드린이 다른 문제가 생겼음을 알렸다. "알겠다. 이해했다. 착륙 진행한다. 3,000피트(약 910미터-옮긴이). 프로그램 경보."

이번에는 '1201' 경보였다. 가먼은 다시금 목록을 확인했고(과부하-빈 공간 없음이라는 뜻) 베일스는 착륙해도 좋다고 말했다.

캡컴: "알았다. 1201 경보. 진행한다. 똑같은 유형이다. 계속 진행한다."

이글호가 달에 접근하는 동안 두 번째 중요한 문제가 발생했다. 아폴로 팀은 이상적인 착륙지를 정하기 위해 달 표면 사진을 연구하면서 몇 년을 보냈다. 그들은 '고요의 바다'로 알려진 길이 18킬로미터, 폭 5킬로미터의 넓은 타원형 공터를 착륙지로 정했다. 그런데 유감스럽게도 이글호가 사령선에서 분리될 때 받은 추가적인 추진력 때문에 원래의 착륙 지점을 지나쳤다. 설상가상으로 이글호는 현재 커다란 자동차 크기의 바위들이 곳곳에 흩어져 있는 거대한 분화구를 향하고 있었는데, 이 거대한 바위에 부딪히면 틀림없이 망가지고 말 것이었다. 그러나 끝없이 이어진 시뮬레이션이 마침내 성과를 거두려 하고 있었다. 암스트롱은 침착하게 우주선을 수동으로 조종하면서 바위들을 훑어보기 시작했다. 달 표면까지 30.5미터도 채 안 남은 시점에 이글호의 연료가 거의 바닥나, 이제 비행 가능한 시간은 1분 남짓뿐이었다. 관제센터는 침묵했고, 캡컴은 정보를 전달했다.

캡컴: "60초."

12미터 높이까지 내려가자, 이글호의 엔진 때문에 달 먼지가 일면서 시야가 심하게 가려져 상황이 더 심각해졌다.

캡컴: "30초."

연료가 20초 분량만 남은 상태에서 암스트롱은 마침내 적당한 착륙 지점을 찾았고 이글호는 달 표면에 부드럽게 착륙했다. 이글호는 원래 예정된 착륙 지점에서 6.5킬로미터 정도 떨어진 곳에 내렸다.

올드린: "착륙 조명. 좋아. 엔진 정지."

이글호의 엔진이 꺼졌다. 밖에서는 10억 년 넘는 세월 동안 누구도

건드리지 않았던 달 먼지가 서서히 가라앉기 시작했다. 곧이어 암스트롱은 온 세상이 듣고 싶어 하던 말을 했다.

암스트롱: "휴스턴, 어…… 여기는 고요의 바다다, 이글호가 착륙했다."

흥분해서 말이 잘 안 나오는 찰리 듀크는 이렇게 대답했다.

캡컴: "알았다, 거요…… 고요의 바다, 지상에서 다 듣고 있다. 여기 있는 사람들이 다 얼굴이 파랗게 질려가던 중이었는데, 덕분에 다시 숨을 쉬고 있다. 정말 고맙다!"

더그 워드는 그곳에 가득하던 안도감을 기억한다.

우리 뒤쪽의 관람실에 있던 정치인, 상급자, 우주비행사 가족들이 내지르는 엄청난 환호성이 들렸다. 크랜츠가 재빨리 비행관제사들에게 뭐라고 말하자 다들 흥분을 가라앉히고 스테이/노 스테이 체크 리스트를 확인하기 시작했다. 모든 게 괜찮았다. 우리도 마음만은 달에 있었다.[153]

불가능해 보이던 일이 눈앞에서 벌어지는 모습을 전 세계에서 수백만 명이 지켜봤다. 그날 밤, 누군가가 알링턴 국립묘지의 케네디의 묘지에 있는 영원한 불꽃 옆에 작은 꽃다발과 손으로 쓴 쪽지를 갖다놓았다. 카드에는 "대통령님, 이글호가 착륙했습니다"라고만 적혀 있었다.

관제사 중 일부는 충분히 누릴 자격이 있는 휴식을 취했다. 비행관제사 에드 펜델은 집에 가서 잠을 좀 자고 일어나 다시 일터로 향했다.

그는 출근길에 동네 식당에 들러 아침을 먹었다.

식당에서 스크램블드에그를 주문했다. 두 남자가 들어와 내 옆에 놓인 의자에 앉았다. 동네 주유소에서 일하는 그들은 달 착륙에 관한 대화를 나누기 시작했다. 한 명이 말했다. "내가 제2차 세계대전에 참전한 거 알지? 디데이D-Day에 노르망디상륙작전에도 참여했어. 정말 짜릿한 날이었지. 그리고 파리를 거쳐 베를린에도 갔고. 하지만 내가 미국인이라는 사실이 제일 자랑스러웠던 건 바로 어제였어."[154]

에드는 우주비행관제센터에서 밤낮 없이 일했지만 달 착륙이 미국인들에게 어떤 영향을 미치는지는 몰랐다. 에드는 목이 메는 듯한 기분이 들어 얼른 음식값을 지불했다. 그리고 신문을 집어 들고 차로 가서 울기 시작했다.

아폴로 11호 승무원들이 무사히 귀환하고 몇 달 후, 리처드 닉슨 대통령은 역사적인 임무에 관련된 사람들을 기리기 위해 로스앤젤레스에서 성대한 만찬을 열었다. 닉슨은 유명 정치인들과 대사들이 지켜보는 가운데 아폴로 1호 화재로 목숨을 잃은 세 우주비행사들에게 공로 훈장을 수여하고, 아폴로 11호 우주비행사들에게는 대통령 자유 훈장을, 그리고 임무 수행 팀에게는 NASA 공동 성과상을 수여했다. 스티브 베일스는 이 마지막 상을 수상하는 영광을 누렸다. 그가 당당한 모습으로 단상에 서자 닉슨은 이렇게 말했다. "이 젊은이가 바로 컴퓨터가 혼란에 빠졌을 때, 그리고 '멈추라'고 할 뻔했을 때 '고'를 외친 바로 그 젊은이입니다." 이 모든 것은 준비의 힘 덕분이었다.

만일에 대비하라

"준비하지 않는다는 것은 곧 실패를 준비하는 것이다."

– 벤저민 프랭클린 Benjamin Franklin

먼저 간단한 설문지를 작성해보자.

어떤 일을 앞두고 불안했던 때를 생각해보자. 직장 동료들 앞에서 말을 하거나, 취업 면접을 하거나, 아는 사람이 하나도 없는 파티에 참석해야 했을 수도 있다. 그다음, 아래의 문장 열 개를 읽고 각 문장이 그 일이 있기 전에 했던 생각과 얼마나 부합하는지 평가해보자. 각 문장에 1점('그런 생각은 전혀 안 했다')부터 5점('내가 했던 생각 그대로다') 사이의 점수를 매기면 된다.

이 설문지는 잠시 후에 다시 살펴볼 예정이다.

심리학자들은 낙관주의와 비관주의가 사람들의 삶에 미치는 영향을 알아보기 위해 수천 가지의 과학적인 연구를 진행했다.[155] 시간이 지나면서 명확한 패턴 몇 가지가 드러났다. 일반적으로 낙관론자들은 비관론자에 비해 신체가 더 건강하고 심리적으로도 행복하다. 또 3장

		점수
1	대체로 모든 일이 어떻게 진행될지 늘 걱정한다.	
2	잘못될 수도 있는 특정한 일들에 대해 가끔 생각한다.	
3	이 일에 잘 대처할 수 있을 것 같지 않다.	
4	이 일에서 발생할 수 있는 문제를 생각하느라 꽤 많은 시간을 보내곤 한다.	
5	이 일의 결과는 내 힘으로 어찌할 수 없는 일이라고 생각한다.	
6	대체로 발생할 수 있는 모든 문제를 해결할 방법을 상상한다.	
7	막판까지 그 일을 생각하지 않으려고 애쓴다.	
8	그 일이 진행되는 동안 뭐가 잘못될 수 있는지 상상해보면 준비하는 데 도움이 된다.	
9	그 일을 생각하면 불안해지기 때문에 생각하지 않으려고 애썼다.	
10	속으로는 그런 일이 절대 생기지 않을 거라고 의심하면서도, 일어날 수 있는 최악의 상황을 자주 떠올렸다.	

에서 알게 된 것처럼, 낙관론자는 목표 달성을 시작한 뒤 상황이 어려워지더라도 계속해나갈 가능성이 훨씬 더 크다. 이 모든 것이 오랜 시간 동안 더해지면, 인생의 밝은 면을 보는 사람들이 개인적인 삶과 직업적 삶 모두에서 특히 큰 성공을 거둔다. 시간이 지나면서 음악가, 작

가, 치료사, 자기 계발 전문가 등이 인생의 밝은 면을 보는 습관의 이점을 널리 알림에 따라 이 연구 결과가 대중에게도 널리 알려졌다.

그런데 몇 년 전에 모든 게 바뀌기 시작했다.

매사추세츠 웰즐리대학교의 심리학자 줄리 노렘Julie Norem은 비관론을 좀 더 면밀하게 관찰하며 많은 시간을 보낸 결과, 모든 비관론자가 똑같지는 않다는 사실을 알아냈다.[156] 일반적으로 비관론자들은 대부분 최악의 상황을 예상하면서 인생을 숙명론적으로 받아들이고, 주변에 있어도 별로 재미가 없다. 그러나 노렘의 연구를 통해 비관론자의 3분의 1 정도는 '방어적 비관주의'라는 다소 특이한 사고방식을 가지고 있는 것으로 밝혀졌다. 방어적 비관주의는 부정적인 생각을 긍정적으로 해석한다. 비관론자들은 대개 불안감을 안겨주는 일에서 도망치는 반면, 방어적 비관론자들은 발생할 수 있는 문제를 파악하고 그 문제를 예방하거나 대처할 방법을 생각한다.

방어적 비관론이 작용하는 모습을 자세히 살펴보자. 중요한 취업 면접을 하러 간다고 상상해보자. 여러분이 낙관론자라면 아마 면접이 잘될 거라고 예상할 것이다. 평범한 비관론자라면 전체적으로 일이 잘못될 거라고 느낄 것이다. 하지만 방어적 비관론자라면, 면접이 완전히 실패할 수 있는 경우의 수를 헤아리고 그 문제를 막기 위해 무엇을 해야 하는지를 생각할 것이다. 면접에 늦을까 봐 걱정된다면 면접 장소에 일찍 도착하도록 계획을 세우면 된다. 까다로운 질문을 받을까 봐 걱정된다면 악몽 같은 질문을 받았을 때 할 수 있는 대답을 모두 생각해보자. 혹은 지나치게 긴장한 모습을 보일까 봐 걱정이라면 친구나 동료와 함께 면접 연습을 할 수도 있다. 요컨대 방어적 비관론자들은 인류가 달에 도달하는 데 도움을 준 사고 예상 분석을 한다.

조금 전에 작성한 설문지를 살펴보면서 홀수 번호 문장(1, 3, 5, 7, 9)의 점수를 더해보자. 이건 여러분의 전반적인 낙관주의-비관주의 점수인데, 점수가 낮으면(5~10점) 여러분이 항상 인생의 밝은 면을 본다는 뜻이고, 점수가 높으면(20~25점) 세계관이 우울하다는 얘기다.

이번에는 짝수 번호 문장(2, 4, 6, 8, 10)의 점수를 모두 더한다. 이 문장들은 노렘이 연구에서 사용한 것으로 여러분의 방어적 비관주의를 반영한다. 낮은 점수(5~10점)는 비상 대책을 세우지 않는 경향이 있음을 나타내고, 높은 점수(20~25점)는 발생 가능한 문제들을 식별하고 만일의 사태에 잘 대처할 방법을 생각해두는 걸 좋아한다는 뜻이다.

다행히 최악의 경우에 대비함으로써 최고의 성과를 올릴 수 있게 해주는 기술이 몇 가지 있다. 마음속 극장을 찾아가 사전 검토를 하고, 신화 속에 나오는 트로이 왕의 딸을 만나기만 하면 된다.

최악의 경우를 그려 최고의 성과를 거두는 법 1:
마음속 시나리오 쓰기

'사고 예상 분석'을 위한 시나리오를 만든 다음 잠재적인 문제를 해결할 방법을 궁리할 때 사용할 수 있는 기법이 몇 가지 있다. 가장 효과적인 방법은 아폴로 팀처럼 연습을 해보는 것이다. 때로는 잠재적인 함정을 노출시키기 위해 '미니 시뮬레이션'을 할 수 있다. 예를 들어, 책을 쓸 생각을 하고 있다면 한 달 동안 매일 블로그 게시물을 작성해보자. 또 신제품 출시를 고려하고 있다면 시제품을 소량 만들어서 시장에서 테스트해보자. 자영업자가 되는 것의 장단점을 저울질하고 있다면, 주말에 직접 그 일을 해보면서 어떻게 돼가는지 알아보자.

안타깝게도 때로는 연습이 불가능하거나 현실적이지 않을 때도 있다. 하지만 다행히 많은 운동선수와 음악가, 배우, CEO, 기업가가 사용해서 큰 효과를 본 기술을 이용할 수도 있는데, 바로 심리적 연습이다.

이 기술이 어떻게 작동하는지 설명하기 위해, 직장에서 슬라이드를 이용해 중요한 프레젠테이션을 해야 한다고 상상해보자.

1 먼저 펜과 종이를 준비하고 방해받지 않을 곳을 찾는다. 종이 가운데 부분에 세로로 선을 긋고 왼쪽 맨 위에 '문제점'이라고 쓴다.

2 그리고 심리 연습을 시작하면 된다. 프레젠테이션이 어떤 식으로 진행될지 잠시 생각해보자. 모든 일이 완벽하게 진행되어서 마지막에 참석자들 모두가 박수를 치며 환호하는 모습을 상상하고 싶다는 유혹을 느낄지도 모른다. 하지만 그런 유혹은 물리쳐야 한다. 우리 목표는 자존심을 부풀리거나 희망을 키우거나 항상 태양이 환하게 빛나는 환상의 세계에 사는 것이 아니다. 그보다는 현실적인 태도로 혹시

모를 실패에 대비해야 한다.

먼저 프레젠테이션과 관련해 발생할 수 있는 잠재적인 문제 열 가지를 생각해야 한다. 시작해보자.

	문제	
1		
2		
3		
4		
5		
6		
7		
8		
9		
10		

뭐라고 적었는가? 흔히 발생하는 문제로는 다음과 같은 것들이 있다.

	문제	
1	컴퓨터가 프로젝터에 연결되어 있지 않아서 청중들이 내 슬라이드를 볼 수 없다.	
2	마이크가 작동하지 않아서 청중들이 내 말을 들을 수 없다.	
3	얘기를 시작할 때 지나치게 긴장할지도 모른다.	
4	말을 더듬을 수도 있다.	
5	갑자기 머릿속이 텅 빈 것처럼 아무 생각도 안 날 수도 있다.	
6	슬라이드를 너무 빨리 넘길지도 모른다.	
7	프레젠테이션 도중에 어디까지 얘기했는지 잊어버릴 것 같다.	
8	내가 던진 농담이 아무 호응도 못 얻을 것이다.	
9	준비가 부족해서 시간을 다 채우지 못할 것이다.	
10	내용이 너무 길어서 내가 프레젠테이션을 다 마치기도 전에 사람들이 자리를 뜰 수도 있다.	

3 이제 잠재적인 문제 몇 가지를 파악했으니, 애초에 문제가 발생하지 않도록 예방하는 방법 혹은 발생할 경우의 대처 방법을 고민해야 한다. 종이 오른쪽 윗부분에 '해결책'이라고 적는다. '문제'란에 열거한 항목들을 하나씩 살펴보고 이 문제를 예방하거나 이에 대처할 최선의 방법을 생각해보자. 그 아이디어들을 전부 '해결책'란에 적는다. 각 문제에 대해 얼마든지 많은 해결책을 나열해도 좋다.

뭐라고 적었는가? 일반적인 문제에 대한 다음의 해결책을 살펴보자.

	문제	해결책
1	컴퓨터가 프로젝터에 연결되어 있지 않아서 청중들이 내 슬라이드를 볼 수 없다.	미리 회의실에 가서 장비를 확인할 수 있는가? 본인 소유의 작은 프로젝터를 가지고 와서 비상시에 그걸 사용할 수 있는가? 슬라이드 없이 말로만 설명할 방법이 있는가?
2	마이크가 작동하지 않아서 청중들이 내 말을 들을 수 없다.	그냥 목소리를 크게 내는 방법으로 상황에 대처할 수 있는가? 말은 간단하게 줄이고 슬라이드만 봐도 프레젠테이션 요지를 파악할 수 있게 할 방법이 있는가?
3	얘기를 시작할 때 지나치게 긴장할지도 모른다.	지금 긴장한 게 아니라 흥분한 것뿐이라고 혼자 되뇌면 도움이 되는가? 아니면 간단한 긴장 완화법을 활용하겠는가? 혹은 처음 말할 내용을 미리 생각해두는 게 좋을까?

4	말을 더듬을 수도 있다.	말을 더듬었다는 사실을 가볍게 인정하고 계속 진행할 수 있는가? 아니면 '무슨 생각들 하시는지 압니다. 말하기 참 쉽지 않은 문제죠' 같은 대사를 준비해둘까?
5	갑자기 머릿속이 텅 빈 것처럼 아무 생각도 안 날 수도 있다.	청중에게 사과하고 시간을 벌기 위해 물을 한 잔 마시면서 슬라이드를 다시 불러와 다음 단계로 넘어갈 수 있는가? 요점이 적힌 카드를 준비할 수 있는가? '다른 발표자들이 이런 일을 겪는 걸 보면서 어떤 기분인지 궁금했는데 이제 알겠네요' 같은 대사를 미리 준비할 수 있는가?
6	슬라이드를 너무 빨리 넘길지도 모른다.	'아직 보지 못한 장면들이 있다면 다들 머릿속으로 상상해보시죠' 같은 농담을 할 수 있을까?
7	프레젠테이션 도중에 어디까지 얘기했는지 잊어버릴 것 같다.	방금 전에 본 슬라이드를 불러올 수 있는가? 이런 비상사태에 대비한 메모를 준비해 뒀는가? 아니면 무슨 일이 생겼는지 인정하고, 청중에게 프레젠테이션이 어디까지 진행됐는지 물어보겠는가?
8	내가 던진 농담이 아무 호응도 못 얻을 것이다.	'평소에는 이 농담이 좀 더 잘 먹히는 편인데, 아무래도 제가 잘못 생각했나 봅니다' 혹은 '앞으로는 이런 농담을 절대 하지 않겠습니다' 같은 대사를 미리 준비할 수 있는가?
9	준비가 부족해서 시간을 다 채우지 못할 것이다.	청중에게 질문을 던질 수 있는가? 질문을 하나도 받지 못한다면, '가장 자주 받는 질문 중에 하나는……' 같은 말을 하면서 이야기를 계속 이어갈 수 있는가?

10	내용이 너무 길어서 내가 프레젠테이션을 다 마치기도 전에 사람들이 자리를 뜰 수도 있다.	프레젠테이션을 하면서 시계를 계속 확인할 수 있는가? 아니면 종료 시간 5분 전에 휴대전화 타이머가 울리도록 설정하겠는가? 시간이 부족할 경우 마지막 슬라이드는 생략할 수 있는가?

　사고 예상 질문 분석을 해서 핵심적인 문제를 파악하고, 어떻게 예방하거나 대처하는 게 가장 바람직할지 생각해본다. 아폴로 11호 시뮬레이션 팀처럼 최악의 사태에 대비하면서 성공의 씨앗을 뿌릴 수 있을 것이다.

　방어적 비관론자처럼 생각하면 준비에도 도움이 될 뿐 아니라 전반적인 불안감도 해소할 수 있다. 다음에 어떤 상황이 걱정되기 시작하면 구체적인 문제가 뭔지 파악하고, 이런 잠재적인 문제들을 완화하기 위해 무얼 할 수 있는지 생각해보자.

최악의 경우를 그려 최고의 성과를 거두는 법 2 :
사전 시뮬레이션

실제 연습이나 심리적 연습은 내면의 방어적 비관론자와 접촉하는 좋은 방법이다. 하지만 그것만이 유일한 방법은 아니다. 또 하나의 효과적인 방법으로 '사전 검토'가 있다. 두 부분으로 구성된 이 기술은 심리학자이자 의사 결정 전문가인 게리 클라인Gary Klein이 고안했다.[157] 사후 검시를 할 때는 죽은 사람을 살펴보고 그들이 왜 죽었는지 사인을 알아내려고 노력한다. 사전 검토는 어떤 프로젝트나 사업을 할 때와 똑같은 방식으로 일하되, 일을 본격적으로 시작하기 전에 그 절차를 진행하는 것이다. 방법은 다음과 같다.

우선 머릿속으로 시간 여행을 해야 한다. 미래의 자신과 사업이 엄청난 실패를 겪었다고 상상해보자. 왜 일이 이렇게 잘못되었는지 스스로에게 물어보자. 어떤 생각도 금지해서는 안 된다. 단체로 사전 검토를 실시할 때는, 아무리 우스꽝스럽게 들리는 얘기라도 다들 거리낌 없이 문제에 관해 얘기할 수 있어야 한다. 자기 문제를 혼자 검토할 때는 잔인할 정도로 솔직해지자. 여러분이 주최한 행사에 아무도 참석하지 않거나, 프로젝트 웹사이트가 다운되거나, 핵심적인 인물이 마지막 순간에 발을 뺄 수도 있다. 요컨대 '환자'가 죽었고 모든 상황이 최대한 나쁘게 진행되었다고 가정해야 한다. 여러분이 할 일은 왜 그런 비참한 상황이 벌어졌는지 알아내는 것이다. 클라인은 검토 기법의 이 부분을 고안할 때 사람들이 지나치게 부정적인 사람처럼 보이는 걸 걱정하지 않도록 자기 내면의 비판자와 적극적으로 접촉하게 했다.

그리고 두 번째 단계에는 드러난 문제들 가운데 상위 문제 열 개를 골라 해결책을 찾으려고 노력한다. 드러난 문제가 열 가지 이상이라면, 임무 수행에 필수적인 '핵심 문제'에 집중해야 한다.

다음에 어떤 프로젝트를 살리려고 애쓸 때는, 그 프로젝트가 끔찍한 죽음을 맞이했다고 가정하면서 검토하는 시간을 갖자.

최악의 경우를 그려 최고의 성과를 거두는 법 3:
카산드라 콤플렉스

그리스 신화에 따르면 트로이 왕에게는 카산드라라는 아름다운 딸이 있었다. 어느 날, 아폴론 신이 카산드라에게 반해 그녀에게 선물을 주면서 환심을 사려 했다. 평범한 인간이라면 꽃다발이나 초콜릿 상자를 선물로 골랐을 것이다. 하지만 아폴론은 통 크게도 카산드라에게 예언 능력을 줌으로써 그녀의 삶에서 놀라움이라는 요소를 없애버렸다. 유감스럽게도 카산드라는 아폴론의 선물에 감명을 받지 않았고 마법을 이용한 그의 접근을 거부했다. 화가 난 아폴론은 자신의 전능한 힘을 이용해 아무도 카산드라의 예언을 믿지 않게 하는 저주를 내려서 그녀에게 앙갚음했다. 카산드라는 미래를 예견할 수 있었지만 자신의 예언이 정확하다는 사실을 사람들에게 확신시킬 수 없었다.

한번은 카산드라가 트로이의 선량한 시민들에게 그리스 병사들이 거대한 목마 안에 숨어 있다가 이 도시를 공격할 것이라고 말했다. 하지만 아폴론의 저주 때문에 아무도 카산드라의 말에 귀를 기울이지 않았고 그녀의 예언은 무시당했다. 그러자 그리스인들은 오랫동안 이어진 트로이 전쟁을 끝내자고 선포하면서 친선의 표시로 트로이에 거대한 목마를 선물했다. 그 목마를 본 카산드라는 타오르는 횃불을 움켜쥐고 목마에 불을 지르려고 했다. 여전히 그녀가 하는 예언의 정확성을 부인하던 트로이 사람들은 그녀를 밀쳐 쓰러뜨리고 목마를 도시 안에 들여놓았다. 얼마 뒤, 한 무리의 그리스 병사들이 말에서 몰래 빠져나와 트로이를 멸망시켰다.

카산드라의 이야기에는 배울 점이 많다. 첫째, 그리스 신의 낭만적인 접근에 관심이 없다면 구애를 부드럽게 거절할 방법을 찾아야 한다. 둘째, 아마 이게 더 중요한 교훈일 텐데, 사람들은 비관적인 예측을 듣고 싶어 하지 않는다. 카산드라 콤플렉스라는 이름으로 알려진 이 현상은 방어적 비관론자들에게 문제를 일으킬 수 있다. 사람들은 대부분 잘못될 수도 있는 일이나 비상 계획의 필요성에 관해 듣는 걸 좋아하지 않는다. 게다가 방어적 비관론자들은 지나치게 불안해하기 때문에 무능해 보일 수도 있다. 어떤 상황에서는 비관적인 생각은 혼자 간직하거나, 자신은 조심성이 많아서 일부러 반대 입장을 취하는 것이며 이 일에 관심이 많으니 이렇게 걱정하는 것이고 장기적으로 모두에게 도움이 되는 일을 하는 것이라고 공공연하게 밝힘으로써 너무 부정적인 사람이라는 평을 들을 가능성을 최소화하는 것이 현명하다.

방어적 비관론에 관한 문제는 이뿐만이 아니다. 잠재적인 문제를 생각하기 시작하면 생각이 상당히 극단적으로 흐를 위험이 있다. 예컨대 프레젠테이션을 할 때 슬라이드 프로젝터의 공격을 받거나 천장이 무너진다는 상상을 할 수도 있다. 또 생각이 걷잡을 수 없이 소용돌이치기 시작할 수도 있다. 예를 들어, 이런 생각을 할지도 모른다. '말을 하다가 엉망이 되면 관객들이 날 비웃을 테고, 상사는 나를 바보라고 생각할 것이다. 나는 이미 상사에게 미움받고 있으니 이게 마지막 결정타가 될지도 모른다. 만약 그녀가 날 정리해고한다면 집세를 낼 방법이 없으니 부모님 집에 돌아가서 살아야 할 것이다. 끔찍한 재앙이다.'

일어날 가능성이 매우 낮은 문제를 고민하느라 시간을 낭비하지 말고, 문제가 연달아 일어날 거라고 생각하기보다 해결책에만 집중하면 두 가지 문제 모두를 피할 수 있다.

마지막으로, 때로는 명확한 해결책이 없는 문제에 맞닥뜨려서 심각한 걱정에 사로잡힐 수도 있다. 실제로 여러분 힘으로는 통제할 수 없는 문제가 있다면, 걱정하느라 시간을 낭비하지 말자. 말 그대로 여러분이 할 수 있는 일이 아무것도 없기 때문이다. 영감이 필요하다면, 이전 장에서 운항 책임자 글린 루니가 아폴로 8호와 처음 연락이 끊겼을 때 어떻게 대처했는지 생각해보라. 세 우주비행사는 달 뒤로 가서 까다로운 엔진 점화를 수행해야 했다. 이때 관제사들이 할 수 있는 일은 아무것도 없었다. 루니는 사람들이 걱정에 잠겨 가만히 앉아 있게 내버려두기보다는, 지금이 휴식을 취하기에 가장 좋은 때라고 말했다. 다음에 여러분이 통제할 수 없는 걱정스러운 상황에 처하면, 루니와 그의 팀처럼 생각을 전환해서 그 상황을 잠시 잊을 방법을 찾아보자.

요약

비관주의는 대체로 도움이 되지 않지만 방어적 비관론은 사고 예상 분석을 한 다음 유용한 비상 계획을 세우도록 하므로 도움이 된다. 이런 사고방식을 장려하려면, 다음과 같이 해보자.

– 발생 가능한 다양한 사태에 대처하는 데 도움이 되는 자기만의 아폴로 '시뮬레이션' 팀을 만들어보자. 실제 연습이나 심리적 연습의 형태로 할 수도 있다. 물론 가장 중요한 것은 만반의 준비를 갖추는 것이지만 이 방법도 불안감을 전반적으로 예방하는 데 도움이 될 것이다.

– 사전 검토를 한다. 여러분이 하던 프로젝트가 이미 실패했다고 상상해보라. 무엇이 잘못되었고 왜 그랬을까? 이런 문제들을 예방하려면 어떻게 해야 할까?

– 방어적 비관주의는 영향력이 큰 사고방식이지만 극단적으로 생각하지 말고, 부드럽게 걱정을 제기할 방법을 찾고, 생각이 걷잡을 수 없이 뻗어나가게 놔두지 말고, 스스로 통제할 수 없는 일을 고민하느라 시간을 낭비하지 말자.

CHAPTER 8

예상치 못한 상황에는
즉흥적으로 대처하라

우주비행사들이 어떻게 집으로 가는 길을
즉흥적으로 만들어냈는지 알아보고, 예상치 못한 상황에서도
성공할 수 있는 방법을 배우자.

*

NASA의 원래 계획은 달에 착륙한 직후 암스트롱과 올드린이 잠을 푹 자고 나서 달 표면으로 나가는 것이었다. 하지만 두 사람은 당연히 새로운 환경을 탐험하는 일에 잔뜩 흥분해 있었기 때문에 낮잠은 건너뛰고 최대한 빨리 모험에 나서기로 했다.

두 사람은 무척 험난한 환경에 직면해야 하는 참이었다. 달에는 공기가 거의 없어 태양에너지를 흡수하거나 피할 방법도 거의 없다. 낮에는 태양 광선이 달 표면을 섭씨 100도 이상까지 가열할 수 있다. 또 밤이 되거나 그늘에서는 기온이 섭씨 영하 170도까지 떨어져 태양계에서 가장 추운 곳 중 하나가 된다.

이런 극한의 기온은 빙산의 일각이다. 두 우주비행사는 무시무시한 속도로 우주를 날아다니는 작은 바위 입자인 미소 유성체의 맹공격을 받을 수도 있었다. 이 입자들은 무게보다 훨씬 강한 힘으로 날아다니므로 파괴력이 크다. 달 표면을 덮은 회색 가루는 이 수많은 입자가 바위를 분쇄해서 생긴 결과물이다. 더 나쁜 점은, 달에는 산소도 기압도 없어서 극도로 위험한 여러 가지 방사선에 계속 노출된다는 것이다.

따라서 문워크Moonwalk를 하려면 따뜻한 외투를 입고 실용적인 신발을 신는 것 외에도 준비해야 할 것이 많았다. 이 준비는 지나친 대비에 관한 극적인 사례였다. 암스트롱과 올드린의 안전은 그때까지 만들어진 의상 중 가장 정교하고 비싼 의상에 달려 있었다. 우주비행사가 입는 우주복을 만드는 데는 약 10만 달러[약 1억 원, 오늘날의 가치로 환산하면 약 7만 달러(약 8억 원)-옮긴이]의 비용이 드는데, 우주복의 한 부분이라도 고장 난다면 곧바로 치명적인 영향을 미칠 것이다.[158]

우주비행사들이 입는 속옷은 몸에 꼭 맞게 제작된 상하 일체형인데 수백 미터 길이의 얇은 관으로 만들어져 있다. 우주비행사들이 달 표면에 있는 동안 관을 통해 차가운 물이 계속 순환하면서 몸이 과열되는 걸 막아준다. 우주복 자체는 인터내셔널 라텍스사(플레이텍스 브래지어와 거들을 생산하는 회사로 유명하다)가 만들었는데 스물한 겹의 첨단 소재로 구성되었다. 각각의 우주복은 고도로 숙련된 재봉사가 맞춤 제작했는데 믿기 힘들 정도의 정밀함이 필요했다. 일부 솔기의 바늘땀은 그 길이가 1밀리미터도 채 되지 않았다. 아주 경미한 실수가 생사를 가를 수도 있었다. 우주비행사들이 위험을 무릅쓰고 달 착륙선에서 밖으로 나오면, 통기성 있는 가압 환경을 만들기 위해 우주복이 부풀어 오르기 때문에 여러 겹으로 구성된 의상에 새거나 약한 부분이 전혀 없어야 했다. 우주비행사 러벌이 재봉사에게 한 유명한 말처럼, "달에 있는 동안 바지가 찢어지면 정말 싫을 것"이다. 비극적인 아폴로 1호 화재에서 교훈을 얻어 제작된 이 우주복의 가장 바깥층은 섭씨 538도 이

MOONSHOT MEMO
주제 : 아폴로, 핀볼, 오비터 1호

우주비행사들이 끼는 장갑은 딕시 라인하트Dixie Rinehart라는 엔지니어 겸 발명가가 디자인했다. 아폴로 프로그램에 참여한 많은 사람들처럼 딕시도 어린 시절에 로켓을 가지고 놀면서 새로운 발명품을 고안해냈다. 그의 발명은 단순한 아이들 장난이 아니었다. 한번은 그가 만든 로켓 관련 발명품 때문에 집 창문이 날아가고 지하실 벽이 크게 갈라지기도 했다.[159]

딕시는 결국 인터내셔널 라텍스사에서 일하게 되었고, 암스트롱과 올드린이 역사적인 문워크를 하는 동안 그들을 안전하게 지켜준 장갑을 디자인하느라 여러 해를 보냈다. 그는 아폴로 우주복과 관련된 공식 특허에 이름이 올라간 여덟 명 중 한 명이다.

아폴로 시대 이후에도 딕시는 장갑 제작 기술을 계속 발전시켰고 결국 매우 편리하고 형태가 독특한 작업용 장갑을 만들었는데, 이 장갑은 수백만 켤레나 팔렸다. 딕시는 다른 발명품에도 손을 대서, 1970년대 후반에는 동료들과 함께 '오비터 1호'라는 핀볼 게임을 만들었다.[160] 핀볼 판의 표면이 평평하지 않고 여기저기 굴곡이 있는 최초이자 유일한 핀볼 기계였다. 달 풍경처럼 생긴 이 기이한 모양은 시공간 왜곡에 관한 아인슈타인의 생각에서 영감을 받았다고 한다. 딕시는 아폴로 우주비행사 월리 시라가 월트 디즈니 월드에서 프레젠테이션을 하도록 주선해준 후 이런 아이디어를 얻었다. 오비터 1호는 어떤 핀볼 게임과도 다르다는 평가를 받았다. 이는 딕시의 동료가 말한 것처럼, 발명가들이 핀볼에 대해 아무것도 모르기 때문에 생긴 결과였다.

딕시의 연구에는 열정과 열의, 상상력, 그리고 엄청난 유머 감각이 필수적이었다. 여러 번 살펴본 것처럼, 이런 특징들이 아폴로 계획 성공에 놀랄 만큼 중요한 역할을 했다.

상을 견딜 수 있는 테플론 코팅 천이었고, 위험한 태양 방사선과 무서운 초소형 운석으로부터 우주비행사들을 보호했다.

우주비행사들의 장갑 또한 구조가 복잡했다. 진공 상태에서도 원래의 형태를 유지하면서 유연하게 움직일 수 있도록 쇠로 된 케이블이 들어 있고, 손가락 끝부분은 실리콘으로 만들어서 물체를 자유롭게 다룰 수 있게 했으며, 강철 섬유로 짠 천은 바위나 도구에 손이 베이는 걸 막아준다. 이 장갑은 커다란 금속 고리로 우주복 팔 부분과 단단히 연결되어 있었다. 무거운 덧신은 우주비행사들이 항상 발을 땅에 단단히 디디도록 해줬다.

또한 모든 우주비행사는 산소통이 들어 있고, 우주복 내부의 압력을 유지해주며, 차가운 물이 속옷 사이로 순환하게 해주는 커다란 배낭을 메야 했다. 모든 일이 순조롭다면, 독자적으로 작동하는 이 생명 유지 시스템은 최대 4시간 동안 밖에서 활동할 수 있게 해줬다.

자이언트 스텝

달에 착륙하고 몇 시간 후, 우주복을 차려입은 두 우주비행사가 이제 곧 역사에 확실한 발자취를 남기게 될 참이었다. 수십만 킬로미터 떨어진 곳에 있는 전 세계인들은, 주간 연예 잡지《버라이어티》가 "지구 밖에서 벌어진 가장 멋진 쇼"라고 묘사한 이 상황을 감탄하며 지켜보고 있었다.

미국 CBS TV는 전설적인 뉴스 앵커 월터 크롱카이트Walter Cron-kite가 진행하는 31시간짜리 '슈퍼 스페셜' 프로그램을 마련했다. ABC 방송국도 장시간 계속되는 프로그램을 준비하여 우주와 관련된 몇 가지 아이템으로 시간을 채웠다. 〈환상특급Twilight Zone〉을 만든 텔레비전 프로듀서 로드 설링Rod Serling은 유명 공상과학 소설 작가들을 초대해 대담을 나눴고, 재즈 음악가 듀크 엘링턴Duke Ellington은 특별히 의뢰받아서 작곡한「문 메이든Moon Maiden」을 연주했다. 이 방송은 미국 전역의 대형 스크린으로 생중계되었다. 센트럴파크의 명소인 십 메도Sheep Meadow는 이 행사를 위해 '문 메도Moon Meadow'로 이름을 바꿨고, 단체 관람을 위해 공공장소를 찾는 사람들은 모두 흰색 옷을 입으라는 강력한 권유를 받았다.

영국 ITV 채널은 〈데이비드 프로스트의 문 파티David Frost's Moon Party〉라는 프로그램을 16시간 연속으로 진행했다. 뉴스와 엔터테인먼트가 다소 기묘하게 조합된 이 쇼는 달 착륙에 관한 정보를 제공하면서 작곡가 실라 블랙Cilla Black이 최신 히트곡을 부르거나 코미디언 에릭 사이크스Eric Sykes가 맨체스터에서 온 투우사에 관한 촌극 공연을 하는 등 가볍게 볼 수 있는 다채로운 막간 쇼를 사이사이에 배치했다.[161] 또 이스트본에서 전화를 건 시청자가 전문가들에게 달 먼지로 아주 커다란 호박을 키우는 게 가능한지 묻기도 하고, 역사학자 A. J. P. 테일러A.J. P. Taylor와 연예인 새미 데이비스 주니어Sammy Davis Jr.가 유인 우주비행의 윤리성에 관해 합동 토론을 하기도 했다.

이 사건을 더 진지하게 다룬 BBC 방송에서는 핑크 플로이드Pink Floyd가 「문헤드Moonhead」라는 즉석에서 만든 곡을 연주하고 유명 배우들이 달에 관한 시를 읽었으며 아폴로 임무와 관련된 영상에 데이비드 보위David Bowie의 노래 「스페이스 오디티Space Oddity」를 배경음악으로 깔아서 보여주기도 했다. (얄궂게도 많은 음악 비평가들이 말하기를, 보위 자신은 노래가 '우주 열병'을 식힐 해독제가 되길 바랐다고 한다. 노래 가사도 우주에서 몸과 마음이 상한 우주비행사에 관한 이야기다.) 전 세계에서 5억 명이 넘는 사람들이 이와 비슷한 텔레비전 프로그램을 시청하여, 달 착륙은 역사상 가장 많은 사람이 지켜본 사건 중 하나가 되었다. 온 세상이 달에 사로잡혔다.

1969년 7월 21일, 암스트롱은 달 착륙선의 출입구를 빠져나와 우주선 사다리를 타고 내려왔다. 착륙선을 최대한 가볍게 만들기 위해 사다리는 알루미늄으로 제작했는데, 너무 약하게 만들어서 아마 지구에서라면 암스트롱의 몸무게를 지탱하기 힘들었을 것이다. 암스트롱은 사다리 아래쪽으로 내려가면서 착륙선 외부에 달려 있는 텔레비전 카메라를 켰고 이를 통해 해상도가 낮은 흑백 영상이 지구로 전송되었다.

당시 유명 과학 저널리스트 제임스 버크James Burke가 BBC 방송을 공동 진행했는데, 지금도 그의 마음속에는 이 역사적인 순간이 생생하게 살아 있다.

그때 영국은 한밤중이었지만 전체 인구의 절반이 잠을 자지 않고 텔레비전을 지켜보고 있었다. 그러니 모든 걸 제대로 해내야 한다는 압박감이 엄청났다. 처음에는 아무것도 보이지 않았다. 암스트롱이 달에 발을 내딛기 위해 사다리를 내려가는 동안에는 마지막 순간까지 그를 비추는 카메라가 없었다. 감독들이 이어폰으로 '지금 우리가 보고 있는 게 뭔지 설명해 달라'고 했다. 하지만 지금껏 아무도 그런 걸 본 적이 없었기 때문에 설명하기가 힘들었다![162]

전 세계는 흰 덩어리가 천천히 움직여 사다리 아래까지 내려간 다음, 그 아래의 먼지투성이의 표면 위로 약간 망설이며 발을 내딛는 모습을 경외심에 차서 지켜보았다. 역사상 처음으로 인류가 달에 발을 디딘 것이다. 잠시 후 암스트롱이 그 유명한 말을 했다. "이건 인간에게는 작은 한 걸음에 불과하지만, 인류에게는 거대한 도약입니다 That's one small step for man, one giant leap for mankind." 나중에 암스트롱은 통신 소음 때문에 중요한 'a'가 안 들린 것뿐이지, 실제로는 "이건 한 인간에게는 작은 한 걸음에 불과하지만, 인류에게는 거대한 도약입니다That's one small step for a man, one giant leap for mankind" 라고 말했다고 주장했다. 어느 쪽이건 간에, 암스트롱이 내디딘 한 걸음은 결코 작지 않았다. 착륙이 매우 부드럽게 이루어져서 달 착륙선의 충격 흡수 장치가 완전히 찌그러지지 않았기 때문에, 암스트롱의 작은 발걸음은 사실상 1.2미터 높이에서 뛰어내린 점프에 가까웠다.

제임스 버크도 그 순간을 잘 기억한다.

방송인으로서는 힘든 순간이었다. 내가 피해야 하는 최악의 상황은 우주 비행사들이 말하는 목소리를 내 목소리로 덮는 것이었는데, 그들이 언제 말을 할지 알 수가 없었다. 그래서 내 뇌는 둘로 나뉘어서, 한 부분은 계속 말을 하고 다른 부분은 필요한 순간이 오면 곧바로 입다물 준비를 하고 있었다. 나는 암스트롱이 "이건 인간에게는 작은 한 걸음에 불과하지만"이라고 말할 때 그의 목소리를 덮어버릴까 봐 걱정하고 있었기 때문에, 눈앞에서 벌어지는 놀라운 일을 즐기기보다는 일을 망치지 않는 것에 훨씬 신경을 쓰고 있었다. 나중이 되어서야 그게 정말 극적인 사건이었다는 생각이 들었다.[163]

문워크, 최고의 계획

암스트롱은 달에 쌓인 먼지는 깊이가 몇 센티미터 정도이며 암석 샘플을 수집했다고 보고했다. 20분쯤 후 올드린이 합류했고 두 우주비행사는 문워크를 시작했다. 이들은 먼저 달 표면에 스테인리스 스틸로 만든 기념 명판을 세웠다("여기 지구에서 온 인류가 처음으로 발자국을 남기다. 서기 1969년 7월. 우리는 모든 인류를 위해 평화롭게 이곳에 왔다").

또한 서둘러 미국 국기를 세우고 깃발이 바람에 펄럭이는 것처럼 보이기 위해 깃발 위쪽에 겉에서는 보이지 않는 수평 가로대를 끼워 넣었다. 그다음에는 정말 멀리서 걸려온 장거리 전화를 받아 닉슨 대통령과 간단한 대화를 나눴다(닉슨: "여러분이 고요의 바다에서 얘기하는 걸 들으니, 지구에 평화와 안정을 가져오기 위한 우리의 노력을 배가해야겠다는 생각이 듭니다"). 그리고 마침내 이동성을 시험하기 위해 이리저리 뛰어다니며 먼지와 암석 샘플을 더 모았다.

이 모든 활동은 텔레비전 생방송을 통해 지구로 중계되었다. 우주비행사들은 특별히 개조된 스틸 카메라로 후세를 위한 기록을 남겼다. 암스트롱은 달에 머문 대부분의 시간 동안 이 스틸 카메라를 들고 다녔다. 달에 관한 100장 정도 되는 사진은 대부분 그가 찍은 것이다. 그 결과, 사진에는 여러 작업을 수행하는 올드린의 인상적인 이미지가 스무 개 정도 담겨 있지만 암스트롱은 인상적인 이미지를 한 장도 남기지 못했다. 올드린의 사진 가운데 가장 상징적인 것은 그가 나약

하고 부서지기 쉬운 모습으로 달 표면에 서 있는 사진일 것이다. 오랜 세월 동안 그 이미지는 책과 잡지, 웹사이트에 수없이 실렸다. 자세히 살펴보면 선명하게 반사되는 올드린의 금색 얼굴 가리개에 암스트롱의 모습이 비친다. 달에 처음 발을 디딘 사람은 이 역사적인 여행을 기록한 사진에는 등장하지 않지만, 긍정적으로 생각해보면 의도치 않게 최고의 '셀카'를 남긴 셈이다.

우주비행사들은 달에서 두어 시간 정도 시간을 보낸 후 달 착륙선으로 돌아왔다.

아폴로 11호의 임무는 시계처럼 정확하게 진행되는 듯했다. 그러나 어두운 곳에 문제가 도사리고 있었다. 암스트롱과 올드린이 달 착륙선 안에서 이리저리 움직이다가 한 사람이 실수로 우주선 벽에 부딪치는 바람에 한 스위치의 겉으로 튀어나온 부분이 부러진 것이다. 하필이면 달 표면에서 그들을 이륙시킬 상승 엔진을 작동시키는 데 꼭 필요한 스위치였다. 설상가상으로 무게를 최대한 줄이느라 달 착륙선에는 공구도 거의 없었다. 착륙을 위한 준비는 철저하고 빈틈없이 진행되었다. 하지만 이제 우주비행사들이 집에 가려면 다들 재빨리 문제에 대응해야 했다.

암스트롱과 올드린이 처한 곤경은 잠시 후 다시 살펴보겠다.

예기치 않은 상황에 대비하는 방법

아폴로 팀은 임무 수행 중에 잘못될 수 있는 부분을 찾아내기 위해 막대한 시간과 에너지를 투자했고, 그 결과 자신들이 모든 만일의 사태에 대비한 계획을 세워뒀다고 확신했다. 하지만 사실상 모든 우여곡절을 예측하기란 불가능하므로 우주비행사와 비행관제사들은 예기치 못한 상황에 대처해야 하는 일이 종종 벌어졌다. 이런 긴급사태 가운데 가장 유명한 사건은 나중에 진행된 아폴로 13호 임무 중에 일어났다.

1970년 4월 11일, 아폴로 우주비행사 제임스 러벌, 프레드 헤이즈 Fred Haise, 잭 스위거트Jack Swigert가 탄 우주선이 케네디 우주센터에서 발사되었다. 임무를 시작한 지 이틀째 되던 날 우주비행사들은 큰 굉음을 들었고, 스위거트는 그 유명한 말을 내뱉었다. "휴스턴, 문제가 발생한 것 같다Houston, we've had a problem here"(나중에 이 임무를 소재로 제작된 할리우드 영화에서는 "휴스턴, 문제가 생겼다Houston, we have a problem"로 잘못 전달했다). 이 폭발로 인해 장비 몇 개가 손상됐고, 잠시 뒤면 우주비행사들이 있는 사령선의 산소와 물, 전기가 위험한 수준으로 줄어들 것이었다. 상황이 절박해 보였다.

비행관제사들은 냉정을 잃지 않으면서, 우주비행사들에게 전기 시스템 몇 개를 꺼서 전기를 절약하고 수분 섭취를 엄격히 제한하라고 지시했다. 불행히도 그 결과가 난방에 영향을 미쳐서 우주선 내부 온도가 영하에 가깝게 떨어졌고, 프레드 헤이즈는 물 부족 때문에 요로

감염이 생겼다. 세 우주비행사는 자체적인 산소 공급 장치가 있어서 첨단 구명 뗏목으로 이용할 수 있는 달 착륙선으로 옮겨 타라는 지시를 받았다.

안타깝게도 곧이어 생명을 위협할 수 있는 새로운 문제가 드러났다. 달 착륙선의 여과 장치는 공기를 빨아들여 이산화탄소를 제거하는 화학 물질이 든 용기를 통과시킨 다음, 다시 우주선에 공기를 공급했다. 이 화학 물질 용기에는 두 명의 우주비행사가 이틀 정도 호흡할 수 있는 양이 담겨 있으므로 세 명의 우주비행사가 나흘 동안 버틸 수는 없었다. 따라서 우주비행사들이 이산화탄소 중독으로 사망할 위험이 컸다.

좋은 소식은 사령선에 유사한 여과 시스템과 훨씬 많은 이산화탄소 제거용 화학 물질이 있다는 것이었고, 나쁜 소식은 달 착륙선의 여과 시스템에서 사용하는 통은 원통형인데 사령선 시스템에서 사용하는 통은 사각형이라는 것이었다. 관제센터는 사각형 통을 둥근 구멍에 끼워 넣어야 하는 문제에 부딪혔다.

기술자들이 열심히 궁리한 끝에 마침내 최고의 우주 해킹 방법을 고안해냈다. 놀랍게도 서류철에서 뜯어낸 판지 덮개, 비닐봉지, 강력 접착테이프, 수건 등을 사용해서 사각형 통을 달 착륙선의 여과 시스템에 장착할 수 있었다. 이산화탄소 수치가 빠르게 떨어졌고 우주비행사들은 안도의 숨을 내쉬었다. 결국 용감한 세 우주비행사는 지구로 돌아와 안전하게 태평양에 착수했다. 이 사고 때문에 새로운 비행 궤도를 택해야 했기 때문에 아폴로 13호의 우주비행사들은 지구에서 가장 멀리 떨어진 곳을 여행한 인간이라는 기록을 보유하고 있다.

아폴로 13호는 관제센터가 즉흥적으로 기발한 기지를 발휘해 궁지에서 벗어날 수 있었던 유일한 사건은 아니다.

아폴로 계획 후반 임무에 참여한 우주비행사들은 달의 표면을 다닐 수 있도록 만든 월면차Lunar Roving Vehicle를 타고 멀리 떨어진 곳을 탐사했다. 아폴로 17호 임무를 수행하던 우주비행사 진 서넌Gene Cernan과 잭 슈미트Jack Schmitt가 달에 착륙해 월면차를 준비하는데 뒤쪽 흙받이 일부가 떨어졌다(서넌: "아, 말도 안 돼. 흙받이가 떨어졌어." 슈미트: "이런, 젠장!"). 두 우주비행사는 강력 접착테이프로 흙받이를 다시 붙이고 4시간 동안 달 표면을 돌아다녔다. 하지만 안타깝게도 그 해결책은 완벽하지 않았기 때문에 곧 여러 문제가 발생하기 시작했다. 월면차 때문에 달 먼지가 대량으로 피어오르자, 제대로 된 흙받이가 없는 월면차 안으로 먼지가 들어와 우주비행사들의 우주복과 계기판이 시커먼 가루로 뒤덮였다. 그 결과 우주복과 장비 모두 태양열을 과도하게 흡수해 오작동을 일으키기 시작했다.

서넌과 슈미트는 달 착륙선으로 돌아가서 예정대로 수면을 취했다. 그 사이 관제센터에서는 문제를 해결할 방법을 고민했고, 다음 날 아침 즉흥적으로 만든 해결 방안을 제시했다. 우주비행사들에게 강력 접착테이프를 사용해 라미네이트 가공한 지도 네 장을 이어 붙인 다음 그 지도를 월면차에 고정시켜서 임시변통 흙받이로 쓰게 했다. 이 기발한 즉흥 조치가 성공한 덕분에 남은 임무는 순조롭게 진행되었다. 우주비행사들은 급조한 흙받이를 지구로 가져왔고, 이것은 현재 워싱턴 D.C.에 있는 스미스소니언 국립 항공우주박물관에 자랑스럽게 전시되어 있다.

유연한 사고방식 덕에 아폴로 13호는 지구로 안전하게 귀환했고, 아폴로 17호 우주비행사들은 월면차에 매달 흙받이를 마련했다. 하지만 그 방법이 암스트롱과 올드린이 달 표면에서 벗어나는 데도 도움이 되었을까?

펠트펜과 고장 난 스위치

아폴로 11호의 달 착륙선은 누름단추식 회로 차단기를 사용했다. 우주비행사 한 명이 누름단추의 윗부분을 망가뜨리는 바람에 스위치의 나머지 부분은 기기 내부에 남아 있는 상태였다. 달 착륙선의 상승 엔진을 가동시키려면 이 단추를 눌러야 했다. 하지만 차단기가 전기 회로의 일부였기 때문에, 올드린은 당연히 손가락이나 금속을 구멍에 넣는 게 꺼려졌다.[164]

그때 올드린에게 좋은 생각이 떠올랐다. 아폴로 우주비행사들은 무중력 상태에서도 쓸 수 있도록 특별히 설계된 첨단 우주 펜을 받았다. 올드린은 그 펜은 별로 신경 쓰지 않고 펠트펜을 선호했다. 그는 어깨 주머니에 펜이 있음을 깨달았고 이걸로 작업을 할 수 있을지 궁금했다. 놀랍게도 펠트펜의 가느다란 유선형 끝부분이 구멍에 딱 맞았기 때문에 올드린은 회로 차단기를 작동시키고 달 착륙선을 상승시킬 준비를 할 수 있었다.

두 우주비행사는 남은 몇 시간 동안 수면을 취하려 했다. 올드린은 달 착륙선 바닥에 웅크리고 눕고, 암스트롱은 상승 엔진 덮개 위에 누웠다. 이때 또 하나의 즉흥적인 행동이 발휘되었는데, 암스트롱은 달 착륙선 안에 띠 하나를 매달고 거기에 다리를 걸어서 좀 더 편안한 수면 자세를 취했다.

지구에 있는 비행관제사 중 일부는 우주비행사들이 활동하지 않는 이 시간에 필요한 휴식을 취했다. 운항 책임자 게리 그리핀은 동료와 함께 관제센터 주차장으로 나갔던 일을 기억한다.

문워크가 끝난 시간은 이른 새벽이었고 하늘은 여전히 어두웠다. 밖으로 나가니 휴스턴 상공에는 맑은 7월의 하늘이 아름답게 펼쳐져 있었다. 나는 고개를 들어 반달을 쳐다보면서 동료에게 말했다. "지금 저기 저 달에 사람들이 가 있는 거야. 정말 멋진 일이지." 그게 다였다. 그리고 그냥 각자의 차로 걸어갔다! 그때 아마 안도감과 자부심을 느낀 것 같다. 하지만 우리가 무엇보다 원한 건 한숨 자고 일어나 일을 계속 진행해서 그들이 돌아오게 하는 것이었다.[165]

몇 시간 뒤, 관제사들은 각자가 맡은 콘솔 앞으로 돌아갔다. 암스트롱과 올드린도 일어났다. 우주비행사들은 이륙 전에 확인해야 하는 것들이 적힌 긴 목록을 하나씩 체크했고, 올드린이 펜으로 고친 스위치도 잘 작동하는 것 같았다(휴스턴: "참고삼아 말하자면, 상승 엔진 암의 회로 차단기 상태는 아주 괜찮아 보인다." 올드린: "알았다. 지금은 내가 원한다 해도 이걸 다시 꺼낼 수 있을 것 같지 않다.")[166] 달 착륙선에는 단 하나의 상승 엔진과 정해진 양의 연료만 실려 있었다. 추진 장치가 제대로 작동하지 않으면 암스트롱과 올드린은 달에서 오도 가도 못하는 상황이 되고 콜린스 혼자 집에 돌아가야 했다.

이륙 약 20분 전, 올드린은 관제센터에 연락해서 말했다. "휴스턴,

우리는 활주로에서 1번으로 대기 중이다." 아폴로 11호의 세 번째 우주비행사 콜린스는 사령선에 혼자 있으면서 두 친구가 달에서 귀환하지 못할 가능성을 생각했다. 나중에 콜린스는 『달로 가는 길Carrying The Fire』이라는 책을 써서 이때의 경험을 설명했다.[167]

지난 6개월 동안 저들을 달에 남겨두고 혼자 지구로 돌아가게 될까 봐 내심 얼마나 두려웠는지 모른다. 이제 몇 분 뒤면 일이 어떻게 될지 확인할 수 있다. 설령 그들이 달 표면에서 이륙하지 못하거나 다시 추락하더라도 난 자살하지 않을 것이다. 혼자서 집으로 돌아갈 것이다.

암스트롱과 올드린이 상승 엔진을 작동시키자 달 착륙선 윗부분이 달에서 이륙했다. 달 표면에서 멀어지는 동안 잠시 창밖을 내다본 올드린은 우주선의 하강 기류 때문에 미국 국기가 바람에 날려 쓰러지는 모습을 보았다.

암스트롱과 올드린은 궤도를 선회하던 사령선에서 성공적으로 콜린스와 랑데부했다. 우주비행사들은 달 착륙선 상단 부분을 버리고 달 뒤쪽으로 이동해서 다시 한번 엔진을 점화시켰다. 점화를 제대로 할 기회는 단 한 번뿐이었다. 즉, 실패하면 그들은 깊은 우주로 향하게 되거나 곧장 달 표면으로 되돌아갈 것이었다. 다행히 점화는 계획대로 진행되었고 세 우주비행사는 달에서 멀어져 집으로 향하는 긴 여정을 시작했다.

아폴로 11호는 1969년 7월 24일에 시속 3만 9,000킬로미터라는 놀라운 속도로 지구 대기를 뚫고 돌아왔다. 폭풍에 휩싸인 우주비행사들은 사령선의 낙하산을 펼치고 태평양에 착수했다. 날씨가 매우 나빴고 파도는 훈련 중에 접한 어떤 파도보다 높게 일었다. 결국 구조 헬리콥터가 그들의 위치를 파악하고 우주비행사들을 모두 안전하게 구출했다. 관제센터에서는 깃발을 흔들고 시가에 불을 붙이고 서로의 등을 두들겼다. 1961년 5월, 케네디는 의회에서 1960년대가 끝나기 전에 달에 사람을 보내겠다는 대담하고 야심 찬 비전을 발표했다. 놀랍게도 아폴로 팀은 케네디의 목표를 달성했고 불가능해 보이는 일을 해냈다.

암스트롱, 올드린, 콜린스의 지구 귀환을 환영하는 항공모함에 닉슨 대통령이 탑승해서 "천지창조 이래 역사상 가장 위대한 한 주였습니다. 당신들이 해낸 일 덕분에 온 세상이 그 어느 때보다 가까워졌습니다"라고 단언했다.[168]

세 영웅은 약 3주 동안 격리되어 각종 검사를 받은 후 떠들썩한 박수갈채와 기록적인 양의 색종이 테이프 세례를 받으며 뉴욕 시가를 행진했다.

달 착륙선이 이륙할 때 무게를 줄이기 위해, 우주비행사들은 무거운 덧신과 배낭, 소변 주머니 등 몇 가지 물건을 달에 남겨뒀다. 하지만 올드린은 펠트펜을 챙겨 왔고, 그 펜은 현재 고장 난 스위치와 함께 그의 사무실에 놓여 있다. 펜과 스위치는 달 착륙 성공에 중추적인 역할을 한 유연한 사고에 바치는 영원한 찬사다.

예상치 못한 우여곡절을 이겨내고 성공하려면

먼저 간단한 설문지부터 작성해보자. 다음에 나오는 열 개의 문장을 살펴보자. 각 문장이 자신에게 얼마나 해당되는지를 1('아니, 나는 전혀 그렇지 않다')부터 5('와, 이건 완전히 내 얘기네') 사이의 척도로 표시한다.

		점수
1	직장에서 새로운 사람들을 만나는 게 정말 즐겁다.	
2	휴가 때 같은 장소에 다시 가는 일이 거의 없다.	
3	일할 때면 문제를 해결할 다양한 방법들이 쉽게 떠오른다.	
4	내 친구들을 '친절하다'나 '믿을 수 없다' 같은 한 단어로 정의하는 경우가 거의 없다.	
5	직장에서 내 결정을 변호할 때, '항상 그렇게 해왔다' 같은 말은 잘 하지 않는다.	
6	내 친구들이 나더러 고집이 세다고 한 적이 없다.	
7	직장 동료들이 어떤 상황에 대한 새로운 정보를 알려주면 그에 따라 생각을 바꾸는 경우가 많다.	
8	주말에는 미리 계획을 세워두기보다는 즉흥적으로 움직이는 경향이 있다.	
9	직장에서는 틀에 박힌 일은 지겨워하고 새롭고 익숙지 않은 상황이나 도전을 즐기는 경향이 있다.	
10	친구들과 저녁 시간을 어떻게 보낼지 계획을 다 세워놨는데, 갑자기 그들이 다른 아이디어를 제시해도 상관없다.	

이 설문지 내용은 나중에 다시 살펴보겠다.

미국의 인기 텔레비전 프로그램인 〈맥가이버MacGyver〉에서, 비밀 요원 앵거스 맥가이버Angus MacGyver는 생사가 걸린 상황을 모면하기 위해 백과사전적인 과학 지식을 평범한 물건들과 결합한다. 한 에피소드에서 그는 거대한 통에 큰 틈새가 생겨서 황산이 누출되는 상황에 직면한다. 산은 설탕과 반응해서 두껍고 끈적거리는 찌꺼기를 만든다는 사실을 떠올린 우리의 영웅은 갈라진 틈새에 초콜릿 바를 밀어 넣어 궁지에서 벗어난다. 또 다른 에피소드에서 맥가이버는 사람이 걸어 들어갈 수 있는 대형 냉동고 안에 갇힌다. 그는 전구를 사용해 얼음을 녹이고 문 자물쇠에 얼음 녹은 물을 붓는다. 물이 다시 얼면서 팽창하자 그 힘으로 자물쇠가 열린다. 맥가이버의 이런 위업은 충성스러운 추종자들을 엄청나게 끌어모았고, 결국 옥스퍼드 영어사전에 그의 이름이 동사로 등재되었다("가까이 있는 물건을 이용해 즉흥적이거나 독창적인 방법으로 어떤 물건을 만들거나 수리하는 것").

이런 즉흥적인 사고방식이 실제 상황에서 생명을 구할 수도 있다. 2013년 12월, 제임스 글랜튼James Glanton과 크리스티나 매킨티 Christina McIntee는 어린 자녀 두 명과 조카 두 명을 데리고 네바다주 북부의 고립된 지역을 운전하고 있었다.[169] 불행히도 그들이 탄 지프가 얼음 조각에 부딪히는 바람에 차가 도로를 벗어나 전복되었다. 기온이 영하로 곤두박질치고 휴대전화 신호도 잡히지 않는 상황이라, 부부는 모두의 안전이 걱정되기 시작했다. 글랜튼과 매킨티는 걱정이 된 친척들이 신고해줄 것이라고 생각했지만, 몸을 따뜻하게 할 거라고는 입고 있는 외투뿐인 상황이라 구조대가 도착하기 전에 동상에 걸리거나 체온이 저하될까 봐 걱정했다. 이때 글랜튼이 즉흥적으로 기지를 발휘한 덕분에 이들은 곤경을 면할 수 있었다. 먼저 부부는 아이들이 뒤집힌 차 안에서 옹기종기 모여 있게 했다. 그다음 글랜튼은 지프에 있는 예비 타이어의 가운데 부분에 불쏘시개와 나무를 넣고 불을 붙였다. 마지막으로 글랜튼은 작은 돌덩어리 몇 개를 불 속에 집어넣고, 불과 지프 사이를 왔다 갔다 하면서 뜨겁게 달궈진 돌을 전달하고 식은 돌은 도로 가져왔다. 돌에 남아 있는 열기가 모든 사람의 몸을 따뜻하게 데우는 데 도움이 되었다. 이틀 후에 이 가족을 구출한 구조대원들은 다들 심각한 피해를 입지 않았다는 사실을 알고 놀랐다.

심리학자들은 사람들의 적응성 수준을 측정하기 위한 설문을 몇 가지 개발했는데, 여러분이 앞에서 점수를 매긴 문장들도 그들의 연구에 바탕한 것이다.[170] 이 설문은 직장 생활과 개인 생활 양쪽 모두의 적응성을 측정한다. 직장에서의 적응성을 확인하려면 홀수 번호 문장(1, 3, 5, 7, 9)에 매긴 점수를 합하면 된다. 개인 생활에서의 적응력을 확인하려면 짝수 번호 문장(2, 4, 6, 8, 10)의 점수를 모두 더한다. 두 경우 모두 점수가 5~19점 사이라면 여러분이 본인과 다른 사람을 융통성 없는 시선으로 바라보고 있으며 불확실성보다는 질서를 선호한다는 것을 나타낸다. 반면 점수가 20~25점 사이라면 여러분이 변화를 기꺼이 받아들이고 새로운 상황에 쉽게 적응한다는 뜻이다.

이런 설문지로 무장한 연구원들은 즉흥적인 사고가 직장에서 미치는 영향을 분석하기 시작했다. 영국의 연구진이 금융 서비스 업계 종사자 400명 이상을 조사한 한 연구에 따르면 심리적으로 융통성 있는 직원이 자기 업무를 더 확실하게 통제한다고 느끼고 정신적으로 건강하며 훨씬 생산적이었다.[171] 추가 연구에서는 이들이 스트레스를 덜 받고 결근할 가능성이 훨씬 낮으며 직업을 남들보다 쉽게 바꿀 수 있다는 사실도 드러났다.[172] 이런 연구 결과와 오늘날의 조직들이 점점 더 빠르게 변화하고 있다는 사실이 합쳐져서, 고용주들은 변화에 잘 대처하고 새로운 아이디어를 유연하게 받아들이며 새로운 업무 방법을 개발하는 능력을 높이 평가하게 되었다. 실제로 최근에 진행된 한 조사에 따르면, 채용 담당자들 대부분은 예기치 못한 일에 대처하는 직원들의 능력이 조직의 미래를 위해 가장 바람직한 속성이라고 여기고 있다.[173]

이런 결과에 고무된 허트포드셔대학교의 심리학자 벤 플레처Ben Fletcher는 똑같은 개념이 사람들의 개인 생활에 어떤 영향을 미치는지 탐구하기 시작했다. 플레처는 일상적으로 발생하는 문제들은 사고 방식이 융통성 없는 이들이 습관의 동물이 된 결과라는 것을 알아냈다. 예컨대 너무 많이 먹고 운동은 너무 적게 하는 습관을 들이면 금세 과체중이 된다. 마찬가지로, 항상 같은 장소에 가서 같은 부류의 사람들과 얘기를 나누다 보면 새로운 우정을 쌓거나 관계를 형성하는 데 애를 먹는다. 그리고 스트레스를 받을 때마다 담배에 불을 붙이는 데 익숙해지면 금세 평생 담배를 피우는 사람이 된다.

플레처는 심리학자 캐런 파인Karen Pine과 함께 사람들이 좀 더 유연하고 즉흥적인 태도로 삶에 접근하면 어떤 일이 일어나는지 알아봤다.[174] 플레처와 파인은 한 연구를 위해 살을 빼고 싶어 하는 지원자들을 모집했다. 지원자 중 절반은 평소 시청하는 텔레비전 프로그램 종류를 바꾸거나 회사에 출근할 때 평소와 다른 경로를 이용하거나 새로운 취미생활을 시작하는 등 일상적인 습관에서 벗어나라는 요청을 받았다. 그리고 나머지 지원자들은 평소 좋아하는 식단을 자유롭게 먹을 수 있게 했다. '보다 융통성 있게 생활하기' 그룹에 속한 사람들은 칼로리를 줄이거나 운동을 더 많이 하라는 요구를 받지 않았지만, 습관의 동물로 살아가기를 그만두자 몸에 좋은 음식을 먹는 게 훨씬 쉬워졌음을 깨달았다. 결과적으로 그들은 더 많은 체중을 줄였다. 다른 연구 결과는 이와 같은 접근 방식이 담배를 끊고, 더 행복해지고, 꿈의 직장을 찾을 기회를 늘리는 데도 도움이 된다는 사실을 보여주었다.[175]

누구나 직업적인 삶과 개인적인 삶에서 예상치 못한 상황에 직면하곤 한다. 사고가 일어난다. 시장은 변한다. 사람도 변한다. 이런 불확실성 때문에 아무리 잘 세운 계획도 무산될 수 있고, 갑자기 모든 사람과 모든 것이 지도에 표시되어 있지 않은 물속에 빠질 수도 있다. 암스트롱과 올드린이 달에서 이륙할 때도 마찬가지였다. 그들은 상승 엔진에 부착되어 있는 스위치 끝부분을 실수로 부러뜨렸을 때 어떻게 해야 할지 계획을 세워두지 않았었다. 올드린은 그 순간에 집중해서 자신이 가지고 있는 것으로 문제를 해결해야 했는데, 펠트펜 사용은 정말 영리하고 효과적인 방법이었다.

안타깝게도 즉흥적인 사고라는 측면에서 볼 때 올드린은 예외적인 상황이다. 사람들은 대부분 습관의 동물이 되는 경향이 있고 매일 똑같은 루틴에 따라 생활한다. 하지만 좋은 소식은 세상을 좀 더 유연한 시선으로 바라보는 쪽으로 변하는 게 어렵지 않다는 것이다. 정신적인 요가를 하고, 익숙하던 주변을 낯설게 보고, 주사위에 기꺼이 모든 것을 걸기만 하면 된다.

유연한 마인드셋을 장착하는 법 1: 정신적인 요가

요가를 배우면 몸이 더 유연해진다. 그리고 평소와 다른 일을 하면 정신적으로 더 유연해질 수 있다. 일례로 한 실험에서, 네덜란드의 심리학자 시모너 리터르Simone Ritter는 자원자들에게 버터와 초콜릿 칩이 들어간 샌드위치를 만들라고 했다.[176] 이 요리는 네덜란드에서 유명한데 보통 빵을 접시에 올려놓고 버터를 바른 다음 그 위에 초콜릿 칩을 뿌린다. 한 그룹의 지원자들에게는 평소 하는 방법대로 샌드위치를 만들게 하고, 다른 그룹은 순서를 뒤섞어서 먼저 접시에 초콜릿 칩을 깔고 빵에 버터를 바른 다음 빵을 (버터 바른 쪽을 아래로 해서) 초콜릿 칩 위에서 꾹꾹 누르라고 했다. 이상한 방법으로 샌드위치를 만든 사람들은 통상적인 방법으로 샌드위치를 만든 사람들에 비해 유연한 사고방식 테스트에서 훨씬 높은 점수를 얻었다.

똑같은 개념이 일상생활에도 적용된다. 심리학 교수인 벤 플레처는 사람들의 적응성을 높이는 일에 학계 경력 대부분을 바쳤다. 그는 사람들을 안전지대에서 데리고 나와 뜻밖의 상황과 맞닥뜨리게 한다. 플레처는 '평소와 다른 일을 하라'는 훈련 프로그램을 개발했는데, 이 프로그램은 지원자들에게 꾸준히 새로운 경험을 하도록 요구한다. 수많은 조직 및 개인과 일한 그의 연구 결과는 예상치 못한 상황에 계속 접하면 유연한 사고방식을 발전시키는 데 도움이 된다는 사실을 보여준다.

일주일에 하루는 한 번도 해본 적이 없는 일을 하면서 이 방법을 최대한 활용해보자. 이 실습의 효과를 대폭 높이는 데 도움이 되는 아이디어가 몇 가지 있다.

습관 버리기 : 뿌리 깊은 습관 중 하나를 바꾸려고 노력해보자. 예를 들어 일주일 동안 텔레비전 시청을 중단하거나, 새로운 음식을 먹어보거나, 새로운 종류의 음악을 듣거나, 전에 가본 적이 없는 박물관이나 미술관에 가거나, 헬스클럽에서 평소와 다른 운동을 하거나, 처음 가보는 가게에서 뭔가를 살 수도 있다. 통제하기를 좋아한다면 파트너나 친구에게 여러분과 상의하지 말고 여러분의 하루 일정을 짜도록 해보자. 기회가

생겼을 때 거절하는 습관이 있다면, 일주일 동안 자기에게 찾아오는 기회를 전부 받아들여보자.

내면의 광대와 접촉하기: 사람들은 긴장을 풀고 재미있게 놀 때 특히 적응력이 높아진다. 내면에 있는 적응력이 뛰어난 광대와 접촉하려면 시를 짓거나, 15분 안에 단편소설을 쓰거나, 종이에 마구 낙서한 다음 그 낙서를 멋진 그림으로 바꾸거나, 힌트를 보지 말고 십자말풀이를 완성하거나, 방 안에서 미끄러지듯이 뒤로 걷거나, 긴 대화를 나누면서 '나'라는 단어를 전혀 사용하지 않거나, 마음에 들지 않을 거라고 생각되는 영화를 보거나, 아이들과 함께 소파로 요새를 만들고 그 안에서 잠을 자보자.

세상에는 별별 사람이 다 있다: 연구 결과에 따르면 창의적인 기업가들은 다양한 사람들과 인맥을 맺는 경향이 있다. 다양한 관점과 지식은 세상을 보다 유연하게 볼 수 있도록 도와준다.[177] 여러분도 이처럼 인생 안에서 여러 가지를 섞어야 한다. 다양한 지인, 동료, 친구를 사귀도록 노력하자. 팀워크도 마찬가지다. 몇 년 전에 한 연구진이 팀워크와 새로운 제품과 서비스를 개발하는 접근 방식의 관계를 조사한 적이 있다.[178] 어떤 사람들은 완전히 새로운 아이디어를 내놓는 반면('혁신자'), 어떤 사람은 기존 아이디어를 새롭게 각색하는 걸 더 편하게 생각한다('개작자'). 연구진은 순수한 혁신자와 순수한 개작자들끼리만 있는 팀과 두 유형을 혼합한 팀의 업무 효과를 측정했다. 그 결과 혁신자와 개작자가 섞여 있는 팀이 한 가지 스타일로만 구성된 팀보다 훨씬 효과적이었다.

마음을 넓혀주는 여행: 마지막으로, 여행이 마음을 넓혀준다는 사실을 기억하자.[179] 몇 년 전에 노스웨스턴대학교 켈로그 경영대학원의 윌리엄 매덕스William Maddux 교수가 실험 지원자들에게 해외에서 얼마나 오래 살았는지 물어보고 일상용품을 색다르게 사용하는 방법을 고안하는 능력을 시험했다. 이때도 다양성이 큰 이득이 되어, 실제로 해외에서 오랜 시간을 보낸 지원자들의 생각이 더 유연하다는 사실이 드러났다. 그런 이점을 얻기 위해 아주 멀리까지 여행을 떠날 필요는 없다. 매덕스는 또 다른 연구에서 프랑스 학생들에게 해외에서 살던 시절을 생각해보라고 했는데, 이런 생각만으로도 정신 상태가 좀 더 유연해졌다.

정신적인 요가를 매일 연습하면 예상치 못한 일을 처리하는 데 익숙해져서, 변화가 생겨도 금방 적응하고 성공을 거둘 것이다.

유연한 마인드셋을 장착하는 법 2: 낯설게 보기

변화에 잘 적응하고 임기응변이 뛰어난 사람이 되고 싶다면, 다음과 같은 재미있는 문제를 풀어보자.

여러분이 술집에서 혼자 조용히 술을 마시고 있다고 상상해보자. 한 낯선 사람이 여러분 테이블로 다가오더니 자기 주머니에 손을 넣어 촛불, 성냥갑, 그리고 압정이 몇 개 들어 있는 작은 마분지 상자, 이렇게 세 가지 물건을 꺼내 탁자 위에 올려놓았다. 이 사람은 초에 불을 붙이고는, 뜨거운 촛농이 바닥에 떨어지지 않도록 불 켜진 초를 벽에 안전하게 고정시켜보라고 도전장을 내민다.

여러분은 어떻게 이 도전에 이기겠는가?

_____

_____

아마 압정으로 초를 벽에 고정시키거나 초에서 나오는 뜨거운 왁스로 벽에 붙이면 되겠다고 생각했을지도 모른다. 하지만 그렇게 하면 초가 벽에 너무 가까이 있게 되고 뜨거운 촛농이 바닥에 떨어지므로 두 가지 방법 모두 실패한다. 공학을 전공한 친구에게 연락해서 새로운 형태의 촛대를 개발해달라고 하거나, 바 뒤에 들어가서 도움이 될 만한 도구를 찾아봐야겠다고 생각할 수도 있다.

만약 이런 생각이 하나라도 떠올랐다면, 앞으로 돌아가서 도전 내용을 다시 읽고 문제를 해결할 다른 방법을 생각해보자. 답은 놀랄 정도로 간단하지만, 맥가이버가 여러 난처한 상황에서 벗어날 수 있게 도와준 사고방식이 필요하다.

'던커의 촛불 문제'로 알려진 이 문제는 1940년대에 심리학자 칼 던커Karl Duncker가 만든 것으로, 수백 번의 실험 과정에서 수천 명의 사람들에게 제시되었다. 해결 방법을 찾았는가? 가장 우아한 방법은 압정이 들어 있는 상자를 비우고 압정 몇 개를 사용해 마분지 상자를 벽에 고정시킨 다음, 그 상자 위에 초를 세우는 것이다.

이 간단한 해결책을 떠올리는 사람은 40퍼센트 정도뿐이다. 왜일까? 사람들 대부분은 어릴 때부터 상자에 물건이 담겨 있는 모습을 보아왔기 때문에 저도 모르는 새에 뇌가 고정되어 눈앞에 있는 것을 제대로 볼 수 없게 되었기 때문이다.

적응력과 융통성을 발휘하여 생각하라는 말은 곧 자신이 현재 가지고 있는 것들을 이용해 일해야 한다는 의미이기도 하다. 잘 알려진 비유를 들어 얘기하면, 배가 고플 때는 가까운 식당으로 향하는 것보다 부엌 찬장에 있는 재료로 밀 만들 수 있는지 확인하는 게 더 중요하다.

몇몇 조직은 새로운 형태의 기술을 만들기 위해 이 방법을 활용해왔다. 고가의 첨단 솔루션을 기피하는 이 '검소한 혁신자들'은 현재 가지고 있는 자원을 활용하는 적응적인 방법에 중점을 두는 경우가 많다. 음료수병으로 만든 전구를 예로 들어보자. 많은 열대 국가에 사는 가난한 사람들은 폭우와 타는 듯한 햇빛으로부터 자신들을 보호해주는 작고 어두운 방에서 살 수밖에 없다. 그래서 낮 동안에는 비싼 전등에 의존해서 방을 밝혀야 한다. 하지만 필리핀의 구호단체 직원들이 이런 공간을 밝힐 수 있는 새로운 방법을 개발했다. 투명한 1리터들이 플라스틱 병에 물을 채우고 곰팡이를 방지하기 위해 표백제를 소량 첨가한다. 그다음 지붕에 구멍을 뚫어 거기에 병을 끼워 넣는데, 이때 병의 윗부분 절반이 지붕 위로 나오게 한다. 열대의 태양빛이 병의 윗부분에 비치면 물이 그 빛을 방 안으로 굴절시킨다. 이 구호단체 직원들은 버려진 음료수 병과 약간의 물, 그리고 표백제로 세상에서 가장 안전하고 저렴한 55와트짜리 전구를 만들어냈다.

또 다른 예로, 스탠퍼드대학교 생명공학과 교수 마누 프라카시Manu Prakash는 세계에서 가장 경제적인 현미경을 만들었다. 종이접기 방식을 이용한 그의 폴드스코프Foldscope는 미리 인쇄된 카드를 이용해 몇 분 만에 조립할 수 있으며 저렴한 유리 렌즈를 사용한다. 이렇게 해서 만든 장치는 무게가 8그램에 불과하지만 배율은 여러 위험한 박테리아와 기생충을 찾아내기에 충분하다. 이제 개발도상국 사람들은 전문의의 진찰을 받기 위해 먼 거리를 여행하거나 몇 달씩 기다릴 필요가 없다. 단돈 1달러만 있으면 치료를 위한 검사와 진단을 받을 수 있게 된 것이다.

새로운 사업에 시간이나 돈을 투자하고 싶다면, 이미 가지고 있는 것들을 활용해서 훨씬 검소하고 융통성 있게 투자할 방법이 있는지 알아보자.

유연한 마인드셋을 장착하는 법 3: 주사위에 모든 걸 걸기

1971년에 출판된 루크 라인하트Luke Rhinehart의 베스트셀러 소설 『다이스맨The Dice Man』은 현대 컬트 문학의 고전이 되었다. 이 책은 주사위를 굴려서 인생의 중요한 일들을 결정하기 시작한 정신과 의사에 관한 이야기다. 이 책은 현실을 기반으로 했다. 어릴 때 수줍음이 많았던 라인하트는 이런 주사위 기술로 평소 같으면 너무 긴장해서 하지 못했을 일들을 해냈다. 그 결과가 만족스러웠던 덕에 주사위 굴리기는 그의 삶의 일부가 되었고, 이 기술을 활용해 미루기 습관을 극복하고 안전지대에 안주하려는 자신을 밖으로 몰아냈다.

주사위는 그의 삶에 예상치 못한 영향을 미쳤다. 일례로 어느 날 라인하트는 집으로 차를 몰고 가다가 간호사 두 명이 걸어가는 모습을 보았다. 그는 주사위를 굴려서 홀수 면이 나오면 간호사들을 차에 태워주겠다고 결심했다. 라인하트는 주사위를 굴렸고, 곧 자기 차에서 간호사들과 대화를 나누게 되었다. 이 여정은 순조롭게 진행되었고, 라인하트는 그 여성들 중 한 명에게 홀딱 반해 결국 그녀와 결혼했다.

오랜 세월 동안 세계 각지의 사람들이 이런 주사위 굴리기를 이용해 자기 삶에 예측 불가능한 일들을 추가했다. 기업가 리처드 브랜슨도 젊을 때 이 기술을 사용했다고 인정했다. 처음에 굴린 주사위에서는 매시 정각마다 큰소리로 괴성을 지르라는 지시가 나왔다.[180] 주사위를 몇 번 더 굴린 브랜슨은 당장 핀란드로 날아가서 위그왐Wigwam이라는 밴드를 만나야 한다는 걸 깨달았다. 그날 저녁, 브랜슨은 헬싱키에 가서 위그왐이 어쿠스틱 음악을 연주하는 모습을 지켜봤다. 시계가 밤 10시를 가리키자 브랜슨은 주사위의 지시에 따라 큰소리로 비명을 질렀다. 청중들은 어리둥절한 표정을 지었고 밴드도 싫어하는 기색을 보였다. 하지만 수치를 모르는 브랜슨은 앙코르 도중에 또 소리를 질렀다. 24시간 뒤, 브랜슨은 이 상황을 도저히 감당할 수 없다고 판단하고 실험을 중단했다. 그래도 그는 사회생활을 하는 동안 주사위를 여러 번 활용했다고 한다.

주사위 굴리기를 이용해 삶에 무작위적인 요소를 더해보자. 어떤 결정을 내릴 때, 가능성 있는 시나리오를 여섯 가지 적는다. 그날 하루 뭘 하면서 보낼지, 저녁에 어디에 갈지, 어떤 텔레비전 프로그램을 볼지 정할 수도 있다. 용기 있는 사람은 주사위를 굴려서 누구와 더 많은 시간을 보낼지, 1년 동안 뭘 포기해야 할지, 어떤 새로운 언어를 배울지 정할지도 모른다. 실제로 실행할 각오가 된 옵션만 선택해야 한다. 가능한 시나리오 목록을 적고 1에서 6까지 번호를 매긴 다음 주사위를 굴릴 준비를 한다. 그리고 주사위를 굴리기 직전에 약속을 한다. 어떤 시나리오가 선택되든 상관없이 수행하겠다고 스스로에게 약속하는 것이다. 다른 시나리오와 바꾸거나 발을 빼서는 안 된다.

이제 주사위를 굴리고, 그 경험을 즐기며 경직된 태도의 반대편에 무엇이 있는지 알아보자. 당신이 달에서 이륙하기 위해 펠트펜을 사용해야 할 일은 없겠지만, 새롭게 발견한 적응력 있고 즉흥적인 태도는 일상생활에서도 똑같이 중요한 자산이 될 것이다.

요약

예기치 못한 상황에 대한 즉흥적 대처와 적응은 성공에 필수적인 능력이다. 보다 유연한 사고방식을 갖추려면 다음 방법을 따라해보자.

- 정신적인 요가를 시도해보자. 평소와 다른 일을 하라. 새로운 취미나 관심사를 추구하고, 새로운 사람들을 만나고, 출근길 경로를 바꿔보는 것도 도움이 된다.

- 새로운 사업에 시간이나 돈을 투자하기 전에, 이미 가지고 있는 자원을 활용하여 훨씬 검소하고 융통성 있게 투자할 방법이 있는지 알아보자.

- 주사위에 모든 걸 걸어보자. 여섯 가지 행동이나 문제에 대한 여섯 가지 해결책을 적어놓고 주사위를 굴려 그중 하나를 고른 다음 예상치 못한 일이 주는 힘과 재미를 받아들인다.

임무 완료

미국의 우주비행프로그램은 불가능해 보이는 일을 달성했다. 케네디
가 휴스턴에서 역사적인 연설을 한 지 7년 만에 인류는 달까지 갔다가
안전하게 지구로 돌아왔다. 이 모든 프로젝트의 중심부에는 비행관제
사들이 자리 잡고 있다. 미시시피 시골에서 자라 아폴로 우주선이 달
까지 가는 궤도를 정할 수 있게 도운 제리 보스틱, 유인우주선센터의
견학 안내인으로 경력을 쌓기 시작해 결국 암스트롱이 역사적인 하강
을 진행하는 동안 달 착륙선을 모니터링하는 일을 맡게 된 스물여섯
살의 스티브 베일스, 원래 머천다이징 학위를 받으려고 공부했지만
나중에는 우주비행사들이 지구에 있는 동료들과 교신할 수 있는 시스
템을 감독하게 된 에드 펜델, 험한 동네에서 자라 우주비행관제센터
의 기초를 마련한 크리스 크래프트 같은 사람들이 팀을 조용히 성공
으로 이끌었다.

　이 책에서 나는 우주비행관제센터의 놀라운 성과를 뒷받침하는 여

덟 가지 심리적 원칙들을 탐구했다. 동기를 부여하는 열정의 힘과 혁신의 중요성을 발견했다. 그리고 일을 시작할 때 스스로에 대한 믿음이 얼마나 중요하고, 승리를 거두려면 실패하는 법부터 배우는 것이 얼마나 중요한지 확인했다. 성실성이 어떻게 성공의 기반을 마련하고, 용기가 어떻게 진보를 위한 발판을 제공하는지 알아냈다. 또한 각오의 밑거름이 되는 긍정적인 형태의 비관주의를 분석하고, 예상치 못한 우여곡절 앞에서 유연하게 대처하는 것이 중요하다는 사실을 발견했다.

이제 마지막 실습이 남았다. 비행관제사들이 중요한 정보를 상기하기 위해 종종 메모를 했던 것처럼, 여기 여덟 가지 원칙과 가장 중요한 기술 몇 가지를 정리했다. 이걸 살펴보면서 본인에게 얼마나 적용할 수 있는지(혹은 관제사들의 표현처럼 '스테이'인지 '노 스테이'인지), 앞으로 여러분이 무엇에 관심을 기울여야 하는지 생각해보자.

열정

케네디가 달에 가겠다는 대담한 비전으로 나라 전체에 활력을 불어넣은 것처럼, 여러분도 본인의 목표와 포부에 열정을 품어야 한다.

- 거창한 목표를 세우거나, 극적인 기한을 정하거나, 어떤 일을 가장 먼저 할 수 있는 방법을 찾자.
- '이것이 다른 사람에게 어떤 도움이 되는가?'라는 간단한 질문을 통해 그 활동에 목적의식을 불어넣거나 경쟁심을 고취시켜 자기만의

우주 경쟁을 시도하자.

혁신

존 휴볼트가 혁신적인 임무 계획을 세운 것과 같은 방법으로, 독창적인 아이디어를 많이 제시하고 그중 최고의 아이디어가 승리하게 하자.

- 다른 사람들과 반대되는 행동을 함으로써 '역발상'의 힘을 이용한다(엔지니어들은 대부분 하나의 거대한 로켓을 선호한 반면, 휴볼트는 작은 우주선 여러 개를 만들자고 했음을 기억하라).

- 자원, 시간, 자금이 지금의 절반밖에 없다면 어떻게 할지 상상하면서 '적을수록 더 좋다'는 규칙을 이용하자.

자기 확신

우주비행관제사들은 나이가 너무 젊어서 몇 년 안에 달에 도착하는 게 거의 불가능하다는 사실을 몰랐다. 여러분도 이와 같은 정도의 자기 확신을 키우자.

- 목표를 작은 단계로 나누고 각 단계를 달성할 때마다 축하하며 작은 승리의 힘을 이용하자.

- 자기 회의가 밀려올 때는 지금까지 본인이 이룬 가장 인상적인 업적을 잠시 생각해본다.

자기 반성

비극적인 아폴로 1호 화재 사고는 아폴로 팀이 실수를 좀 더 열린 태도로 받아들이고 오류에서 교훈을 얻는 결과를 낳았다. 마찬가지로 힘든 도전을 받아들이고, 실수를 인정하고, 실패를 성장의 기회로 여겨야 한다.

- 데일 카네기의 발자취를 따라가면서, 지금까지 저지른 모든 어리석은 행동과 거기에서 얻은 교훈을 기록한다.

- 마법의 단어인 '아직은'을 사용하여 성장형 사고방식을 발전시켜야 한다('아직은 헬스클럽에 다니는 게 익숙지 않다').

책임감

자기가 한 일과 하지 않은 일에 책임을 지면서 '나 때문에 실패하는 일은 없을 것이다'라는 아폴로 팀의 태도를 본받는다.

- 미루는 습관을 극복한다. "원하는 일을 다 할 시간이 없다고 해서 아무 일도 하지 않아선 안 된다"는 말을 기억하자. 정확한 기한을 정해둔다("내일 오후 3시까지 이메일을 보낼게").

- 지나친 책임을 받아들이지 말자. 향후 어떤 일을 하고 싶냐는 질문을 받으면, '내일 그 일을 하고 싶어?'라고 자문해보자. 대답이 '아니'라면 그 요청을 거부해야 한다.

용기

운항 책임자인 글린 루니는 "달에 갈 생각이 있다면 빨리 가야 한다"
라는 인상적인 말을 했다. 말은 그만하고 행동을 시작할 용기를 내자.

- 위험을 평가하고 케네디가 한 지혜로운 말을 기억하자. "행동에는
위험과 대가가 따른다. 하지만 안락한 나태가 장기적으로 초래할 위
험보다는 훨씬 덜 위험하다."

- 위험을 감수하되 무모하게 행동하지 말고, 시간이나 에너지 혹은
돈을 투자했다는 이유만으로 어떤 일을 계속 추진하는 걸 경계해야
한다(오늘 당장 달에 갈 필요는 없음을 기억하자).

준비성

우주비행관제센터가 모든 만일의 사태에 대비하여 예행연습을 한 것
처럼, 어떤 일이든 충분히 준비해야 한다.

- 발생 가능한 상황에 대한 비상 대책을 세우려면 '사고 예상 분석'을
활용한다.

- 프로젝트가 이미 실패했다고 상상하며 '사전 검토'를 진행하여 무
엇이 잘못됐는지 알아내고 중요한 문제를 예방할 방법을 찾는다.

융통성

버즈 올드린이 융통성을 발휘하여 펠트펜을 사용한 덕분에 달 표면에
있던 달 착륙선이 무사히 이륙할 수 있었다. 이처럼 예상치 못한 상황

이 발생했을 때 즉흥적으로 아이디어를 제시하고 적응할 각오가 되어
있어야 한다.

– 정기적으로 뭔가 색다른 일을 해보자. 새로운 음식을 먹거나, 새로
운 취미나 관심사를 추구하거나, 출근길 경로를 바꿔보는 것이다.

– 주사위에 모든 것을 걸겠다는 각오를 하자. 여섯 가지 행동이나 문
제에 대한 여섯 가지 해결책을 적어놓고 주사위를 굴려 흐름에 따라
움직이자.

NASA의 관제사들과 인터뷰하면서 놀란 점이 있다. 성공하는 것과
그 성공의 결과를 감당하는 것은 완전히 별개의 문제다. 나는 지금까
지 큰 성공을 거둔 수많은 CEO와 리더, 유명인사들과 많은 시간을 함
께 보냈다. 큰 성공은 종종 사람들의 태도에도 영향을 미쳐서, 자신
의 업적을 뽐내며 젠체하게 만든다. 하지만 아폴로 계획은 이 부분에
서도 길잡이를 제시한다. 인류가 가장 위대한 업적을 이루는 데 중심
적인 역할을 했음에도 불구하고, 비행관제사들은 내가 인터뷰한 이들
가운데 단연코 가장 겸손했다. 그들은 계속해서 '나'보다 '우리'라는
표현을 썼고, 항상 동료들이 중요한 역할을 했다는 사실을 재빨리 지
적하곤 했다. 그중 많은 사람이 우주프로그램에 참여할 기회를 얻은
것이 영광이고 온 나라가 그렇게 크고 대담한 노력을 지지해준 시기
에 살 수 있었던 게 행운이었다고 말했다.

이렇게 겸손한 태도를 자존감이 낮기 때문이라고 오해하는 경우가

많다. 하지만 연구 결과에 따르면 사실 그 반대다. 겸손한 사람들은 항상 안정감을 느끼는 경향이 있기 때문에 자신의 업적을 과소평가하거나 세상의 이목을 남들과 공유하면서도 기뻐한다. 이들에게 성공은 지위를 높이거나 자아를 부풀리는 게 아니라, 자신의 업적을 균형 있는 시각으로 바라보며 자신이 받은 교육이나 행운, 주변 사람들 등 본인 이외의 요소가 한 역할을 제대로 인식하는 것이다.

최근 연구 결과에 따르면 겸손한 사람은 더 이타적이고 너그러우며 호감이 가고 남의 호의에 감사할 줄 알며 협조적인 경향이 있다.[181] 당연한 일이지만, 이런 성향 덕에 그들은 대부분의 사람들보다 친구가 더 많으며 애정 넘치는 안정적인 관계를 맺을 가능성이 매우 크다. 일터에서도 마찬가지다. 겸손은 팀워크에 필수적이며 작업 만족도나 생산성과도 관계가 깊다. 또 겸손은 뛰어난 리더십을 뒷받침하고, 좋은 기업을 위대한 기업으로 만드는 가장 중요한 요소 중 하나다.

비행관제사들의 겸손함은 그들의 평범한 집안 환경이나 1950년대와 1960년대의 사회적 규범 때문일 수도 있다. 달에 가기 위해서는 팀원 모두가 힘을 합쳐 일해야 했기 때문일 수도 있다. 이유야 무엇이든, 그들의 겸손한 태도를 보면 감탄스러운 동시에 마음이 푸근해진다. 하지만 안타깝게도 현대 사회에서는 이런 겸손한 모습을 찾아보기가 점점 힘들어지고 있는데, 일부 연구진은 자기 지위 확대와 자아도취가 극적으로 증가했기 때문이라고 말한다. 요즘 세상에는 자신을 무대 중심에 올려놓고 싶어 하는 사람들이 많은데, 소셜 미디어가 그런 경향을 더욱 부채질하고 있다.

그러나 다행스럽게도 이 상황을 바꾸는 건 그리 어렵지 않다. 성공이 여러분을 찾아오면, 비행관제사들이 자신의 놀라운 업적에 대해 뭐라고 말했는지 생각해보자. '나'보다는 '우리'라고 표현하자. 여러분이 거둔 성공은 친구, 파트너, 교사, 부모, 가족, 동료의 지지 덕분임을 상기하자. 행운과 교육, 상황이 한 역할을 인정해야 한다.

아폴로 프로그램 덕분에 기술이 엄청나게 발전했다. 가정용 단열재부터 충격 흡수 운동화, 메모리 폼 매트리스, 긁힘 방지 렌즈, 방염복, 집적회로에 이르는 우리 일상생활 속의 많은 것이 달 착륙 임무에서 얻은 직접적인 결과물이다. 하지만 가장 오래 지속되는 혜택 중 하나는 기술보다는 심리적인 것이다.

1968년 크리스마스이브에 아폴로 8호 우주비행사들은 달 주위를 선회하고 있었다. 그들은 캡슐 창문을 통해 밖을 내다보다가 지구가 달 위로 솟아오르는 모습을 보았고, 재빨리 컬러 사진을 몇 장 찍었다. 지구돋이로 알려진 이 최고의 사진은 윌리엄 앤더스가 찍었는데, 역사상 가장 유명하고 여러 매체에 가장 자주 등장하는 사진 중 하나가 되었다. 사람들은 지구돋이 사진을 보면서 갑작스러운 관점 변화를 경험하곤 한다. 어떤 사람은 우주에 떠 있는 아름다운 파란색 구슬을 생명체가 살지 않는 척박한 달 풍경과 비교하면서, 지구에 사는 크나큰 행운에 감사한다. 또 어떤 사람들에게 이 사진은 인류가 홀로 광대한 우주에서 표류하고 있다는 증거다. 우리가 치르고 있는 끔찍한 전쟁과 잔혹한 일들이 얼마나 무의미한지를 생생하게 증명한다. 이 사진을 본 많은 사람들은 지구가 사실 얼마나 작고 연약한 별인지 실감하며 이 행성에 대해 더 큰 책임감을 느낀다. 실제로 이 지구돋이 사진과 아폴로 임무 수행 과정에서 찍힌 여러 이미지가 환경 운동 추진에 큰 힘이 되었다. 윌리엄 앤더스는 이런 유명한 말을 남겼다. "우리는 달을 탐험하기 위해 이 먼 길을 왔지만, 여기서 가장 중요한 건 우리가 지구를 발견했다는 사실이다."

우주에서 찍은 지구 사진이 수백만 명의 사람들로 하여금 자신과 세계를 바라보는 방식을 바꾸게 한 것처럼, 인간을 달에 보낸 마인드셋은 성공을 완전히 새로운 시각에서 바라볼 수 있게 해준다. 큰 성공을 거둔 사람들이라고 하면, 뛰어난 유전자 구성과 극도로 엄격한 훈련을 통해 시상대에 오르게 된 올림픽 선수의 이미지를 떠올릴지도 모른다. 아니면 실적을 올리는 데만 관심이 있는 냉정한 독설가 CEO나 사회적 인맥과 물려받은 부를 통해 이익을 얻은 특권 계급 출신 갑부, 엄청난 위험을 감수하며 부를 쌓아 기업 왕국을 건설하고 있는 사업가를 떠올릴 수도 있다.

우주비행관제사들은 이 중 어떤 범주에도 속하지 않기 때문에, 그들만의 성공담을 처음부터 다시 썼다. 그들은 평범한 집안에서 자란 평범한 사람들이지만, 인류를 위해 불가능해 보이는 목표를 달성했다. 그들은 새로운 형태의 성공이 가능하다는 증거 그 자체다. 아, 그리고 이 모든 일을 거친 뒤에도 그들은 계속 겸손한 태도를 유지했다.

달을 올려다볼 때마다 우주비행관제사들의 고무적인 이야기를 기억하자.

그들은 모든 악조건을 이겨내고 달에 도착했다.

여러분도 할 수 있다.

감사의 글

많은 분의 도움과 지원이 없었다면 이 책을 쓸 수 없었을 것이다.

나는 코미디언이자 우주 팬인 헬렌 킨과 잡담을 나누다가 이 책의 아이디어를 떠올렸다. 헬렌은 작업하는 내내 엄청난 지원과 도움을 줬고, 친절하게도 다른 우주 팬인 크레이그 스콧과 연락할 수 있게 주선해줬다. 헬렌, 정말 고마워요.

크레이그는 아주 놀라운 사람이다. 우주 탐험에 열정이 넘치는 그는 많은 우주비행관제사들과 친하게 지냈다. 크레이그는 고맙게도 이 놀라운 사람들을 내게 소개해주고 프로젝트 초반에 많은 지원을 해줬으며 그 후에도 계속 귀중한 도움을 줬다. 크레이그, 당신이 쏟아준 시간과 에너지 그리고 호의에 정말 감사드립니다.

이제 비행관제사들에게 직접 인사를 전할 차례다. 스티브 베일스, 제리 보스틱, 찰스 디터리치, 맨프레드 본 에렌프리드, 에드 펜델, 게리 그리핀, 제이 허니컷, 딕 쿠스, 게리 루니, 더그 워드 등 이메일과 채팅을 위해 귀중한 시간을 내준 모든 분들에게 감사한다. 이들과 주고받은 이메일과 대화는 큰 도움이 되었을 뿐만 아니라 매우 즐거운 일이기도 했다. 여러분을 알게 되어 큰 영광이었습니다. 다시 한번 감사드립니다.

또 최고의 변호사인 테리 오루크와 임무 평가실의 훌륭한 엔지니어 제리 우드필에게도 감사한다. 우드필은 케네디가 라이스대학교에서 한 연설을 지켜봤던 일을 열심히 얘기해줬다.

또 시간을 내서 얘기를 나눠준 발명가이자 엔지니어 딕시 라인하트, 그와 대화할 수 있게 주선해준 장난스러운 그의 형 팰피, 그리고 여러모로 도움을 준 그의 딸 타냐에게도 정말 감사한다.

그리고 틴달그램이라는 낯선 세계에 대한 매혹적이고 유용한 통찰을 안겨준 오번대학교의 앤드루 베어드에게도 감사한다.

전화번호와 로켓 발사에 관한 서신을 주고받은 열성적인 우주 탐험 애호가 '오지' 오스밴드에게도 감사하고 싶다.

그리고 제임스 버크에게 특별한 감사 인사를 전한다. 얘기 나눌 수 있어서 정말 즐거웠어요, 제임스. 그 책에 제목을 붙인 것도 기억하고 있습니다!

데이비드 브릿랜드, 켄 길홀리, 콜린 어틀리, 제프 샌퍼드의 소중한 격려와 조언에 감사한다.

뛰어난 내 에이전트 패트릭 월시와 존 버틀러, 케이티 폴레인, 매리언 리지 같은 훌륭한 편집자들이 없었다면 이 책은 나오지 못했을 것이다.

또한 언제나 그렇듯이 내 파트너 캐럴라인 와트의 지원이 없었다면 이 책은 존재할 수 없었을 것이다.

모두가 놀랄 정도로 많은 도움을 주었지만, 사실관계나 수치, 심리학에 관한 내용에 오류가 있다면 전적으로 내 책임임을 밝혀둔다.

부록 : 우주비행사 챌린지

일반적인 평면 종이를 이용하면 우주비행사 챌린지가 불가능하다. 수학적으로 증명하기는 다소 복잡한데 그래프 이론과 노드, 꼭짓점, 조르당 곡선 정리Jordan Curve Theorem 등이 연관되기 때문이다. 관련된 문제를 이해하기 위해, 이 퍼즐을 풀려고 할 때 자주 등장하는 두 가지 시나리오를 살펴보자.

한 시나리오에서 두 명의 우주비행사를 아래와 같은 방식으로 세 개의 탱크에 연결하면, 세 번째 우주비행사는 그림처럼 라인 '바깥쪽'에 위치한다.

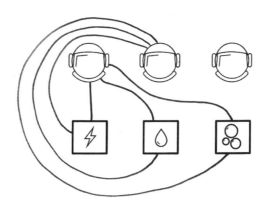

보다시피 선을 가로지르지 않고는 세 번째 우주비행사를 전기 공급 장치와 연결할 수 없다.

두 번째 시나리오에서는 세 번째 우주비행사가 다음과 같이 라인 '안쪽'에 위치한다.

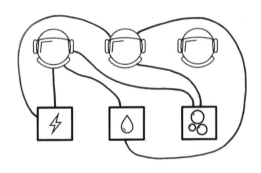

하지만 여전히 우주비행사를 전기와 연결시키는 게 불가능함을 알 수 있다.

이 퍼즐을 푸는 가장 흥미로운 방법은 규칙을 바꿔 곡면 위에서 작업하는 것이다. 이 방법을 살펴보고 싶다면, 베이글 하나와 펜을 준비해서 베이글 윗면에 우주비행사 세 명을 표시한다. 그다음 베이글을 뒤집어 베이글 바닥에 세 개의 탱크를 표시한다. 이제 세 명의 우주비행사와 세 대의 탱크를 선이 교차하지 않도록 연결할 수 있는지 알아보자. 이 상황에서는 실제로 가능하다!

주석

1 케네디 대통령이 라이스대학교에서 한 연설 원고 원문이다. 하지만 실제 연설을 할 때는 원고 내용에서 벗어나 이렇게 말했다.

"우리는 1960년대가 끝나기 전에 달에 갈 것이며, 다른 탐험도 계속할 것입니다. 이것이 쉬운 일이라서가 아니라 어려운 일이라는 걸 알기 때문입니다. 그 목표는 우리가 가진 최고의 능력과 기술을 정비하고 평가하는 데 도움이 될 것입니다. 우리는 그 도전을 미루지 않고 기꺼이 받아들여 달성해낼 것이고, 다른 도전도 마찬가지입니다."(원문 출처: 존 F. 케네디 대통령 도서관박물관)

2 이 분야에 관한 연구는 그동안 별로 진행되지 않았다. 일례로 운항 책임자인 진 크랜츠는 여섯 개 항목으로 이루어진 '우주비행관제센터의 토대(규율, 능력, 자신감, 책임감, 강인함, 팀워크)'라는 목록을 만들었다. 역사학자 앤드루 체이킨은 2012년 7월에 고다드 우주비행센터에서 아폴로 계획 관리에 관한 강연을 했고, 1989년에는 아폴로 프로그램에 참여했던 고위 관리 몇 명이 모여서 관리와 리더십에 관한 토론을 했다[Logsdon, J. M. (ed.) (1989). *Managing the Moon Program: Lessons Learned from Project Apollo: Proceedings of an Oral History Workshop. Monographs in Aerospace History*. Number 14. NASA.]

3 스푸트니크호에 관한 자세한 사항은 다음을 참조하라: Boyle, R. (2008), 'A Red Moon over the Mall: The Sputnik Panic and Domestic America'. *Journal of American Culture*, 31: 373 -82.

4 미시간대학교 벤틀리 역사도서관에서 친절하게 허락해준 덕분에 이 시를 여기 실을 수 있었다.

5 Boyle, R. 'A Red Moon over the Mall', 374.

6   위의 책 375.

7   Murray, C. A. & Cox, C. B. (1989). *Apollo: The Race to the Moon*. Simon & Schuster: New York, 23 –4.

8   Boyle, R. 'A Red Moon over the Mall', 378.

9   Logsdon, J. M. (2010). *John F. Kennedy and the Race to the Moon*. Palgrave Studies in the History of Science and Technology: London.

10 필자와의 인터뷰.

11 필자와의 인터뷰.

12 Cited in Logsdon, J. M. (ed.) (1989). *Managing the Moon Program*.

13 Cited in Swanson, G. (ed.) (2012). *Before This Decade Is Out*. Dover Publications: New York.

14 필자와의 인터뷰.

15 필자와의 인터뷰.

16 이 연구의 개요는 다음을 참조하라: Vallerand, R. J. (2015). *The Psychology of Passion: A Dualistic Model*. Open University Press: New York.

17 Schellenberg, B., & Bailis, D. (2015). 'Can Passion Be Polyamorous? The Impact of Having Multiple Passions on Subjective Well-Being and Momentary Emotions'. *Journal of Happiness Studies*, 16 (6), 1365 –81.

18 Howatt, W. A. (1999). 'Journaling to Self-evaluation: A Tool for Adult Learners'. International Journal of Reality Therapy, 182, 32 –4.

19 Campbell, E. T. (1970) '"Give Ye Them to Eat": Luke 9:10 –17'. In 'Sermons from Riverside'. The Publications Office, The Riverside Church: New York.

20 Bunderson, J., & Thompson, J. (2009). 'The Call of the Wild: Zookeepers, Callings, and the Double-edged Sword of Deeply Meaningful Work'. *Administrative Science Quarterly*, 54, 32 –57.

21 Grant, A. M., Campbell, E. M., Chen, G., Cottone, K., Lapedis, D., &

Lee, K. (2007). 'Impact and the Art of Motivation Maintenance: The Effects of Contact with Beneficiaries on Persistence Behavior'. *Organizational Behavior and Human Decision Processes*, 103, 53–67.

22 이 연구에 관한 논평은 다음을 참조하라: Wrzesniewski, A., LoBuglio, N., Dutton, J. E., & Berg, J. M. (2013). 'Job Crafting and Cultivating Positive Meaning and Identity in Work', in Arnold B. Bakker (ed.) *Advances in Positive Organizational Psychology (Advances in Positive Organizational Psychology, Volume 1)*. Emerald Group Publishing Limited, 281–302.

23 Triplett, N. (1898). 'The Dynamogenic Factors in Pacemaking and Competition'. *American Journal of Psychology*, 9, 507–33.

24 Murayama, K., and Elliot, A. J. (2012). 'The Competition–Performance Relation: A Meta-analytic Review and Test of the Opposing Processes Model of Competition and Performance'. *Psychological Bulletin*, 138, 1035–70.

25 Kilduff, G. J. (2014). 'Driven to Win: Rivalry, Motivation, and Performance'. *Social Psychological and Personality Science*, 5, 944–52.

26 베르너 폰 브라운의 약력 정보는 다음을 참조하라: Ward, R. (2009). *Dr. Space: The Life of Wernher Von Braun*. Naval Institute Press: MD.

27 폰 브라운과 나치에 관한 자세한 정보는 다음을 참조하라: Neufeld, M. J. (2013). *The Rocket and the Reich: Peenemunde and the Coming of the Ballistic Missile Era*. Smithsonian Books: Washington DC.

28 폰 브라운의 대중 상대 활동에 관한 자세한 정보는 다음을 참조하라: Scott, D. M. & Jurek, R. (2014). *Marketing the Moon*. MIT Press: Cambridge, MA.

29 달에 가는 가장 좋은 방법에 대한 폰 브라운의 결정을 더 자세히 보고 싶다면 다음을 참조하라: Neufeld, M. J. (2008). 'Von Braun and the Lunar-Orbit Rendezvous Decision: Finding a Way to Go to the Moon'. Acta Astronautica 63. 540–50.

30 휴볼트의 업적에 관한 더 자세한 정보는 다음을 참조하라: Hansen, J. R. (1995). *Enchanted Rendezvous: John C. Houbolt and the Genesis of the Lunar-Orbit Rendezvous Concept. Monographs in Aerospace History*, No. 4. NASA History Division: Washington DC.

31 Wimbiscus, B. (2014). 'John C. Houbolt, a Joliet Native, Remembered for Helping Put Man on the Moon'. *Herald-News*, 22 April.

32 Yardley, W. (2014). 'John Houbolt, NASA Innovator Behind Lunar Module, Dies at 95'. *New York Times*, 27 April.

33 Hansen, J. R. (1995). *Enchanted Rendezvous*.

34 참고 자료: Luchins, A. S. (1942). *Mechanization in Problem Solving: The Effect of Einstellung. Psychological Monographs*. 54 (6): i −95. Rokeach, M. (1948). 'Generalized Mental Rigidity as a Factor in Ethnocentrism'. *Journal of Abnormal and Social Psychology*, 43(3), 259 −78.

35 Gregg, A. P., Mahadevan, N., & Sedikides, C. (2016). 'The SPOT effect: People Spontaneously Prefer Their Own Theories'. *Quarterly Journal of Experimental Psychology*, Section B, 70, 996 −1010.

36 이 연구에 관한 논평은 다음을 참조하라: Kyung, H. K. (2011), 'The Creativity Crisis: The Decrease in Creative Thinking Scores on the Torrance Tests of Creative Thinking', *Creativity Research Journal*, 23(4), 285 −95.

37 Cooper, B. L., Clasen, P., Silva-Jalonen, D. E., & Butler, M. C. (1999). 'Creative Performance on an In-basket Exercise: Effects of Inoculation against Extrinsic Reward'. *Journal of Managerial Psychology*, 14(1), 39 −57.

38 Scopelliti, I., Cillo, P., Busacca, B., & Mazursky, D. (2014). 'How Do Financial Constraints Affect Creativity?' *Journal of Product Innovation Management*, 31(5), 880 −93.

39 Sio, U. N., & Ormerod, T. C. (2009). 'Does Incubation Enhance Prob-

lem Solving? A Meta-analytic Review'. *Psychological Bulletin*, 135, 94 – 120.

40   Gilhooly, K. J., Georgiou, G. J., Garrison, J., Reston, J. D., & Sirota, M. (2012). 'Don't Wait to Incubate: Immediate Versus Delayed Incubation in Divergent Thinking'. *Memory and Cognition*, 40, 966 – 75.

41   Oppezzo, M., & Schwartz, D. L. (2014). 'Give Your Ideas Some Legs: The Positive Effect of Walking on Creative Thinking'. *Journal of Experimental Psychology: Learning, Memory, and Cognition*, 40(4), 1142 – 52.

42   Wagner, U., Gais, S., Haider, H., et al. (2004). 'Sleep Inspires Insight'. *Nature* 427: 352 – 5.

43   Mednick, S. C., Kanady, J., Cai, D., & Drummond, S. P. A. (2008). 'Comparing the Benefits of Caffeine, Naps and Placebo on Verbal, Motor, and Perceptual Memory'. *Behavioral Brain Research*, 193, 79 – 86.

44   Huang, Y., Choe, Y., Lee, S., Wang, E., Wu, Y., & Wang, L. (2018). 'Drinking Tea Improves the Performance of Divergent Creativity'. *Food Quality and Preference*, 66, 29 – 35.

45   https://www.airspacemag.com/space/first-up-1474936

46   자세한 정보는 다음을 참조하라: Wolfe, T. (1979). *The Right Stuff*. Farrar, Straus and Giroux: New York. Conrad, N., & and Klausner, H. A. (2005). *Rocketman: Astronaut Pete Conrad's Incredible Ride to the Moon and Beyond*. Penguin Books: London.

47   Glenn, J., & Taylor, N. (1985). *John Glenn: A Memoir*. Bantam Books: New York.

48   Kranz, G. (2009). *Failure Is Not an Option: Mission Control from Mercury to Apollo 13 and Beyond*. Simon & Schuster: New York.

49   https://history.nasa.gov/SP-4201/ch11-4.htm

50   Kraft, C. (2001). *Flight: My Life in Mission Control*. Dutton Books: New

York.

51   Burgess, C. (2015). *Friendship 7: The Epic Orbital Flight of John H. Glenn, Jr.* Springer International Publishing: New York.

52   Bostick, J. (2016). *The Kid from Golden. From the Cotton Fields of Mississippi to NASA Mission Control and Beyond.* iUniverse: Bloomington, IN.

53   필자와의 인터뷰.

54   필자와의 인터뷰.

55   이 이론에 관한 개요는 다음을 참조하라: Bandura, A. (1977). 'Self-efficacy: Toward a Unifying Theory of Behavioral Change'. *Psychological Review,* 84, 191–215.

56   Bandura, A. (1997). *Self-efficacy: The Exercise of Control.* Freeman: New York.

57   Amabile, T. M., & Kramer, S. J. (2011). *The Progress Principle: Using Small Wins to Ignite Joy, Engagement, and Creativity at Work.* Harvard Business Review Press: Cambridge, MA.

58   필자와의 인터뷰.

59   Sparrow, K. R. (1998). 'Resilency and Vulnerability in Girls During Cognitively Demanding Challenging Tasks'. Ph.D Thesis, Florida State University: Tallahassee, FL.

60   '씩씩한 꼬마 기관차'의 줄거리를 처음 만든 사람이 누구냐를 두고 논쟁이 벌어지기는 했지만, 가장 인기 있는 버전은 1930년에 플랫 앤드 멍크에서 출판된 것이고, 여기 실린 버전은 워티 파이퍼(아널드 멍크의 필명)가 쓴 것이다.

61   Damisch, L., Stoberock, B., & Mussweiler, T. (2010). 'Keep Your Fingers Crossed! How Superstition Improves Performance'. *Psychological Science,* 21(7), 1014–20.

62   Fowler, J. H., & Christakis, N. A. (2008). 'Dynamic Spread of Happiness in a Large Social Network: Longitudinal Analysis over 20 Years in

the Framingham Heart Study'. *BMJ*, 337, a2338.

63   Keller, H. (1903). *Optimism*. Crowell & Company : New York.

64   Bannister, R. (2014). *Twin Tracks: The Autobiography*. The Robson Press : London.

65   Schrift, R. Y., & Parker, J. R. (2014). 'Staying the Course : The Option of Doing Nothing and Its Impact on Postchoice Persistence'. *Psychological Science*, 25(3), 772 –80.

66   Boomhower, R. E. (2004). *Gus Grissom: The Lost Astronaut* (Indiana Biography Series). Indiana Historical Society : Indianapolis.

67   Grissom, B., & Still, H. (1974). *Starfall*. Thomas Crowell Company : New York.

68   White, M. C. (2006). 'Detailed Biographies of Apollo I Crew – Gus Grissom. NASA History'. https://history.nasa.gov/Apollo204/zorn/grissom.htm

69   Howell, E. (2018). 'How John Young Smuggled a Corned-Beef Sandwich into Space'. 1월 10일. https://www.space.com/39341-john-young-smuggled-corned-beef-space.html

70   White, M. C. (2006). 'Detailed Biographies of Apollo I Crew –Gus Grissom'. NASA History. https://history.nasa.gov/Apollo204/zorn/grissom.htm

71   필자와의 인터뷰.

72   필자와의 인터뷰.

73   Grissom, V. I. (1968). *Gemini: A Personal Account of Man's Venture Into Space*. Macmillan : New York.

74   United States. (1967). Report of Apollo 204 Review Board to the Administrator, National Aeronautics and Space Administration. *Washington, DC: National Aeronautics and Space Administration.*

75 Kranz, G. (2009). *Failure Is Not an Option.*

76 Houston, R., & Heflin, M. (2015). *Go, Flight! The Unsung Heroes of Mission Control.* University of Nebraska Press: Lincoln, NB, 33.

77 필자와의 인터뷰.

78 Logsdon, J. M. (ed.) (1999). 'Managing the Moon Program: Lessons Learned From Project Apollo: Proceedings of an Oral History Workshop'. Monopolies in Aerospace History No. 14. NASA.

79 Dweck, C. S. (2012). *Mindset: How You Can Fulfil Your Potential.* Constable & Robinson Limited, London. 최근 이 연구에 관한 메타 분석이 몇 차례 진행되었는데, 그중 일부는 효과가 상대적으로 낮다는 결론이 나왔다. 더 자세한 내용은 다음을 참조하라: Sisk, V. F., Burgoyne, A. P., Sun, J., Butler, J. L., & Macnamara, B. N. (2018). 'To What Extent and Under Which Circumstances Are Growth Mind-Sets Important to Academic Achievement? Two Meta-Analyses'. *Psychological Science*, 29 (4), 549 −71.

80 Blackwell, L., Trzesniewski, K., & Dweck, C. S. (2007). 'Implicit Theories of Intelligence Predict Achievement Across an Adolescent Transition: A Longitudinal Study and an Intervention'. *Child Development*, 78, 246 −63.

81 Ehrlinger, J., Burnette, J. L., Park, J., Harrold, M. L., & Orvidas, K. (In press). 'Incremental Theories of Weight Predict Lower Consumption of High-Calorie, High-Fat Foods'. *Journal of Applied Social Psychology.*

82 Keating, L. A., & Heslin, P. A. (2015). 'The Potential Role of Mindsets in Unleashing Employee Engagement'. *Human Resource Management Review*, 25, 329 −41. Heslin, P. A., & Keating, L. A. (2017). 'In Learning Mode? The Role of Mindsets in Derailing and Enabling Experiential Leadership Development'. *The Leadership Quarterly*, 28, 367 −84. Heslin, P. A., Latham, G. P., VandeWalle, D. (2005). 'The Effect of Implicit

Person Theory on Performance Appraisals'. *Journal of Applied Psychology*, 90, 842 - 56. *Why Fostering a Growth Mindset in Organizations Matters*. Report published by Senn Delaney. http://knowledge.senndelaney. com/docs/thought_papers/pdf/stanford_agilitystudy_hart.pdf

83 이런 퍼즐 종류의 역사에 관한 논평은 다음을 참조하라: Kullman, D. (1979). 'The Utilities Problem'. *Mathematics Magazine*, 52(5), 299 - 302.

84 Houston, R., & Heflin, M. *Go, Flight!*, 21.

85 Watts, S. (2013). *Self-Help Messiah*. Other Books: New York.

86 이런 실습은 성장과 고정된 사고방식이라는 개념을 탐구하는 연구자들이 개발해서 이용해왔다. 더 자세한 내용은 다음을 참조하라: Aronson, J., Fried, C., & Good, C. (2002). 'Reducing the Effects of Stereotype Threat on African American College Students by Shaping Theories of Intelligence'. *Journal of Experimental Social Psychology*. 38, 113 - 25.

87 Mueller, C. M., & Dweck, C. S. (1998). 'Intelligence Praise Can Undermine Motivation and Performance'. *Journal of Personality and Social Psychology*, 75, 33 - 52.

88 이 개념에 관한 자세한 정보는 캐럴 드웩의 TED 강연, 'The power of believing that you can improve'를 참조하라.

89 Burgess, C. (2014). *Liberty Bell 7: The Suborbital Mercury Flight of Virgil I. Grissom*. Springer International Publishing Switzerland. Chapter 2, 'An astronaut named Gus'.

90 개인적인 대화.

91 http://www.philstar.com/business-life/2013/0(6)/17/954(6)98/out-world-teamwork-lessons-nasa

92 Farmer, G., & Hamblin, D. J. (1970). *First on the Moon: A Voyage with Neil Armstrong, Michael Collins and Edwin E. Aldrin, Jr*. Little Brown: Boston, MA., 77.

93 필자와의 인터뷰.

94 필자와의 인터뷰.

95 필자와의 인터뷰.

96 필자와의 인터뷰.

97 필자와의 인터뷰.

98 Farmer, G. & Hamblin, D. J. *First on the Moon*, 76.

99 위의 책.

100 Schirra, W., & Billings, R. N. (1988). *Schirra's Space*. Quinlan Books: Boston, MA.

101 https://www.wallyschirra.com/gemini.htm

102 Decker, W. H., & Rotondo, D. M. (1999). 'Use of Humor at Work: Predictors and Implications'. *Psychological Reports*, 84 (3), 961 –8.

103 Minton, H. L. (1988). *Lewis M. Terman: Pioneer in Psychological Testing. American Social Experience Series*. New York University Press: New York.

104 Borghans, L., Golsteyn, B. H. H., Heckman, J. J., & Humphries, J. E. (2016). 'What Grades and Achievement Tests Measure'. *Proceedings of the National Academy of Sciences*, 113 (47) 13354 –9. Duckworth, A. L., Weir, D., Tsukayama, E., & Kwok, D. (2012). 'Who Does Well in Life? Conscientious Adults Excel in Both Objective and Subjective Success'. *Frontiers in Psychology*, 3, 356, 1 –8. Poropat, A. E. (2014). 'Other-rated Personality and Academic Performance: Evidence and Implications'. *Learning and Individual Differences*, 34, 24 –32.

105 Judge, T. A., Higgins, C.A., Thoresen, C. J., & Barrick, M. R. (1999). 'The Big Five Personality Traits, General Mental Ability, and Career Success Across The Life Span'. *Personnel Psychology*, 52, 621 –52. Roberts, B. W., Walton, K., & Bogg, T. (2005). 'Conscientiousness and Health across the Life Course'. *Review of General Psychology*, 9, 156 –68. Roberts, B. W.,

& Bogg, T. (2004). 'A 30-Year Longitudinal Study of the Relationships between Conscientiousness-Related Traits, and the Family Structure and Health-Behavior Factors that Affect Health'. *Journal of Personality*, 72, 325–54.

106 Solomon, B. C., & Jackson, J. J. (2014). 'The Long Reach of One's Spouse: Spousal Personality Influences Occupational Success'. *Psychological Science*, 25, 2189–98.

107 Jackson, J. J., Wood, D., Bogg, T., Walton, K. E., Harms, P. D., & Roberts, B. W. (2010). 'What Do Conscientious People Do? Development and Validation of the Behavioral Indicators Of Conscientiousness (BIC)'. *Journal of Research in Personality*, 44, 501–11.

108 Rotter, J. B. (1966) 'Generalized Expectancies for Internal Versus External Control of Reinforcement'. *Psychological Monographs*, 80, 1–28.

109 Ng, T. W. H., Sorensen, K. L. & Eby, L. T. (2006), 'Locus of Control at Work: A Meta-Analysis'. *Journal of Organizational Behavior*, 27, 1057–87.

110 Mendoza, J. C. (1999). 'Resiliency Factors in High School Students at Risk for Academic Failure'. Unpublished doctoral dissertation, California School of Professional Psychology.

111 Moller, J., & Koller, O. (2000). 'Spontaneous and Reactive Attributions Following Academic Achievement'. *Social Psychology of Education*, 4, 67–86.

112 Rebetez, M. M. L., Barsics, C., Rochat, L., D'Argembeau, A., & Van der Linden, M. (2016). 'Procrastination, Consideration of Future Consequences, and Episodic Future Thinking'. *Consciousness and Cognition*, 42, 286–92.

113 Hershfield, H. E., Goldstein, D. G., Sharpe, W. F., Fox, J., Yeykelis, I., Carstensen, I. I., & Bailenson, J. N. (2011). 'Increasing Saving Behav-

ior through Age-Progressed Renderings of the Future Self'. *Journal of Marketing Research*, 48, S23 - S37.

114 필자와의 인터뷰.

115 Tu, Y., & Soman, D. (2014). 'The Categorization of Time and Its Impact on Task Initiation'. *Journal of Consumer Research*, 41(3), 810 - 22.

116 Brannon, L. A., Hershberger, P. J., & Brock, T. C. (1999). 'Timeless Demonstrations of Parkinson's First Law'. *Psychonomic Bulletin & Review*, 6, 148.

117 Conte, J. M., & Jacobs, R. R. (2003). 'Validity Evidence Linking Polychronicity and Big 5 Personality Dimensions to Absence, Lateness, and Supervisory Performance Ratings'. *Human Performance*, 16, 107 - 29.

118 Ellis, D. A., & Jenkins, R. (2015). 'Watch-Wearing as a Marker of Conscientiousness'. *PeerJ*, 3, e1210.

119 Conte, J. M., Honig, H. H., Dew, A. F., & Romano, D. M. (2001). 'The Incremental Validity of Time Urgency and Other Type A Subcomponents in Predicting Behavioral and Health Criteria'. *Journal of Applied Social Psychology*, 31, 1727 - 48.

120 Pronin, E., Olivola, C. Y., & Kennedy, K. A. (2008). 'Doing Unto Future Selves as You Would Do Unto Others: Psychological Distance and Decision Making'. *Personality and Social Psychology Bulletin*, 34, 224 - 36.

121 Horn, J., Nelson, C. E., & Brannick, M. T. (2004). 'Integrity, Conscientiousness, and Honesty'. *Psychological Reports*, 95(1), 27 - 38.

122 Dunlop, P., Lee, K., Ashton, M. C., Butcher, S., & Dykstra, A. (2015). 'Please Accept My Sincere and Humble Apologies: The HEXACO Model of Personality and the Proclivity to Apologize'. *Personality and Individual Differences*, 79, 140 - 5.

123 http://www.svengrahn.pp.se/trackind/jodrell/jodrole2.htm#Zond-5hide

124 필자와의 인터뷰.

125 필자와의 인터뷰.

126 Kluger, J. (2017). *Apollo 8: The Thrilling Story of the First Mission to the Moon*. Henry Holt and Company: New York.

127 위의 책.

128 위의 책.

129 위의 책.

130 위의 책.

131 필자와의 인터뷰.

132 필자와의 인터뷰.

133 필자와의 인터뷰.

134 필자와의 인터뷰.

135 필자와의 인터뷰.

136 Roth, S., & Cohen, L. J. (1986). 'Approach, Avoidance, and Coping With Stress'. *American Psychologist*, 41(7), 813–19.

137 이 부분의 인용문은 모두 필자와의 인터뷰에서 나온 것이다.

138 http://www.thehistoryreader.com/contemporary-history/jim-lovell

139 제리 보스틱, 필자와의 인터뷰.

140 Harland, D. M. (2007). 'The First Men on the Moon: The Story of Apollo 11'. Springs: New York.

141 https://www.popularmechanics.com/space/moon-mars/a4272/4317732

142 Pfeiffer, C. J. (1965). 'Space Gastroenterology: A Review of the Physiology and Pathology of the Gastrointestinal Tract as Related to Space Flight Conditions'. *Medical Times*, 93, 963–78. Calloway, D. H. & Mur-

phy, E. L. (1969). 'Intestinal Hydrogen and Methane of Men Fed Space Diet'. *Life Science and Space Research*, 7, 102 −9.

143 Kranz, G. (2000). *Failure Is Not an Option: Mission Control from Mercury to Apollo 13 and Beyond*. Simon and Schuster : New York.

144 필자와의 인터뷰.

145 필자와의 인터뷰.

146 https://www.archives.gov/files/presidential-libraries/events/centen-nials/nixon/images/exhibit/rn100-6-1-2.pdf. 연설문 작성자는 윌리엄 새파이어다.

147 필자와의 인터뷰.

148 필자와의 인터뷰.

149 필자와의 인터뷰.

150 이 부분과 관련된 정보 대부분을 제공해준 오번대학교의 앤드루 베어드에게 감사한다. 틴달의 업적을 자세히 알고 싶으면 앤드루가 쓴 훌륭한 글을 참조하라. (2007) 'How to Land Next to a Surveyor : Bill Tindall and the Apollo Pin-Point Lunar Landing'. *Quest*, 14:2, 19 −27. 틴달그램 중 상당수는 NASA 기록 보관소에 보관되어 있으며 온라인에서 확인 가능하다.

151 Swanson, G. (ed.). (2012). *Before This Decade Is Out: Personal Reflections on the Apollo Program*. Dover Publications : New York. Kranz interview : p. 139.

152 이 부분의 인용문은 NASA의 공식 교신 기록에서 발췌한 것이다. https://www.hq.nasa.gov/alsj/a11/a11transcript_tec.html

153 필자와의 인터뷰.

154 필자와의 인터뷰.

155 이 연구에 관해 더 접근하기 쉬운 종합 논평은 다음을 참조하라: Fox, E. (2013). *Rainy Brain, Sunny Brain: The New Science of Optimism and Pessimism*. Random House : London.

156 이 연구에 관한 논평은 다음을 참조하라: Norem, J. (2002). *The Positive Power of Negative Thinking*. Basic Books: New York.

157 Klein, G. (2007). 'Performing a Project Premortem'. *Harvard Business Review*, 85 (9), 18–19.

158 De Monchaux, N. (2011). *Spacesuit: Fashioning Apollo*. MIT Press: Cambridge, MA. Delaware, F. (2013). 'Apollo Space Suit 1962–1974. A Historic Mechanical Engineering Landmark'. Apollo Space Suit International Latex Corporation.

159 필자와의 인터뷰.

160 자세한 정보는 다음을 참조하라: http://www.flippers.be/stern_orbitor_one_history.html

161 Moran, J. (2013). *Armchair Nation: An Intimate History of Britain in Front of the TV*. Profile Books: London.

162 필자와의 인터뷰.

163 필자와의 인터뷰.

164 Aldrin, B., & Abraham, K. (2016). *No Dream Is Too High: Life Lessons From a Man Who Walked on the Moon*. National Geographic: Washington DC.

165 필자와의 인터뷰.

166 https://www.hq.nasa.gov/alsj/a11/a11.launch.html

167 Collins, M. (1975). *Carrying the Fire: An Astronaut's Journey*. W H Allen: London.

168 Nixon, R. (1969년 7월 24일). Remarks to Apollo 11 Astronauts Aboard the U.S.S. Hornet Following Completion of Their Lunar Mission. 닉슨이 우주비행사들과 나눈 대화 전문은 다음을 참조하라: http://www.presidency.ucsb.edu/ws/?pid=2138

169 https://www.today.com/news/nev-family-exclusive-we-wouldnthave-lasted-another-two-days-2D11744232

170 다음을 참조하라: Ben-Itzhak S., Bluvstein I., & Maor M. (2014). 'The Psychological Flexibility Questionnaire (PFQ): Development, Reliability and Validity'. Webmed Central PSYCHOLOGY, 5 (4). Fletcher, B. C. & Stead, B. (2000). *(Inner) FITness and the FIT Corporation (Smart Strategies)*. International Thomson Press: London. Ployhart R. E., & Bliese P. D. (2006). 'Individual Adaptability (I-ADAPT) Theory: Conceptualizing the Antecedents, Consequences, and Measurement of Individual Differences in Adaptability', in *Understanding Adaptability: A Prerequisite for Effective Performance Within Complex Environments*, Vol. 6, eds. Burke C. S., Pierce L. G., & Salas E., Elsevier Science: St. Louis, MO:, 3–39.

171 Bond, F. W., & Bunce, D. (2003). 'The Role of Acceptance and Job Control in Mental Health, Job Satisfaction, and Work Performance'. *Journal of Applied Psychology*, 88, 1057–67.

172 Bond, F. W., & Flaxman, P. E. (2006). 'The Ability of Psychological Flexibility and Job Control to Predict Learning, Job Performance, and Mental Health'. *Journal of Organizational Behavior Management*, 26, 113–30. Ingram, M. P. B. (1998). 'A Study of Transformative Aspects of Career Change Experiences and Implications for Current Models of Career Development'. Ph.D Dissertation, Texas A & M.

173 'The Flux Report: Building a resilient workforce in the face of flux'. (2014). Right Management.

174 Fletcher, B. C., Page, N., & Pine, K. J. (2007). 'A New Behavioural Intervention for Tackling Obesity: Do Something Different'. *European Journal of Nutraceuticals and Functional Foods*, 18, 8–9. Fletcher, B. C., Hanson, J., Pine, K. J., & Page, N. (2011). 'FIT – Do Something Different: A New Psychological Intervention Tool for Facilitating Weight Loss'. *Swiss Journal of Psychology*, 70, 25–34. Fletcher, B. C., & Page, N. (2008).

'FIT Science for Weight Loss – a Controlled Study of the Benefits of Enhancing Behavioural Flexibility'. *European Journal of Nutroceuticals & Functional Foods*, 19, 20 –3.

175 Fletcher, B. C., & Pine, K. J. (2012). *Flex: Do Something Different*. University of Hertfordshire Press: Hatfield.

176 Ritter, S. M., Damian, R. I., Simonton, D. K., van Baaren, R. B., Strick, M., Derks, J., & Dijksterhuis, A. (2012). 'Diversifying Experiences Enhance Cognitive Flexibility'. *Journal of Experimental Social Psychology*, 48, 961 –4.

177 Petrusewicz, M. (2004). 'Note to Entrepreneurs: Meet New People'. *Stanford Report*, 21 January.

178 Fisher, S. G., Macrosson, W. K., & Wong, J. (1998) 'Cognitive Style and Team Role Preference'. *Journal of Managerial Psychology*, 13(8), 544 –57.

179 Maddux, W. M., & Galinsky, A. D. (2009). 'Cultural Borders and Mental Barriers: The Relationship Between Living Abroad and Creativity'. *Journal of Personality and Social Psychology*, 96 (5), 1047 –61.

180 https://www.virgin.com/richard-branson/meeting-the-dice-man

181 Exline, J., & Hill, P. (2012). 'Humility: A Consistent and Robust Predictor of Generosity'. *Journal of Positive Psychology*, 208 –18. Owens, B. P., Johnson, M. D., & Mitchell, T. R. (2013). 'Expressed Humility in Organizations: Implications for Performance, Teams, and Leadership'. *Organization Science*, 24 (5), 1517 –38.

옮긴이 박선령

세종대학교 영어영문학과를 졸업하고 출판번역 에이전시 베네트랜스에서 전속 번역가로 활동 중이다. 옮긴 책으로 『타이탄의 도구들』 『지금 하지 않으면 언제 하겠는가』 『부자의 프레임』 『파이낸셜 프리덤』 『마흔이 되기 전에』 『작은 것의 힘』 등이 있다.

우리는 달에 가기로 했다

초판 1쇄 발행 2020년 3월 30일

지은이 리처드 와이즈먼
옮긴이 박선령

발행인 이재진 **단행본사업본부장** 김정현
편집주간 신동해 **편집장** 이남경 **책임편집** 문정민
표지디자인 최보나 **교정교열** 강진홍
마케팅 이현은 권오권 **홍보** 박현아 최새롬 김지연
국제업무 김은정 **제작** 정석훈

브랜드 리더스북
주소 경기도 파주시 회동길 20
주문전화 02-3670-1595
문의전화 031-956-7351 (편집) 031-956-7068 (마케팅)
홈페이지 www.wjbooks.co.kr
페이스북 www.facebook.com/wjbook
포스트 post.naver.com/wj_booking

발행처 ㈜웅진씽크빅
출판신고 1980년 3월 29일 제406-2007-00046호

한국어판 출판권 ⓒ㈜웅진씽크빅, 2020
ISBN 978-89-01-24097-8 03190